Manfred Rudolph

London
mörderisch

*Ein kriminalhistorischer Führer
mit Straße und Hausnummer*

ISBN 3-360-00859-6

1. Auflage
© 1998 Das Neue Berlin Verlagsgesellschaft mbH
Rosa Luxemburg Str. 16, 10178 Berlin
Umschlagentwurf: Jens Prockat
Druck und Bindung: Freiburger Graphische Betriebe

Inhalt

Danksagung

Bei meiner Recherchetätigkeit in London erfuhr ich freundliche
Unterstützung von
Metropolitan Police Service / New Scotland Yard
Black Museum / New Scotland Yard
Home Office / Prison Service Headquarters
London Council of Camden
Public Record Office
The British Library
Newspaper Library
meinem langjährigen Freund Ted Brandon
und vielen anderen, mir namenlos gebliebenen Londonern,
die ich ausfragen durfte.
Allen meinen herzlichen Dank.

Manfred Rudolph

Auf ein Wort

Jedermann ist ein potentieller Mörder. Ich habe nie
jemanden umgebracht, doch finde ich häufig Be-
friedigung darin, Todesanzeigen zu lesen.
Clarence Darrow (1857–1938)

Wenn es um die unseligen Taten von blutrünstigem Mord-
gesindel geht, hat sich London über die Jahrhunderte hinweg einen gewissen Ruf für wohligen Grusel in der Gemüt-
lichkeit des eigenen Heims erworben, und jener zweifelhaf-
te Leumund gehört zu der Stadt wie Scotland Yard, Sherlock
Holmes oder *Big Ben*. Auch wenn man der Metropole in dieser Hinsicht mehr zutraute, als sie tatsächlich zu halten vermochte, hat London seine Metzeleien aufzuweisen, einige
davon so scheußlich und so spektakulär, daß sie nicht in Ver-
gessenheit geraten.
Dieses Buch enthält eine Sammlung von zwölf aufsehen-
erregenden Mordfällen. Es hat sich dabei ergeben und mag
dennoch typisch sein, daß elf der Untaten von Männern
begangen wurden und nur eine von einer Frau. Bei den Opfern allerdings handelt es sich achtmal um mindestens eine
Frau, oft um mehrere zugleich, wie bei dem Würger und Lei-
chenschänder John Reginald Halliday Christie, wie bei John
Williams, der in *Ratcliffe* seinen Blutrausch auslebte, oder
bei Jack the Ripper, dem gräßlichen Bauchaufschlitzer von
Whitechapel.
Das in diesem Buch am längsten zurückliegende Blutver-
gießen trug sich im Jahre 1658 zu, als der königstreue alte

Haudegen George Strangeways im »Wirtshause *George and Halfmoon*, drei Türen neben der Schenke *Palsgrave's Head*, bei der *Temple Bar* in der *Fleet Street*, gegenüber dem Laden eines Zinngießers« seinen Schwager wegen Erbschleicherei meucheln ließ und zur Strafe »durch die Quetsche« endete.

Der jüngste Mord geschah 1955. Die attraktive Ruth Ellis erschoß ihren treulosen Geliebten und mußte dafür hängen. Sie hatte insofern Unglück, als sie ihre Tat zehn Jahre zu früh verübte; denn 1965 wurde in Großbritannien die Todesstrafe abgeschafft. Ruth Ellis ist in die britische Kriminalgeschichte eingegangen als die letzte Frau, deren Leben sich am Galgen vollendete.

Alle zwölf Mordtaten habe ich sorgfältig recherchiert und die Tatorte aufgesucht. Auch wenn von manchem nicht viel übrig ist – denn selbst in der Hauptstadt der als konservativ geltenden Briten, die keineswegs leichtfertig etwas abschaffen, wurde abgerissen, um- oder neu gebaut –, entsteht an diesen wahrlich historischen Orten der eigenartige Schauer, den die Verbrechen der Vergangenheit in uns auslösen. Jedem der zwölf hier rekonstruierten Fälle habe ich einen Wegweiser an den Tatort beigegeben, der den heutigen Londontouristen bei Benutzung der öffentlichen Verkehrsmittel bequem dorthin führt.

Nackter Mord

Tatort: 14, Norfolk Street (jetzt Dunraven Street),
London W 1
Mittwoch, 6. Mai 1840

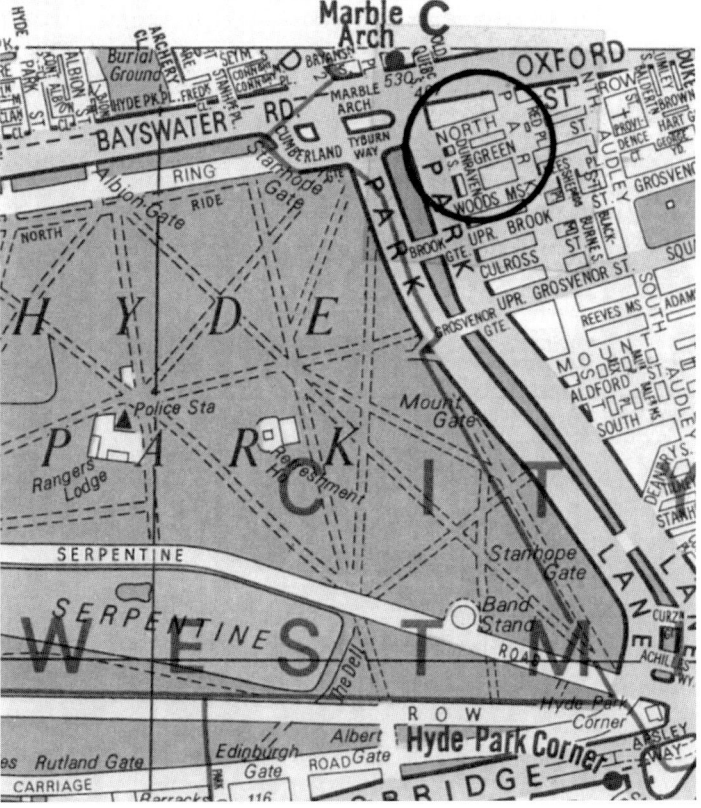

»Am Baum zu *Tyburn* prangten niemals Früchte,
kein Blatt trieb aus und überhaupt kein Grün.
›An Tyburns Baum!‹ so sprach man bei Gerichte.
Beim Baum zu *Tyburn*, da ward nit verziehn.
– Trallah–di–daa–daa–nit–verziehn.«

Die Stimme der jungen Frau, einer Moritatensängerin unserer Tage, schmeichelt sich auf angenehme Weise in die Ohren. Sie trägt weit durch die blankgefliesten Gänge der Fußgängerunterführung im Londoner Westend. Und beim »di« des Refrains schnellt sie hoch und schnappt über.

Wo die Verkehrsströme der *Bayswater Road*, der *Edgware Road* und der *Oxford Street* zusammentreffen und die zweigeteilte, den *Hyde Park* begrenzende *Park Lane* von Süden her dazustößt, verschlingen sich die Straßen zu einem Knoten und umkreisen ein Monument, *Marble Arch* genannt.

In allen Farben flirrende Autoschwärme, darunter die traurigschwarzen Taxis, die Doppelstockomnibusse in traditio-

Der *Marble Arch*. Etwa an dieser Stelle stand bis 1783 das berüchtigte Galgengerüst »*Der Baum zu Tyburn*«.

nellem Grellrot mit ihren schreiendbunten Reklameflächen für Zahnpasta, Mineralwasser oder Gin und was sonst noch alles auf Rädern die Londoner Straßen bevölkert, fluten heran und bahnen sich ihren Weg irgendwohin.

Ein paar Meter unter dem Getümmel – und davon ungestört – singt die junge Frau, sich im Rhythmus des elegischen Moritatengesangs in den Hüften wiegend, von einem Mann in geblümtem Hemd dünnstimmig auf einer Fiedel begleitet. Im offenen Geigenkasten auf den Steinplatten finden sich neben anderen auch etliche goldfarbene Einpfundmünzen.

Mit einem Zeigestab weist die Frau auf primitiv gemalte Bildchen einer abgegriffenen Papptafel. Sie deutet auf die Darstellung eines Galgens, keines gewöhnlichen, sondern eines dreibeinigen Hinrichtungsgerüstes, an dem mehrere arme Sünder gleichzeitig hängen können. Es besteht aus drei senkrechten Pfosten, verbunden mit drei waagrechten Balken, von denen insgesamt einundzwanzig Stricke mit Schlingen herabhängen – der *Baum zu Tyburn*.

Tyburn, so hieß der Platz über der Fußgängerunterführung. Der Name hat sich geändert, *Marble Arch* lautet er seit 1851, so genannt nach einem marmornen Triumphbogen.

Der *Marble Arch* wurde 1827 ursprünglich vor dem *Buckingham Palace* errichtet. Weil sich seine Durchfahrt für die königlichen Kaleschen nicht als majestätisch genug erwies, verlegte man ihn 1851 an seine gegenwärtige Stelle, wo nichts und niemand ihn passiert und er der reinen Zierde dient. In seiner äußeren Erscheinung und seinen Proportionen ist der Londoner *Marble Arch* dem Triumphbogen des Konstantin zu Rom nachempfunden.

In London ist *Marble Arch* für jedermann ein Begriff. Eine U-Bahn-Station trägt diesen Namen. Nahezu zwanzig Omnibuslinien haben am *Marble Arch* ihre Haltestellen. Die *Oxford Street*, die wohl bekannteste Geschäftsstraße Europas – manche sagen, der Welt – nimmt dort ihren Anfang. Die Rednerecke *Speakers' Corner* im *Hyde Park*, liegt gegenüber, und die Touristenbusse mit offenem Oberdeck beginnen am *Marble Arch* ihre Stadtrundfahrten.

Doch bevor der *Marble Arch* kam, war der Platz *Tyburn* auch schon ein Knotenpunkt. Damals flossen die Straßen alten Namens, die *Tyburn Road (Oxford Street)*, die *Tyburn Lane (Park*

Lane) sowie ein Teil der alten Römerstraße *Via Trinobantia*
(Bayswater Road) und die von *Chester* und *Edgware* herein-
führende Landstraße *(Edgware Road)* dort zusammen.

> »Er war erst neunzehn und die Mutter leidend,
> da er erschlug den reichen Handelsherrn.
> Nun pilgern sie, in Trauer und auch neidend,
> zum Galgenfeste hin aus nah und fern.
> – Trallah–di–daa–daa–nah–und–fern.«

Die Frau ist mit ihrem Singsang mittlerweile bei einem anderen Bildchen angelangt und weist mit dem Stab wiederum
auf den *Baum zu Tyburn*, an dem nun aber einige, offensichtlich noch zappelnde menschliche Gestalten baumeln.
Tyburn galt als Ort des Grauens und – so makaber es anmu-
tet – gleichzeitig als Stätte der Volksbelustigung: Vierhundert Jahre lang, von 1388 bis 1783, fanden zu *Tyburn* öf-
fentliche Hinrichtungen statt.
Hängetage waren von der Obrigkeit verordnete Fest- und Fei-
ertage. Die Schaulustigen strömten in Massen herbei, und die
Begüterten genossen das Spektakel von den bequemen Sitzen
hoher Tribünen aus. Von ihren Kerkerverliesen im berüchtigten Gefängnis *Newgate* in der *City of London* wurden die
Todgeweihten gleichsam im Triumphzuge herangekarrt.
Der englische Romanschriftsteller und Bühnendichter Henry Fielding (1707 – 1754) schrieb darüber im Jahre 1751:

Der per Richterspruch für die letzte Schmach des Diebs anbe-
raumte Tag ist in seinen eignen Augen unzweiflig ein Tag des
Ruhmes. Seine Prozession auf *Tyburn* hin allwie die letzten Au-
genblicke seines Lebens an diesem Orte stellen für ihn einen ein-
maligen Triumph dar. Er genießt das Erbarmen der Schwachen
und Zartbesaiteten wie gleichermaßen den Jubel, die Bewun-
derung und den Neid der Unerschrocknen und der wahrhaft
hartgesottenen Burschen.

Die Frau hat die Bildfolge ihrer Tafel inzwischen nahezu ab-
gearbeitet. Mit ihrem Zeigestock stakst sie auf ein buntes Vier-
eck, und ein starres, am Strick hängendes Strichmännchen,
nach dem sich viele Hände recken, ist zu erkennen.

Hängetag in London im 18.Jh. Im Hintergrund rechts das dreibeinige Galgengerüst »*Der Baum zu Tyburn*« vor einer Tribüne. (Nach einer Darstellung von Hogarth.)

Wehmutsvoll klagt die Sängerin:

> »So ward er abgenommen von dem Baume
> und war doch gleichwohl keine reife Frucht.
> Auf Ewigkeiten nun im Totentraume –
> sein Erdenleben war vertan, verrucht.
> – Trallah–di–daa–daa–tan–verrucht.«

Die Passanten hasten vorüber. Manche werfen dem Paar eine Münze zu; die meisten schlagen einen kleinen Bogen um die Musikanten, nur bestrebt, dem Labyrinth zu entkommen und endlich wieder an die Oberwelt zu steigen.

In der *Park Lane* flutet der Verkehr Tag und Nacht auf zweimal vier Fahrspuren in beiden Richtungen. Ohne die Fußgängerunterführung wäre es ausgeschlossen, vom *Hyde Park* aus auf die Ostseite der breiten Allee mit den Luxushotels, dem klassischen *Dorchester*, dem modernen *Intercontinental* oder dem Turmbau des *London Hilton* zu gelangen.

Früher war die *Park Lane* ein schmaler Weg. Um die Mitte des 18. Jahrhunderts entstanden die ersten stattlichen Gebäude, und seit etwa 1820 galt es als vornehm, in der Park Lane ein Haus zu besitzen. Heutzutage gehört neben der Vornehmheit vor allem viel Geld dazu, irgendwo längs der Prachtstraße zwischen *Hyde Park Corner* und *Marble Arch* zu residieren.

Im Jahre 1840, *Marble Arch* hieß noch *Tyburn*, war es mit den Hängetagen längst vorbei; denn das dreibeinige Galgengerüst wurde anno 1783 niedergebrochen und von einem Zimmermann erstanden, der daraus einen Sockel baute für Bierfässer im Keller der Schenke *Carpenter's Arms, Adam Street*. Die Straße ist inzwischen in *Seymour Place* umbenannt worden. *Carpenter's Arms* hat jedoch überdauert; der alte Pub steht an der Ecke *Great Cumberland Mews* – einen Steinwurf von *Tyburn* entfernt.

Die langen Triumphzüge der zum Tode verurteilten armen Seelen durch das Gewusel der Stadt waren der Obrigkeit wohl nicht mehr rätlich erschienen.

Der Henker waltete seither draußen beim Gefängnis *New-*

Volksgetümmel um das Gefängnis *Newgate* um 1850.

gate seines grausigen Amtes. Das Gedenken an *Tyburn* aber war noch immer wach bei den Leuten.

Dicht bei *Tyburn*, hinter dem nördlichen Ende der *Park Lane* und zum Stadtteil *Mayfair* gehörig, versteckt sich eine kleine Straße. Sie hieß *Norfolk Street* und wurde 1757 angelegt. Später, im Jahre 1940, erhielt sie zu Ehren des britischen Politikers und bekannten Sportseglers Lord Dunraven, der gegen Ende des 19. Jahrhunderts in dem Haus Nummer 27 lebte, den Namen *Dunraven Street*.

Es ist eine kurze, enge Straße, durch die sich der Einbahnverkehr in Nord-Süd-Richtung müht. Gefällig verzierte Eingangstüren und Schmuckfassaden putzen die stattlichen Häuser, und das sich in die *Green Street hine*inziehende Eckhaus neben der Nummer 14 beherbergt die Botschaft Brasiliens. Die Häuser zu beiden Seiten ragen nicht zu so herausfordernder Höhe auf wie die in der *Park Lane* und wirken dennoch nicht weniger elegant. Es lebten auch zu Lord Russels Zeiten begüterte Leute in der großen Stadt London, die ihren Reichtum nicht allzu offen zur Schau stellen mochten und darum die *Norfolk Street* mit ihrer Diskretion zu ihrem Domizil erkoren.

Lord William Russell, ein Abkömmling der aus der Grafschaft *Dorset* stammenden und hochangesehenen englischen

Adelsfamilie, war ein Mann stiller Lebensart und nach außen hin von unaufdringlicher Vornehmheit. Er lebte allein und zurückgezogen im Hause Nummer 14. Mit seinen dreiundsiebzig Jahren hielt er sich noch gerade auf den Beinen und verstand seine Tage zu genießen. Die Zeit der Herrschaft von Königin Victoria (1819–1901), die 1837 den Thron bestieg, hatte eben begonnen.

Lord Russell war jedoch nicht einsam in seinem gediegenen Haus in der *Norfolk Street*. Zwar umgab ihn nicht die Wärme einer eigenen Familie, doch wurde er von einer ansehnlichen und ihm bedingungslos ergebenen Dienerschaft umsorgt – der Köchin Mrs. Biddle, den Dienstmägden Fanny und Jane, dem Diener Edward, dem Kutscher Stanley, Stallknecht Lewis und schließlich Leibdiener François Benjamin Courvoisier. Die Mägde arbeiteten in den Wirtschaftsräumen im Souterrain. Sie und Diener Edward hausten in kleinen Kämmerchen unter dem Dach. Der Kutscher und der Stallknecht logierten in Gelassen über dem Pferdestall, und Courvoisier bewohnte eine größere Stube zwischen Haupt- und Hintergebäude.

François Benjamin Courvoisier.

Zu den täglichen Aufgaben von Fanny und Jane gehörte es, dem Herrn das Frühstück oder gelegentlich ein einfaches Mahl zu bereiten; denn die Kochfrau kam nur in das herrschaftliche Haus, wenn seine Lordschaft Gäste bewirten wollte, was selten der Fall war. In der Regel pflegte Lord William Russell in einem seiner beiden Clubs, dem *Boodle's Club* in der *St. James's Street* oder dem *Athenaeum* in der Straße *Pall Mall* zu speisen.

Beide Clubs waren einigermaßen bequem zu Fuß zu erreichen, wenn man über den *Grosvenor Square*, den *Berkeley Square* und schließlich die Straße *Piccadilly* entlang den Stadtteil *Mayfair* durchquerte. Lord William Russell ließ sich jedoch auf standesgemäße Weise von Stanley, dem Kutscher, mit eigenem Gespann befördern.

Dem Leibdiener François Benjamin Courvoisier, der die Gunst seines Herrn im Handumdrehen zu gewinnen vermocht hatte, war der Lord besonders gewogen. Der Diener übte im normalen Tagesablauf überdies die Tätigkeiten eines Butlers aus; er gebot über das gesamte Dienstpersonal, ihm oblag die Haushaltsführung, obwohl er gerade erst seit einigen Wochen in Lord Russells Diensten stand. Das Hauspersonal begegnete Courvoisier mit Argwohn, Neid und Eifersucht.

Den »Schweizer« nannten sie ihn verächtlich, wenn sie unter sich waren, denn der Günstling des Herrn stammte aus der Schweiz. Sie mußten ihn aber als Mr. Courvoisier ansprechen, was ihnen nicht gelang, und so kam ein zerkautes *Mr. Kurvasi*er heraus, was dem »Schweizer« wie ein Mißklang in die Ohren fuhr.

Auch Lord William Russell hatte Schwierigkeiten, seinen Leibdiener angemessen anzureden. Eigentlich hätte er ihn einfach Courvoisier rufen müssen, ohne die Höflichkeitsanrede Mister davorzusetzen.

»Diese vertrackte Benennung will mir nicht über die Lippen, es sei denn, der so geheißne Branntwein ist's, den ich meine«, knurrte Lord Russell sarkastisch, nachdem er Courvoisier in Dienst genommen hatte. »François ist gleichermaßen zu zungenbrecherisch. Also will ich Ihn nach guter englischer Manier Ben heißen.«

»My Lord«, erklärte sich der Leibdiener förmlich einverstanden, weil ihm ohnehin nichts anderes übrigblieb, und deutete eine leichte Verbeugung an.

Lord William Russell war als Dienstherr ein harter Mann. Er erwartete und erzwang von seinen Leuten Demut und erteilte jede Weisung nur ein einziges Mal. Und Courvoisier bereitete es inbrünstige Genugtuung, die Befehle des Herrn seinen Untergebenen in verschärfter Form weiterzugeben.

»Beliebte der Schweizer heute wieder etwas zu bemäkeln, Lew?« fragte Stanley, der Kutscher, den Stallknecht in der Gesindestube beiläufig.

»Da fragst du noch? Er möcht' doch nicht der Schweizer sein, so er nicht herummaulen tät'«, antwortete Lewis träge und stampfte sich mit dem Knöchel des gekrümmten Zeigefingers den Tabak in seiner Pfeife fest. »Die Mähnen und die Schwänze der Gäule waren ihm diesmal nicht fein genug gestriegelt und gekämmt. Er ist eben ein zugelaufener Hanswurst.«

»Hochnäsig ist er, und ein Fremdstämmiger«, begann Stanley sich zu erregen. »Ich mag die vom Kontinent allesamt nicht leiden. Ich hasse solcherart altkluges Geschmeiß. – Fant, nichtswürdiger, kujonierender!«

François Benjamin Courvoisier mochte Hochnäsigkeit nachzusagen sein. Als besonderes Merkmal durfte aber seine ebenmäßige, edle Römernase gelten. Überhaupt gab er ein ganz eigenes, der Dienerschaft ungewohntes und »unenglisches« Bild von einem Manne ab. Unter dichten, geschwungenen Brauen glühten große, dunkle Augen, die kaum zu unterdrückende Empfindungen verrieten. Seine Lippen drückten Sinnlichkeit aus, und seine schwarzen Kräusellocken fielen ihm zu beiden Seiten des Kopfes bis an die Ohren. Sein Teint war dunkel, dunkler als der des Römers, und seine gesamte Erscheinung kam eher der eines gepflegten Levantiners oder edlen Nubiers nah. Courvoisier war ein stolzer junger Mann. Auch in seiner Kleidung bemühte er sich, distinguiert zu erscheinen – mit der blitzsauberen, weißen Weste, den hochgebundenen Ecken des Hemdkragens und dem Samtbesatz auf dem Rock.

Die Bediensteten empfanden ihn als geckenhaft, und sie grollten ihm.

Lord William Russell sah seinen Leibdiener eigentlich recht gern, obwohl er gerade Grund hatte, sich über ihn zu ärgern. Und es verdroß Lord William Russell, wenn er sich ärgern mußte. Geriet er in Zorn, war er unnachgiebig und gnadenlos.

Er mußte diesen Kurvasier zur Rede stellen!

Es war gegen neun an einem angenehmen Abend im Mai des Jahres 1840.

Lord William Russell saß in seiner Bibliothek in einem wuchtigen, rotledernen Chesterfield-Sessel am Kamin, in dem jetzt, in der wärmeren Jahreszeit, kein Feuer prasselte. Die beiden hohen und schmalen Fenster des holzgetäfelten und mit Büchern und Gemälden vollgestopften Raumes waren geöffnet, und vom *Hyde Park*, jenseits der *Park Lane*, drang das Gezwitscher der Vögel bis in die *Norfolk Street* herüber. Der Dalmatinerhund Bacon lag ihm dösend zu Füßen, seine blasse Schnauze ruhte auf den ausgestreckten Pfoten.

Der Lord ließ die Zeitung *The Times* vom Mittwoch, dem 5. Mai, auf die Knie sinken. Eben hatte er eine Abhandlung über Neuseeland gelesen. Neuseeland ...

Er gewährte seinen Gedanken freien Lauf. An sich interessierte ihn Politik nicht sonderlich. Er war mehr für die Jagd, für Hunde und die Schafzucht. In früheren Zeiten, ja, da war er auch gereist. Italien, die Schweiz, nun ja ... recht treffliche Länder. Zu den Deutschen hatte es ihn nie so recht hingezogen, obwohl er einst während seiner großen Bildungsreise an den Rhein auch in Bayern und im Sächsischen geweilt hatte.

Doch diese Einfaltspinsel dort! Diese Gründlichkeit und Besessenheit! *Achtung! Jawohl!* Und wie erschreckend geradeaus sie dachten, diese Europäer. – Ha! Fast hätte er eine Deutsche zur Frau genommen. Es war die einzige Tochter eines Unternehmers, der Fabrikschornsteine baute. Eine Bürgerliche! Die Tochter eines Mannes, der regelmäßig arbeitete! Seine Familie hatte ihm diesen Bubenstreich flugs und gründlich ausgetrieben.

Von den Franzen hielt er noch weniger, eigentlich überhaupt nichts. Diese lose Sippschaft! Froschfresser! Schneckenfresser! Obgleich, ihre Weine schätzte er schon. Und nichts ging ihm über einen edlen französischen Weinbrand – Cognac ... Courvoisier ...

»Kurvasier!« entfuhr es ihm. Der Kurvasier mußte her! Gleich. Doch erst griff er noch einmal zu seiner Zeitung, schlug sie auf und blätterte hastig bis zu dem soeben gelesenen Bericht.

»Nun ja, sie hat treffliche Arbeit geleistet, jene neuseeländische Gesellschaft«, murmelte er vor sich hin, wie es seine Art war. »Voriges Jahr und nicht eher haben *wir* begonnen, diese Insel da unten mit unseren Leuten zu besiedeln. Gut so, recht so! Dabeisein müßte man! Vierzig Jahre jünger! Ach ja. Und nun endlich – endlich! – werden die Häuptlinge dieser Eingeborenen – wie nennen sich jene Mohren doch? – Eben, Mohren, na ja, so ähnlich jedenfalls, – Ma–o–ris«, buchstabierte er schwerfällig artikulierend. »Ja, die Häuptlinge von all jenen Maori-Mohren müssen nun endlich innewerden, daß wir die Herren sind. Also, Schluß mit dem Firlefanz dieser Wilden! Jetzt herrscht britische Ordnung. Britannien gibt in der Welt den Ton an. Und wer nicht pariert ... Ach ja, der Kurvasier muß her. Jetzt! Auf der Stelle! Es muß gesagt werden!«

Lord William Russell ergriff die Glockenkordel neben dem Kamin und zog sie mit einem energischen Ruck.

In den Wirtschaftsgewölben des Souterrains schellte es kurz. Die beiden Mägde stürzten zur Anzeigetafel.

»M'Lord ruft aus dem Büchersalon!« stieß Jane aufgeregt hervor und lüpfte dienstfertig den Rock, um die Stiegen hinaufzueilen.

In diesem Augenblick betrat François Benjamin Courvoisier den Anrichteraum, packte sie von hinten grob an der Schulter und riß sie zurück.

»Halt, Magd!« herrschte er sie an. »Dieser Befehl gilt mir. Du solltest mittlerweile wissen, daß ich die Befehle seiner Lordschaft entgegennehme und euch schon zu wissen tu', was zu richten ist. Erdreiste dich nicht, dich in die Obliegenheiten des Butlers einzumischen, dummes Ding! Hiergeblieben und weiterarbeiten!«

Schmollend wandte Jane sich ab.

Courvoisier ging flink, doch nicht zu hastig die Stiegen bis in das erste Obergeschoß hinauf, klopfte an die schwere Tür und trat ein, ohne das »Come in« des Herrn abzuwarten.

»My Lord.« Er verbeugte sich leicht.

Der Hund Bacon setzte sich ruckartig auf und richtete einen halb grimmigen und halb verängstigten Blick auf den Diener. Der Lord tätschelte Bacon beruhigend den Kopf.

»Ah, Kurvasier.« Er vermied die vertraulichere Anrede Ben und ließ die *Times* auf den Tisch mit der ziselierten indischen Messingplatte fallen.

Der Diener stand schweigend und erhobenen Hauptes da.

»Muß Ihm etwas auseinandersetzen, fürcht' ich«, grummelte Lord William Russell.

»My Lord.«

»Also, äh, ergötzen tut's mich mitnichten, doch sei's drum.«

»My Lord.« Courvoisier verharrte in erwartungsvoller, gleichwohl selbstsicherer Haltung.

»Um es kurz zu machen: Gestern morgen erteilte ich Ihm einige Weisungen, die Er den Leuten auszurichten hatte ...«

»My Lord«, versuchte der Diener einzuhaken.

»Aus!« gebot Lord Russell barsch, als ob er zu seinem Hund gesprochen hätte und wiederholte, jedes Wort deutlich artikulierend: »... Weisungen, die Er den Leuten auszurichten hatte! Auch sollt' der Kutscher mit dem Schlage der fünften Nachmittagsstunde und nicht früher und nicht später am *Athenaeum* vorfahren, mich abzuholen. Und was tat Er, Er, der sich wie der junge Herr dieses Hauses gebärdet?«

»My Lord«, wagte es Courvoisier erneut.

»Nichts tat Er!« grollte Lord William Russell und ließ seine rechte Hand schwer auf die Sessellehne klatschen. »Dem Müßiggange gab Er sich wohl hin, der Herr Leibdiener! Und ich, Lord Russell, fand mich genötigt, den Klubdiener um eine Mietdroschke zu schicken und mich selbiger zu bedienen! Vor den Augen der andren Gentlemen! – Desgleichen untersagte ich Ihm in aller Deutlichkeit, meinen Hund Bacon

von der Türe meines Schlafgemaches zu entfernen und in
den Stall zu sperren. Und was tat Er? Mein Verbot mißachtend, jagte er das arme Tier in den Stall zu den Pferden. – Drei
Nächte hintereinander! Drei Nächte! Und das, Bursche,
möcht wohl dreimal zu viel gewesen sein.«

Der Hund gab einen fiependen Laut von sich, drängte sich
an Lord Russells Beine und schlappte beiläufig seine lange
Zunge über dessen auf dem Knie ruhende linke Hand.

Auf Lord William Russells Antlitz lag eine bedrohlich wirkende Röte.

François Benjamin Courvoisier stand reglos vor ihm. Er hielt
seinen Kopf erhoben und schlug die Augen zu Boden. Er wirkte verstockt und versuchte nicht mehr, sich zu äußern.

»Also, Ben Kurvasier«, meinte Lord Russell und bemühte sich
um Förmlichkeit, »heute, zum letzten Male, mag Er unter
meinem Dache die Nacht verbringen. Morgen in aller Früh
aber scheide Er aus meinen Diensten. Und kein Wort mehr.
Er gehe!« Der Lord blickte an seinem Leibdiener vorbei.

François Benjamin Courvoisier drehte sich schweigend um,
ging die vier Schritte bis zur Tür und entschwand, ohne seinen Herrn eines letzten Blickes gewürdigt zu haben.

Der Lord tätschelte seinen Hund und atmete tief durch.

»Ach, mißlich war das schon, ganz und gar mißlich«, knurrte er und gähnte.

Dennoch war er mit sich zufrieden. Ja, er hatte den Ben wahrlich gemocht. Nur, aufs Wort parieren hätte er müssen! Parieren wie die Maori-Mohren, wie es in der *Times* stand. Ein
neuer Leibdiener würde sich leicht finden. Und es müßte ja
nicht unbedingt ein Halbneger sein mit unaussprechlichem
Namen wie dieser Kurvasier ...

Lord William Russell ließ das Kinn auf die Halsbinde sinken
und verfiel in einen befreienden Schlummer. Seine Hand glitt
vom Kopf des aufrecht sitzenden Dalmatiners und blieb über
der Sessellehne in der Luft hängen.

In François Benjamin Courvoisier würgte es. Ihm war, als
müsse er sich übergeben. Jetzt erst sanken die eben vernom-
menen bedeutungsschweren Worte richtig in sein Hirn.

Diese Schande! Diese Schmach! Diese unsägliche Demütigung! Das ihm! Wegen eines Hundes und eines verdammten
Kutschers! Seine Augen sprühten Funken. Zügellose Wut stieg
in ihm auf. Sein Stolz war verletzt, seine Ehre in den Staub
getreten. Was sollte er dem Gesinde sagen? Wie würden die
sich die Zungen wetzen und die Mäuler! In Lachanfällen würden sie sich winden und wälzen. Geschmeiß, elendiges!
Er ging die Stiege hinunter und betrat die Küche.
Dort saßen sie alle um den großen, blankgescheuerten Tisch.
Der Kutscher und der Stallknecht pafften ihre stinkenden
Tonpfeifen. Blaue Tabaksschwaden umnebelten das ganze
Pack und kräuselten zur Decke empor. Die beiden Mägde sti-
chelten Monogramme in Taschentücher, die so fein waren,
daß sie nie dareinschneuzen würden. Edward, der Dienst-
bursche, wichste seine Stiefel.
Sie hoben flüchtig die Köpfe und schauten gleichgültig auf.
Sie verhehlten ihre Abneigung ihm gegenüber nicht einmal.
Pack, verfluchtes!
Courvoisier vermochte ihren Anblick wie ihre Anwesenheit
nicht zu ertragen. Er wollte sie aus den Augen haben.
»Schluß! Nachtruh!« schrie er unbeherrscht. »Hinaus, entfernt euch! Ab, in eure Kammern, wollt ihr wohl! – Und Ruhe im Haus verlange ich! – Keiner muckst sich, es sei denn,
ich rufe.«
Verstört rafften sie zusammen, womit sie gerade beschäftigt
waren, und erhoben sich umständlich. Stanley, der Kutscher,
blitzte dem verhaßten Courvoisier einen feindseligen Blick
zu. Sie schlurften hinaus und zogen sich schwerfällig die Stiegen hoch.
François Benjamin Courvoisier verweilte in der Küche. Er
setzte sich an den großen Tisch und stützte die Ellbogen auf.
Er preßte sich die Handflächen an die Schläfen und grübelte minutenlang. Das Gesinde würde die Kammern nicht verlassen, und keiner von ihnen würde in der Küche erscheinen. Das wußte er.
Wie sollte es weitergehen? Wo sollte er hin? Hatte er es nötig,
Klinken zu putzen und um Arbeit zu betteln?
Er spürte in sich unbezähmbaren Zorn.

Rache. Rache an dem Alten! Rache für die Schmach, die der ihm angetan! Er stand auf und begab sich in den Anrichteraum, wo auf einem Schreibpult das Haushaltsbuch lag. Courvoisier ließ sich einzig von seinen lodernden Gefühlen treiben und schien in die Tat umsetzen zu wollen, was ihm sein selbstzerstörerischer Stolz eingab.

Zielgerichtet trat er auf einen niedrigen Schrank zu. Aus einem Schubkasten nahm er zwei weiße, gewirkte Handschuhe, solche, wie sie die Mägde zum Putzen und Polieren des Silberzeugs benutzten.

Er ging in die Küche zurück, entriegelte die in den kleinen Innenhof führende Tür und schlug mit einem Fleischklopfer von außen eine Scheibe entzwei, so daß die Scherben nach innen fielen und auf dem steinernen Küchenfußboden zerklirrten. Dann klinkte er die Tür ein, verriegelte sie aber nicht.

In der Küche griff er sich ein langes, scharfes Messer vom Bord und ging damit in seinen Anrichteraum. Er nahm einen feinkörnigen Wetzstein zur Hand, setzte sich an den Arbeitstisch und schärfte das Messer umständlich, doch mit starrsinniger Beharrlichkeit. Hin und wieder prüfte er die Schärfe der Klinge mit dem rechten Daumen. Endlich war er zufrieden. Das Messer war so scharf, daß es einem Barbier für die Rasur zum Nutzen gereicht hätte.

Ein leichtes, verschlagenes Grinsen umspielte seinen Mund. Er blieb an seinem Tisch sitzen. Das Messer lag vor ihm. Er hielt den Kopf gesenkt und starrte es an.

Lange verharrte er in dieser Haltung. Eben hatte die Wanduhr mit den beiden Messinggewichten die erste Morgenstunde angeschlagen.

Im Hause Nummer 14 der *Norfolk Street* ließ sich kein Laut vernehmen. Alles war still. Alle waren stumm. Das Gesinde schlief nach den Mühen des Tages. Den Herrn, Lord William Russell, ließ der Branntwein schlummern.

»Courvoisier ist es heute«, wußte François Benjamin Courvoisier; denn er hatte dem Alten nach dem Mittagsmahl eine neue Flasche servieren müssen. »Sehr wohl, My Lord, Courvoisier ist es heute«, zischelte er unterdrückt und zweideutig in nicht zu bändigender Erbitterung.

Er folgte einer Eingebung und begann sich zu entkleiden – den Rock, die Weste, die Halsbinde, das Hemd, die Schnallenschuhe, die Kniebundhose und die Strümpfe, selbst die leinene Unterhose warf er von sich.

Nackt und barfuß stand er da, wie ihn der Herrgott erschaffen hatte. Nur die weißen Handschuhe, die kräftig zu seinem dunklen Teint kontrastierten, behielt er an – eine gespenstische Erscheinung.

François Benjamin Courvoisier griff das Messer mit seinen weißbehandschuhten Händen, verließ den Anrichteraum und durchquerte die Küche. Er öffnete die nach oben führende Tür geräuschlos. Sie wurde, wie alle Türen des Hauses, von Edward stets gut geschmiert. Courvoisier huschte, ohne das geringste Geräusch zu verursachen, flink die Stiegen hinauf.

Vor der Tür des Schlafgemachs von Lord William Russell lag Bacon und ruhte. Er schaute auf und ließ seinen Kopf sogleich wieder auf die ausgestreckten Pfoten sinken. Er kannte den Diener, nahm kaum Notiz von ihm und schien ihn in der sicheren Nähe seines Beschützers mit Verachtung zu strafen.

François Benjamin Courvoisier öffnete die Tür lautlos und schob sich in den Raum. Zu Häupten seines Herrn blakte ein Binsenlicht auf dem Nachtkasten und flackerte schwach im Luftzug. Der Lord schnarchte dröhnend. Das Schnarchen war das einzige Geräusch im Haus.

Courvoisier trat an den Nachtkasten und betrachtete seinen friedlich schlummernden Dienstherrn einige Sekunden lang. Der Mund stand halb offen. Die rechte Hand ruhte auf der Brust, der linke Arm streckte sich längs des Körpers über die Bettdecke.

François Benjamin Courvoisier wußte, was er tun würde, sollte, mußte!

Er hielt die Klinge quer über die Kehle des alten Mannes, drückte sie blitzartig nieder und zog sie in voller Länge einmal, zweimal, dreimal hin und her und durch, so daß er den Kopf fast vom Rumpf trennte.

Lord William Russells linker Arm bewegte sich reflexartig und schnellte über den Bettrand. Seiner Kehle entrangen sich gurgelnde Laute. Aus der tiefen Wunde im Hals pulste das Blut in heftigen Stößen und verfärbte das Bett von strahlendem Weiß in grimmiges Rot.

Der Diener wendete sich ab. So geräuschlos wie er gekommen, huschte er in die Küche hinunter. Dort wischte er sich an der Spüle flugs einige Blutspritzer von der Brust, streifte die Handschuhe ab und warf sie in Fannys Korb, in dem gebrauchte Tischtücher, Laken und Dienstkleidung der großen Wäsche harrten.

Er kleidete sich rasch an und verschwand in sein Butlerlogis.

Am hellen Morgen des 6. Mai 1840, dem Mittwoch, gegen neun, stieg Jane hinauf, um im Schlafgemach ihres Herrn die Vorhänge aufzuziehen, wie es Lord William Russell gebot.

Bacon saß vor der Tür und jaulte leise.

Jane wunderte sich.

»Verwöhntes Geschöpf!« sprach sie in verhaltenem Ton zu dem Hund.

Behutsam öffnete sie die Tür, trat ans Fenster und zog die Vorhänge auseinander. Sie drehte sich um, wollte schauen, ob M'Lord bereits wach sei.

Jane stieß einen grellen Schrei aus. Sie schrie und heulte unkontrolliert, rannte aus dem Gemach und die Stiegen hinunter.

»M'Lord! M'Lord!« kreischte sie. »Blut, Blut ... tooot! M'Lord – tooot, tooot!«

Die Dienerschaft in der Küche war wie versteinert. Stanley kam als erster zu sich und stürmte nach oben.

Was er vorfand, ließ ihm fast das Herz stillstehen.

Lord William Russell lag blutüberströmt in seinem Bett. Bacon, der in das Gemach gehuscht war, saß daneben und schaute traurig drein. Er erhob sich nicht einmal.

Der Kutscher stolperte und stürzte beinah die Treppen hinunter. »Mord! Mord! – Polizei!« rief er verzweifelt. Er rannte aus dem Haus, er rannte um einige Ecken zum Polizeirevier in der *Seymour Street* und benötigte dafür nicht einmal fünf Minuten.

Die Polizisten handelten rasch und tatkräftig.

Binnen einer halben Stunde waren Inspector Nicolas Pearce und Sergeant Frederick Shaw am Ort des grausigen Geschehens und nahmen ihre Ermittlungsarbeit auf.

Für die Männer von *Scotland Yard* war es nicht schwierig, François Benjamin Courvoisier der Tat zu überführen. Der Diener Edward hatte den Auftritt zwischen Lord William Russell und dem Butler zufällig belauscht. Und auch von der eingeschlagenen Scheibe in der Küchentür und den blutigen Handschuhen in Fannys Korb ließen sie sich nicht auf eine falsche Fährte locken.

Courvoisier, so schien es, gestand nach anfänglichem, doch sinnlosem Leugnen allzu freimütig. Er machte kaum Anstalten, etwas abzustreiten, wirkte wie befreit und gab als Motiv für die Tat verletzte Ehre an. Nur mit Blut sei diese Schmach zu sühnen gewesen, erklärte er.

Auf die Frage von Inspector Pearce, wie in aller Welt es wohl zuginge, daß seine Kleidungsstücke nicht blutbesudelt seien, antwortete Courvoisier ohne ein Anzeichen von Reue: »Ich trug nichts an meinem Leibe. Ich beging den Mord nackt.«

Die beiden Polizisten führten François Benjamin Courvoisier ab und brachten ihn ins Gefängnis *Newgate*. Von dort aus wurde er dem Lord Oberrichter Tindal im Londoner Obersten Strafgerichtshof *Old Bailey* vorgeführt. Für den gelehrten Richter wie für die Geschworenen war die Schuldfrage klar erwiesen. Darum – wie die Moritatensängerin formulierte – sprach man bei Gerichte, der Verurteilte sei am Halse aufzuhängen, bis daß der Tod einträte.

Am Morgen des 6. Juli 1840 betrat Courvoisier vor dem Gefängnis *Newgate* die Galgenbühne und ließ sich willig die Schlinge um den Hals legen.

Ein Hebel wurde angeruckt. Die Schlinge zog sich zusammen, und sein Körper stürzte ins Nichts. François Benjamin Courvoisier starb zwei Monate nach seinem von ihm gemeuchelten Dienstherrn.

William Makepeace Thackeray (1811 – 1863), der englische Schriftsteller, war Zeuge dieses grausigen Geschehens am Gefängnis *Newgate*. Zutiefst beeindruckt und beschämt schrieb er in *Fraser's Magazine for Town and Country* im August 1840 darüber unter der Überschrift

EINEN MANN HÄNGEN SEHN

Ich muß gestehn, daß der Anblick bei mir ein unauslöschliches Gefühl des Entsetzens und der Scham hinterlassen hat. Es ist mir, als habe ich einer Tat entsetzlicher Niedertracht, begangen von einer Gruppe von Menschen gegen einen ihrer Mitmenschen, Vorschub geleistet. Und ich bete zu meinem Herrgott, es möge in England fortan nicht mehr in der Kraft eines Sterblichen stehn, Zeuge solch eines abscheulichen und entwürdigenden Anblickes zu sein.

Vierzigtausend Personen (so vermeldet die Polizei) aller Klassen und Schichten – Handwerksleute, vornehme Herrn, Taschendiebe, Mitglieder beider Kammern des Parlaments, Straßendirnen, Zeitungsschreiber – versammeln sich zu sehr früher Stunde vor dem Gefängnis *Newgate*. Die meisten von ihnen verzichten auf ihre übliche und friedliche Nachtruhe, um teilzuhaben an diesem entsetzlichen Exzeß, der aufregender ist denn Schlaf oder Wein oder das neueste Ballett oder jegliche Lustbarkeit, der sie sich hingeben mögen. Taschendieb und Edelmann – jeder wird vom Kitzel des Spektakels gleichermaßen erfaßt, jedem wohnt die Blutrünstigkeit inne, solche nicht ohne Einfluß bleibt auf unsere Menschenrasse.

Eine christliche Regierung läßt uns bisweilen eines Hochgenusses teilhaftig werden. Sie ist sich darin einig, das heißt, eine Mehrheit der beiden Kammern ist sich darin einig, daß für gewisse Verbrechen ein Mensch am Halse aufzuhängen sei, bis daß der Tod eintritt. Die Regierung überantwortet die Seele des Gesetzesbrechers der Gnade Gottes und verkündigt, daß er hienieden keine Barmherzigkeit zu gewärtigen hat; sie gewährt ihm zwei Wochen, sich vorzubereiten; sie bestallt einen Seelsorger, ihm im Glauben Beistand zu sein (so die Zeit hinreicht, aber die Regierung vermag doch nicht zu warten!).

Und an einem Montagmorgen läutet die Glocke. Der Geistliche verliest Gottes Wort: »Der Herr gibt, und der Herr nimmt.« An einem Montagmorgen um acht Uhr wird dieser Mensch unter einen Balken gestellt, und ein Strick verbindet ihn mit dem Balken. Ein Brett unter ihm fällt, und jene, so für gute Plätze gutes Geld aufgewendet haben, mögen die Hände des Beauftragten der obrigkeitlichen Gewalt, John Ketch, erspähen, wie sie aus einem schwarzen Nichts fahren, den Delinquenten an den Beinen packen und daran zerren, bis daß er tot, erdrosselt ist.

Man werfe einen Blick auf die dokumentarischen Belege, welche während der knappen Tage zwischen dem Prozeß und der Hinrichtung des unglückseligen Courvoisier aus dem Gefängnis ans Licht kamen. War es je schmerzvoller, Briefe zu lesen? Zunächst sind seine Darlegungen falsch, widersprüchlich; er lügt. Er hat noch nicht bereut. Seine letzte Erklärung hingegen scheint wahrhaftig zu sein.

Der grausige Galgen steht ihm beständig vor Augen. Er ist von Sinnen vor Angst und Reue. Seelsorger dringen ohn Unterlaß in ihn. Religiöse Abhandlungen werden ihm in die Hände gezwungen. Tag und Nacht halten sie ihm die Abscheulichkeit seiner Untat vor und ermahnen ihn zur Reue. Man lese sein letztes Schreiben; bei Gott, man liest es voller Erbarmen ...

Aber Mord ist eben eine ungeheuerliche Bluttat (das ist das Hauptargument). Und hat ein Mensch einen andern Menschen zu Tode gebracht, so ist es nur natürlich, daß er getötet werde. Hinweg mit den törichten Gefühlsmenschen, die das ablehnen – es ist natürlich! Das ist das Wort und gleichsam eine schöne philosophische Meinung – philosophisch und christlich. Töte einen Menschen, und du wirst dafür getötet! Blut um Blut!

Es wird gleichermaßen gesprochen über das Entsetzen, das der Anblick dieses Spektakels vermittelt. Ich gestehe es freimütig ein: Ich kam an jenem Morgen vom *Snow Hill* her voller Abscheu vor dem Mord, allein, es war ein Abscheu vor dem Mord, dem ich beiwohnte.

Wie wir uns den Weg durch die riesigen Menschenmassen bahnten, trafen wir auf zwei kleine Mädchen von elf und zwölf Jahren. Das eine der beiden weinte bitterlich und flehte, jemand möge es doch um Himmels willen hinwegleiten von diesem entsetzlichen Ort. Dies geschah, und die Kinder wurden in Sicherheit gebracht. Wir fragten das ältere Mädchen, ein sehr hübsches Kind, was es hier wohl gesucht habe. Es lächelte altklug und sprach: »Wir sind kommen, den Mann hängen zu sehn!«

Welch gütiges Rechtssystem, das unsere kleinen Kinder solcherart Wege gehen läßt und ihnen derart erfüllende moralische Schaustellungen bietet!

Wir schreiben heute den 20. Juli, und ich darf, was mich angeht, erklären, daß mich während der vergangnen vierzehn Tage der Eindruck der Metzelei fürwahr geläutert hat. Das Gesicht des Mannes steht mir allweil vor Augen. In diesem Moment vermag ich Mr. Ketch zu sehen, wie er ohne Überstürzung mit dem Strick hantiert. Ich schäme mich und fühle mich erniedrigt, daß mir

Lord Russels Haus Nummer 14, *Norfolk Street,* jetzt *Dunraven Street.*

durch meine unmenschliche Neugier dieser unmenschliche Anblick ward. Und ich bete zu Gott dem Allmächtigen, er möge
diese schmachvolle Sünde von uns nehmen und unser Land vom
Blute reinigen.

Es mußten freilich noch hundertfünfundzwanzig Jahre ver-
gehen, bis Thackerays Gebet erhört und in Großbritannien
die Todesstrafe abgeschafft wurde.

Tag für Tag beziehen die Moritatensängerin und der Mann
mit der Fiedel ihren Standplatz irgendwo in der Fußgängerunterführung unter dem *Marble Arch*, wo einst der *Baum zu
Tyburn* wurzelte.
Tag für Tag klagen und tragen die Klänge ihrer traurigen Me-
lodien durch die kahlen Gänge. Auch ein ungelenker Vers
über Lord William Russell und seinen Mörder François Benjamin Courvoisier ist dabei. Und der geht:

>»Der junge Diener mocht es nit verwinden,
>   daß ihm sein edler Herr den Laufpaß gab.
>   Und kunnt er nimmer Seelenfrieden finden,
>   und schnitt dem Lord den Kopf vom Rumpfe ab.
>   – Trallah–di–daa–daa–Rumpfe–ab.«

Und so kommen Sie hin:

Tyburn (Marble Arch) / Norfolk Street (Dunraven Street)
– U-Bahn (Underground) Central Line bis Station Marble
Arch.

Ein liebenswerter Totschläger

Tatort: Spencer Hotel (jetzt Mostyn Hotel),
Portman Street, London W 1
Dienstag, 14. März 1922

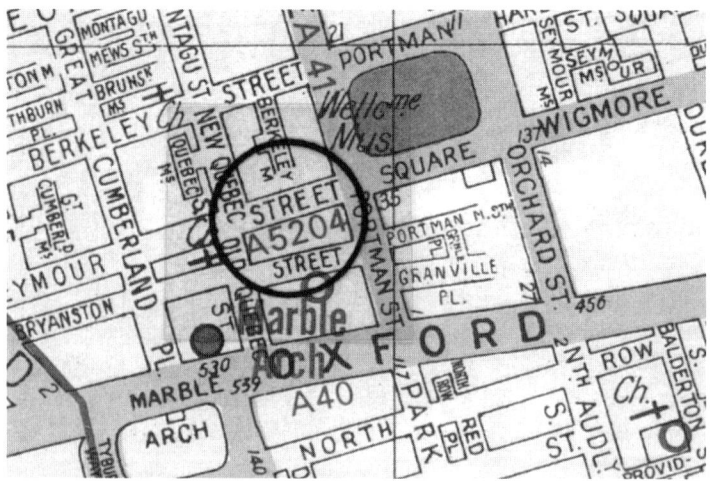

Der achtzehnjährige Küchenjunge Henry Julius Jacoby lugte durch den Spalt einer unauffälligen Tür, die die Wirtschaftsräume mit der Hallenbar des Hotels verband. Was er sah und hörte, ließ ihm den Mund offenstehen. Er erblickte eine neue und ganz andere Welt als die, in der er zu Hause war.

An einem weißen Flügel griff ein schwarzer, kraushaariger Pianist in blütenweißem Smoking gefühlvoll in die Tasten. Ein hagerer, nicht mehr jugendlicher Sänger mit hellem Schnurrbärtchen unter der Nase, ebenfalls in weißem Smoking und mit dünnem, mittelgescheitelten Blondhaar, dessen Strähnen ihm pomadengestriegelt am Kopfe klebten, schmachtete, der Mode der Zeit entsprechend, schmalzig und heftig tremolierend nach den »Wilden Rosen von Worthing«.

Zehn oder zwölf Paare bewegten sich zum Tanze in der beliebten Teestunde zwischen Nachmittag und frühem Abend. Sie waren allesamt in den sogenannten besten Jahren, zwischen dreißig und vierzig, einige älter, niemand ausgesprochen jung.

Henry Jacoby staunte mit runden Augen und schob den Türspalt vorsichtig um einen Fingerbreit weiter auf.

Die Herren trugen fast ausnahmslos dunkle Anzüge und Gamaschen über den schwarzen Lackschuhen. Einige versuchten sich mit einer weißen Nelke im Knopfloch des Revers besonders hervorzuheben. Ein bunteres Bild boten die Damen in ihren zumeist halblangen, einfarbig oder kühn gemusterten, schillernden Kleidern und den Schuhen mit hohen Absätzen.

Henrys Augen saugten sich fest an den zarten, seidenbestrumpften Fesseln der Tänzerinnen.

Sie gaben sich ein ganz klein wenig verrucht, die betörenden Damen, wie sie sich kokett in den Hüften wiegten – ein Eindruck, den die gewagten Dekolletés, die an den Kleidern angesetzten, im Tanze schwingenden Stolen sowie die langen goldenen oder elfenbeinernen, zwischen beringten Fingern schwippenden Zigarettenspitzen noch verstärkten.

Henry Jacoby wurde warm. Der Pomadensänger huldigte mit samtiger Stimme in einem frivolen Liedchen einer gewissen und offensichtlich hingebungsfreudigen »Rosemary«. Dabei rollte er das R geradezu aggressiv.

Ja, so rauschten Leben und Lust im *Spencer Hotel* dahin.

Die feine Londoner Gesellschaft wollte nach dem großen Krieg endlich wieder etwas zeigen, etwas sein, und London wurde wie Paris als Reiseziel der Vermögenden interessant. König George V. (1865–1936) saß seit 1910 auf dem Thron. Seine Enkelin Elizabeth, die später die royale Würde einer Elizabeth II. erlangte, war noch nicht geboren.

Großbritannien hatte den ersten Weltkrieg nur einigermaßen glimpflich überstanden. Gesellschaftliche Erschütterungen, Zusammenbrüche von Unternehmen und Massenarbeitslosigkeit in den Nachkriegsjahren prägten die inneren Zustände. Statt nach Lebensmitteln standen die Leute nun nach Arbeitslosenunterstützung an.

1922: Einkaufen in einem eleganten Londoner Warenhaus.

Doch Ängste und Probleme dieser Art kamen nicht über die Schwelle des *Spencer Hotel*.

Das Haus liegt in der *Portman Street*, beim Warenhaus *Littlewood* in der *Oxford Street* gleich um die Ecke. Nur etwa hundert Meter mißt die Straße. Sie verbindet den *Portman*

Square mit der *Oxford Street*, und die Ecke *Bryanston Street* wurde vom *Spencer Hotel* beherrscht. Das Gebäude existiert noch und heißt heute *Mostyn Hotel*.

Die Straße verdankt ihren Namen Sir William Portman, einem Ritter aus dem englischen Westen und Lord Oberrichter Englands, der im Jahre 1553 in großer Weitsicht über hundert Hektar Ödnis erwarb. Heute gehört der wertvolle Grundbesitz zum Londoner Stadtteil *Marylebone* im teuren *Westend*, und die Hälfte davon befindet sich noch immer in den Händen der Familie Portman.

Die *Portman Street* ist eine jener kleinen und auf den ersten Blick unscheinbaren Londoner Straßen, die wie ein filigranes Netz zu Tausenden die Stadt durchziehen. Manche der gediegenen Häuser, von denen einige aus dem späten 18. oder dem frühen 19. Jahrhundert stammen, verleihen ihr Stil und Charakter, aber auch mancher bauliche Sündenfall findet sich, wie eben der Hotelbau mit seinen vier funktionslosen Schmuckportalen.

Henry Jacoby entstammte schlichten Verhältnissen und fristete mit seiner Familie ein bescheidenes Dasein. Der Glanz, den er zum ersten Mal in seinem Leben in der Stadt sah, war überwältigend.

Alles so anders! Alles so groß! Alles so schnell!

Henry hatte sich vorgenommen, den Nacken steif zu halten. Er wollte die neue Zeit, die Zeit nach dem Kriege nutzen. Er wollte eine Chance haben, seine Armut hinter sich zu lassen.

Noch hörte er die Worte seiner bodenständigen Großmutter, die sie ihm beim Abschied mit auf den Weg gegeben hatte: »Höre, Junge«, hatte sie gesagt und ihn an ihre welke Brust gedrückt, »lebe jeden Tag so, als ob es dein letzter wäre. Und denke allzeit daran: Das Leben ist kurz und dahin wie ein Furz!«

Ja, die Großmutter steckte voller gescheiter Sprüche, und zu jedem nur denkbaren Anlaß fand sie einen passenden.

Im *Spencer Hotel* hatte er in den letzten Februartagen, vor drei Wochen erst, eine Anstellung als Küchenjunge gefunden. Der

Lohn war eher kümmerlich. Doch er lebte in der großen Stadt, und er schlief in einem eigenen, kleinen und verliesartigen Kämmerchen – im Kellergeschoß. Je nun, und wenn schon. Täglich mußte er Kupfer und Silber polieren und an dem großen, steinernen Wassertrog in einem dumpfigen, düsteren Loch Geschirr, Messer, Gabeln, Löffel und Kochgefäße waschen, abschrubben und auskratzen. Die Kochtöpfe, Pfannen und Tiegel zu säubern war am beschwerlichsten. Der Chefkoch Mr. Hodgson, auch Mr. Barlow, der unter diesem diente, und selbst die Küchenmägde – alle trampelten auf ihm herum.

»He, Jacoby, das nennst du eine blitzende Pfanne? Und was sind das für eingebrannte Soßenreste? Halt dich gefälligst ran, elender Dreckspatz!«

»Henry, wann bist du endlich mit den Bestecken fertig? Es reicht hinten und vorne nicht. Sollen die Gäste, weil Mr. Jacoby so belieben, etwa mit den Fingern speisen?!«

»Was ist, Bursche, hast du keine Lust, oder dauert das bei dir immer so lange? Wo kommst du bloß her!«

So redeten sie von früh bis spät auf ihn ein. Trotzdem war Henry fest entschlossen, alles klaglos zu ertragen.

Wenn er sich, über seine Steinspüle gebeugt, mit den verkrusteten Töpfen abmühte und seine Nase den widerlichen Gestank nach ranzigem Hammelfett nicht mehr ertragen konnte, wenn er mit den Händen nicht länger in der ekligen, an der Haut haftenden, schleimigen Jauche herumrühren mochte und den Abflußpfropfen zog, um frisches Wasser in den Trog zu lassen, und wenn in diesem Augenblick zufällig der Koch in der Abwaschküche auftauchte, konnte es schon geschehen, daß er sich eine saftige Ohrfeige einhandelte.

»Bist du noch bei Troste, Bursche?! Wasser sparen! Hörst du! Wenn der Manager dahinterkommt, wie du hier Wasser vergeudest, da fliegst du raus, verstanden!«

Henry verstand. »Also«, sagte er sich, »Wasser sparen! Wenn der Herr Koch es so will, und wenn die Gäste seinen Dreck fressen sollen, nun, dann sparen wir eben Wasser. Was kümmert's mich?«

Nein, einfach war sein Leben nicht im *Spencer Hotel*. Aber denen wollte er es noch zeigen. Eines Tages würde er nicht mehr arm und unmündig, demütig und hilflos sein. Vielleicht würde er eines Tages den Herrn Chefkoch abgeben oder gar den Herrn Manager. Das nahm er sich fest vor.

Henry Jacoby fuhr erschreckt aus dem Schlaf hoch.
Da tuschelte doch jemand vor seiner Tür!
Er saß erstarrt im Bett und lauschte angestrengt in die Dunkelheit. Nacht lag über London, tiefe dunkle Nacht, und im Untergeschoß des Hotels, in seinem Verlies, war es noch dunkler und geradezu beängstigend.
Wie er so saß und spannte, schlug die Glocke von der Kirche *Mariä Verkündigung* an der Ecke *Old Quebec Street/ Bryanston Street* zweimal. Es war um zwei Uhr morgens am 14. März 1922, einem Dienstag.
»Drei Stunden vor dem Aufstehen«, ging es Jacoby durch den Kopf.
Aber was waren das für Stimmen? Da flüsterte doch jemand. Er hatte doch irgendwelche Männerstimmen gehört. Draußen vor seiner Tür mußten sie sich aufhalten. – O Gott, o Gott!
Um zwei Uhr in der Früh?
Was bedeutete das?
Er saß noch immer in aufrechter Haltung, traute sich nicht, eine Kerze anzuzünden, traute sich nicht hinaus. Er lauschte angespannt. Nichts rührte sich. Keine Stimmen mehr. Völlige Ruhe herrschte im Haus. Gewiß hatten sich die Damen und Herren genug ausgetobt und lagen jetzt friedlich in ihren weichen Betten.
»Vielleicht war es doch nur ein böser Traum«, sagte er sich.
»Vielleicht war's der Anstrengung zuviel, gestern.«
Henry Jacoby sammelte sich und ordnete seine Gedanken.
»Hätte jemand gewispert vor meiner Tür, wäre jetzt nicht plötzlich Ruhe«, meinte er. »Und überhaupt – geht jemand nächtens verstohlen um, so will er etwas, will er einbrechen, stehlen. Was aber wär' bei mir zu holen, armer Wicht, der ich bin? Nein, es hat mir etwas vorgegaukelt. – Oder?«

Er faßte sich ein Herz und stieg von seinem Lager. Geräuschlos tat er die zwei Schritt bis zur Tür, zog den Riegel behutsam herunter und öffnete sie einen Spalt breit.

Er horchte und spähte hinaus.

Nein. Da war nichts. Nur Dunkelheit, Dunkelheit und Stille – und der übliche, muffige Kellergeruch nach Kartoffeln und Moder. Barfüßig und im langärmeligen Barchenthemd, so wie er im Bett gelegen hatte, schlich er den Kellergang entlang und die Wirtschaftsstiege hinauf.

Sacht öffnete er die Tür zur Hotelhalle. Auch hier herrschte Stille. Gedämpftes Behelfslicht. Nicht nur Wasser, auch elektrischer Strom mußte gespart werden im *Spencer Hotel*. Schwerer, kalter Rauch von Zigarren und Zigaretten hing im Raum und nistete in den Falten der dicken Fenstervorhänge. Morgen, nein heute, wenn die Nacht zu Ende ging, würden die Putzfrauen frische Luft hereinlassen und die Teppiche schrubben und bürsten. Doch alle Tischchen waren bereits abgeräumt. Kein leeres Glas, kein voller Aschenbecher waren mehr zu finden. Jeder der ausladenden Sessel stand ordentlich an seinem Platz.

Der Nachtportier hockte mit zurückgelehntem Kopf auf einem Stuhl hinter seiner Theke. Er schlummerte. Neben dem, ständig griffbereiten Hotelregister lag eine bunte Zeitschrift aufgeschlagen auf der Schreibplatte. Er hatte wohl darin geblättert. Die Tischlampe mit dem grünen Schirm spendete mattes Licht, das als blaßgrüner Schein auf den Portier fiel und sein Antlitz leichenhaft erscheinen ließ.

Der Anblick machte Jacoby erschauern, doch rasch faßte er sich. Der Nachtportier war Alfred Platt. Mr. Platt war immer freundlich zu ihm.

Behutsam und auf den Zehenspitzen gehend, als ob er befürchtete, mit seinen bloßen Füßen den dicken Teppich zu beschmutzen, schlich sich der Junge zur Portierstheke hin. Er hob die an deren Ende angebrachte Tafel hoch, drückte das Pförtchen auf und legte Mr. Platt sanft die Hand auf die Schulter.

Der Portier erwachte mit einem Ruck und zog hörbar den Atem ein. Er riß die Augen auf, nahm eine aufrechte Haltung ein und sah den Küchenjungen im Hemd wie ein Gespenst vor sich stehen.

»Henry!« stieß er hervor. »Hast du mich erschreckt! Was, um Himmels willen, geisterst du zu nachtschlafender Zeit im Hause herum? Wie spät ist es denn?« Er drehte den Kopf und warf einen Blick auf die Wanduhr hinter sich. »Fast halb drei! Junge, was willst du?«

»Bitte verzeihen Sie, Mr. Platt ...«

»Ja, was ist denn?«

»Wissen Sie, ich schlief ziemlich fest. Und plötzlich ... plötzlich erwachte ich, weil ich vor meiner Tür Stimmen hörte. Es waren Stimmen von Männern. – Sie flüsterten!« flüsterte Jacoby seinerseits.

»Junge, das gibt's doch nicht«, meinte der Portier beschwichtigend. »Wer soll denn des Nachts im Hotel umgehen – außer dir? Die Gäste schlafen, und das Personal beginnt, wie du weißt, nach fünf.«

»Trotzdem«, beharrte Henry, »ich dachte, ich sag es Ihnen. Und vielleicht ... vielleicht sehen wir einmal ... ich meine, Sie mit mir ... nach?«

»Henry, Junge, was kommt dir nicht alles in den Kopf«, wunderte sich Mr. Platt. »Schlafen solltest du! Morgen – heute! – ist ein neuer, schwerer Tag, und du mußt bei Kräften sein. Weißt ja, wie sie dich schikanieren, die Menschenschinder, die vermaledeiten! – Doch, wenn es dich beruhigt ...«

Platt nahm eine Taschenlaterne unter der Theke hervor, verließ seinen Dienstplatz und machte sich mit Henry Jacoby auf einen Kontrollgang. »Wird schon keiner kommen, um diese Stunde. Das ganze Hotel schnarcht doch.«

Sie durchkämmten das Kellergeschoß vom Anfang bis zum Ende, leuchteten in jedes Gelaß, in jede Nische, in jeden Vorratsraum.

Nichts war zu finden.

Mr. Platt, der sich aus Kriminalromanen mit dem Verbrechen an sich auskannte, unterzog die beiden, unmittelbar nach außen führenden und gut gesicherten Türen einer besonders gründlichen Inspektion.

»Türen ordnungsgemäß verschlossen und verriegelt. Keinerlei Gewalteinwirkung. Kein beschädigtes oder erbrochenes Schloß. Ergebnis negativ«, konstatierte er, als ob er seinen Befund zu Protokoll gäbe.

»Gott sei Dank!« seufzte Jacoby.

»Angsthase!« spottete Alfred Platt gutmütig. »Hier, behalte die Laterne für die Nacht – oder was davon noch übrig ist. Ich finde auch im Dunkeln hinauf. – Und ab, ins Bett, Junge, aber los!«

Henry Jacoby begab sich wieder auf sein schmales und hartes Lager. Mit dem Schlaf war es dahin. Zu sehr hatte er sich aufgeregt. Also rief er sich das gestrige Bild der tanzenden Paare, vor allem der erregenden Damen in Erinnerung.

Wo er herkam, dort gab es überhaupt keine Damen, nur Mädchen, Frauen oder Weiber. Und die steckten in ganz schlichten, biederen Kleidern, in grauen Röcken und Schürzen aus hartem, braunschwarzem oder grauem Material; sie durften nicht so schnell schmutzig werden, weil Waschen Geld und Zeit kostete. Und beides war knapp bemessen dort, wo er herkam.

»Warum haben diese vornehmen Leute im Hotel alles und ich nichts?« fragte er sich. »Warum geben sie mir nichts davon? Würden sie mir geben, wenn ich danach fragte? Oder muß ich mir nehmen? Vielleicht muß ich. Wahrscheinlich ist das so im Leben.«

Irre und wirre Gedanken flogen ihm durchs Hirn, Phantastereien, Traumgespinste. Halb grübelte er im Wachsein, halb träumte er in den Tiefen der Trugbilder, die sich ihm aufdrängten.

»Dieses Halskettengeschlinge mit dem Funkelgestein, diese Armreife, Golduhren und Fingerringe!« schwärmte er in Gedanken. »Ihnen bringen sie nur Neid und Mißgunst; mir wären sie die Welt.«

Er wünschte, den feinen Damen nahe sein zu können. Es müßte ihm erlaubt sein, sie anzusprechen. Er konnte nicht vergessen, wie schmiegsam sie sich im Tanze bewegten. Er sah sie vor sich, die langen, schlanken Beine unter dem spinnwebfeinen Stoff der Kleider. »Ach, ich würde eine solch schöne Frau anbeten und von Herzen und ungestüm lieben,

sie verwöhnen, sie bedienen, für sie die Küchenarbeit verrichten. Das kann ich doch, ich kann doch ... Ich kann ...
kann mir eine solche Frau mitsamt ihrem Geschmeide auch
nehmen!«
»Nimm, was dir die Götter bieten!« war ein weiteres geflü-
geltes Wort seiner Großmutter. Und: »Was du heute kannst
besorgen ...«
Die Großmutter hatte immer recht. Was sie sagte, war Gesetz in der Familie, und ihre Weisheiten durchgeisterten Henrys Gefühlsleben.
Also nehmen! Etwas mußte doch zu nehmen sein! Etwas
mußte doch auch für ihn da sein in der großen, weiten Welt!
»Ja, Großmutter, heute! Jetzt!« murmelte Henry. »Sofort, bevor der Morgen graut!«
Henry Jacoby erhob sich wie in Trance. Er schlüpfte in die
Hose, stieß mit den Füßen energisch in die Filzpantoffel und
nahm die Taschenlaterne vom Tisch. Draußen, vor seiner Tür,
das wußte er, hatten Arbeitsleute, die im Kellergeschoß Rohr-
leitungen legten, einen Werkzeugkasten zurückgelassen. Mit
der Lampe leuchtete er hinein.
Ein Hammer! Er nahm ihn an sich und umschloß den glatten Stiel hart mit der Rechten.
»Man weiß ja nie«, ging es ihm durch den Sinn. »Die Flü-
sterer möchten ja doch noch irgendwo lauern.«
Jacoby huschte durch die Kellerräume und die Küche und
flog leichtfüßig die steinerne Stiege hinauf. Der Nachtportier schlummere bereits wieder im grünlichen Licht und bemerkte ihn nicht. Der Junge stieg die läuferbelegte Treppe
empor bis in das erste Obergeschoß. Weicher Teppichboden
zog sich über die gesamte Länge des Korridors.
Trüge er Holzschuhe, man würde kein Klappern hören, so
weich! Er bewunderte den Luxus. Hier war er noch nie gewesen.
Henry Jacoby spähte aufmerksam in die Tiefe des endlos
scheinenden Flurs. Längs der weißen Wand reihten sich die
dunkelfarbenen Zimmertüren in regelmäßigen Abständen
aneinander. Über jeder glomm ein schwaches Licht; es ließ
die in Messingschildchen eingegrabenen Zimmernummern

erkennen. Und auf der gegenüberliegenden Flurseite ebensolche Türen mit Lämpchen darüber und Nummern in Augenhöhe.

Henry war von den Damen, die er hinter den Türen in ihren Betten wußte, so betört und derart auf sie fixiert, daß die Herren, die mit ihnen schliefen, nicht einmal Platz hatten in seinem benebelten Denken.

Er war etwas ratlos. Was wollte er eigentlich? Was sollte er nun tun? Wo, was beginnen?

»Großmutter, sag etwas!« flehte er.

Die Antwort blieb nicht aus. »Nimm, was dir die Götter bieten!«

Aber natürlich! Die einfachste Sache der Welt!

»Also los!« befahl er sich.

Er stand vor der Nummer 27.

Mit schweißfeuchter Hand bewegte er die Klinke nach unten und versuchte die Tür aufzudrücken. Nichts regte sich. Die Tür war von innen verschlossen.

Sein nächster Versuch galt der 29. – Das gleiche enttäuschende Ergebnis.

Und die 31? – Auch verriegelt.

Jacoby war überreizt. Irgendwann, bald schon, mußte der Morgen heraufdämmern. Dann würde es lebendig werden im Haus und sich regen überall.

Er versuchte sich an der 33.

Da! Die Tür gab nach. Behutsam drückte er sie nach innen. Die Tür knarrte! Oh, verflucht! Sie knarrte fürchterlich!

Er ließ nun nicht etwa von seinem Vorhaben ab, nein, Jacoby war außer sich vor Wut auf die knarrende Tür, drückte heftig und stand im Zimmer.

Wer immer in der 33 schlief, war unglaublicherweise nicht wach geworden.

Jacoby ließ den Strahl seiner Laterne durch das Zimmer streichen. Im Doppelbett lag eine Frau allein mit weißem Nachthäubchen auf grauem Haar. Er trat näher und leuchtete ihr arglos ins Gesicht. Es war ein bleiches, faltiges und wie tot wirkendes Gesicht, nein, es gehörte keiner der hingebungsvollen Tänzerinnen, die er beobachtet hatte.

»Keine Schönheit, bei Gott, nein«, stellte er erschauernd und enttäuscht fest.

In diesem Augenblick fuhr die Frau hoch und stieß einen entsetzlich gellenden Schrei aus.

»Nicht! Neiiin!« versuchte Jacoby sie mit gedämpfter Stimme zu beschwichtigen und ihr den Mund zuzuhalten. Doch mit einem Ungestüm, zu dem ihr nur Todesangst die Kraft geben konnte, stieß sie die Hand zurück.

Jacoby war von Sinnen vor übermächtiger Angst und verfiel in hemmungslose Panik, war keines normalen Gedankens fähig.

Die Rechte mit dem Hammer holte weit aus. Er ließ den Hammer auf das weiße Nachthäubchen niederwuchten. Noch einmal hob er den rechten Arm und schlug zu. »Sie soll doch still sein! Still! Still! Still!« Nur das wollte er.

Das Nachthäubchen war nicht mehr weiß. Und die Frau war nun still und stumm. Sie würde nie mehr schreien.

Henry Jacoby erstarrte. Mit ungläubigen Augen wurde ihm im Schein seiner Lampe schwach gewahr, was er getan hatte.

Er rannte aus dem Zimmer, den Korridor entlang und stolperte in schlappenden Pantoffeln die Stufen hinunter, an dem schlafenden Portier vorbei, durch die Küche, bis an seine Spüle.

Ekel drängte in ihm hoch und würgte übermächtig in der Kehle; er erbrach sich in den steinernen Trog.

Von Panik erfüllt wusch er sich, spülte den Mund und gurgelte ausgiebig. Darauf säuberte er einer Eingebung gehorchend und gleichwohl mit Bedacht den blutbesudelten Hammer und legte das Werkzeug in den Kasten zurück.

Er kroch in sein Bett, zog sich die Decke über den Kopf und meinte, so die Ungeheuerlichkeit seiner Tat in einer Wirklichkeit zu belassen, die nicht die seine war.

Dennoch – bald würde Mr. Platt im Kellergang seinen Weckruf erschallen lassen. Und er würde aufstehen und an seine Arbeit gehen müssen, als ob nichts geschehen sei. Er würde genau der sein, der er seit drei Wochen zu sein hatte: der unschuldige, dumme und getretene Küchenknecht.

Die Kraft aufzubringen, diese Rolle zu spielen, das traute er sich durchaus zu.

Ein junges Serviermädchen, das der Bewohnerin des Zimmers 33 allmorgendlich Tee am Bett zu reichen hatte, entdeckte die Bluttat gegen neun Uhr.

Es erlitt einen Schock.

Die Ermordete war eine bekannte Dame der Gesellschaft, Lady Alice White immerhin, die begüterte Witwe eines ehemaligen Vorsitzenden des Londoner Grafschaftsrates Sir Edward White. Wie ein Lauffeuer verbreitete sich die Schreckensneuigkeit unter dem Hotelpersonal.

Henry Jacoby stand, wie jeden Tag, über seinen Trog gebeugt und wusch ab. Ihm sagte keiner, was passiert war. Er zählte ja nicht. Er war ja nur der Küchenjunge, der Tellerwäscher, ein Niemand.

Doch dieser Niemand wußte es besser. Er allein wußte alles. Und das gab ihm ein Gefühl der eigenen Wichtigkeit, der Überlegenheit, ja der Macht über alle anderen.

Die Polizisten, angeführt von Detective Inspector Blandford und Sergeant Wallis, ließen nicht auf sich warten. Binnen weniger Minuten erschienen sie am Tatort. Von *Scotland Yard* in *Westminster* über *Victoria, Hyde Park Corner* und die elegante und breite *Park Lane* herauf war ja kein weiter Weg.

Rasch und routiniert setzten sie sich ins Bild. Daß es sich hier um ein Tötungsverbrechen handelte, war eindeutig. Lady Whites Eigentum – Schmuck, Papiere, Geld und Kleidung – waren unberührt geblieben und vollständig vorhanden. Die äußeren Hoteleingänge waren die Nacht über verschlossen gewesen und geblieben. Die Zimmertür wies keinerlei Spuren eines gewaltsamen Eindringens auf. Das Verbrechen mußte von jemandem innerhalb des Hotels begangen worden sein. Wer immer dafür verantwortlich sein mochte, war unter dem Personal oder den Gästen zu suchen.

Die Polizisten teilten sich auf. Sie vernahmen Gäste und Personal gleichzeitig.

»Nein, Sir«, antwortete Jacoby ruhig und selbstsicher auf die Frage von Inspector Blandford, ob er im Verlaufe der Nacht etwas gehört, etwas bemerkt habe. »Doch, Sir«, setzte er nach kurzem Nachdenken mit ernster Miene hinzu, »eine Sache könnte interessant für Sie sein.«

»Und die wäre?« wollte der Polizist wissen.

»Nun, ich erwachte plötzlich aus meinem tiefen Schlaf, als ich draußen, vor meiner Kammertür, jemanden flüstern hörte. Männer waren es, die da flüsterten. Ich habe das genau gehört, Sir.«

»Und, wie ging es dann weiter?« fragte der Polizist. »Haben Sie etwas unternommen?«

»Nicht gleich, Sir, erst als das Flüstern aufhörte.«

»Und wann war das etwa?«

»Kurz nach zwei Uhr, Sir.«

»Wieso wissen Sie das so genau, Jacoby?« bohrte der Ermittler nach.

»Von der Kirche um die Ecke hatte es zweimal geschlagen, Sir, ich kann mich genau erinnern«, antwortete der Junge mit Bestimmtheit im Ton.

Inspector Blandford nahm das schweigend zur Kenntnis. Ihn beschlich ein unerklärliches Gefühl, daß der Küchenjunge sich wichtig machen wollte. Gleichzeitig blieb ihm als erfahrenem Polizisten eine bestimmte Nervosität Jacobys nicht verborgen. Immer wieder schaute der Junge sich um, als ob noch eine weitere Person im Raum wäre. Und seine Hände konnte er auch nicht recht stillhalten, obwohl er sich darum mit aller Macht zu bemühen schien. – Aufpassen!

»Und weiter, Jacoby?« fragte er.

»Als alles wieder ruhig war, habe ich mich hinaufgeschlichen zu Mr. Platt, er ist der Nachtportier, Sir.«

»Ja, und?«

»Gemeinsam streiften wir dann zur Kontrolle durch das gesamte Kellergeschoß, konnten jedoch nichts entdecken, Sir.«

»Benutzten Sie dafür diese Taschenlaterne?« Der Inspector nahm die Lampe vom Tisch und hielt sie vor Jacoby hin.

»Ja, Sir, genau die. Mr. Platt überließ sie mir für die Nacht.«

»Aha. – Haben Sie etwas dagegen, wenn wir, der Sergeant und ich, uns in Ihrem Zimmer etwas umsehen, Jacoby?«

Der Tellerwäscher erbleichte, wenn auch nur um eine Nuance, doch Inspector Blandford registrierte das.

»N–nein, n–nein, Sir«, stammelte der Junge, »gewiß nicht.«
Der Polizist öffnete die Tür und rief in den Gang hinaus: »He,
Pete, kommen Sie mal!«
Sergeant Wallis erschien in Sekundenschnelle.
»Schau'n wir uns mal bißchen im Raume um, Pete«, forderte der Inspector seinen Kollegen auf.
Viel war nicht zu durchsuchen in Henry Jacobys bescheidenem Kämmerchen. Es gab darin ja nur ein Bett, einen schmalen Spind und einen Tisch mit Stuhl.
Blandford untersuchte das Bett. Er nahm Decke und Kissen
auf, hob die rauhe Matratze an und schaute darunter. Er fand
nichts. Nur einen einzelnen, völlig belanglosen und wahrscheinlich längst vergessenen Wollstrumpf hatte es plattge-
preßt darunter.
Wallis zog eine Schublade im unteren Teil des Schrankes heraus und überprüfte den Inhalt – zwei, drei Hemden, Unter-
hosen, Taschentücher, Socken ...
Dann stieß er einen leisen Pfiff der Überraschung aus. »Und
was haben wir denn hier?«
Mit spitzen Fingern hielt er ein Taschentuch an einem Zip-
fel hoch.
Es war blutverschmiert, und das Blut war noch nicht voll-
ständig getrocknet.
»Nun, Jacoby?« fragte Inspector Blandford knapp.
Der Junge schwieg.
»Ihr Schweigen ist auch eine Antwort, Jacoby; ein Geständ-
nis sogar.«
»Ja«, gab Jacoby in nichtssagendem Ton von sich.
»Ja was? Daß Ihr Schweigen ein Geständnis bedeutet?« woll-
te der Polizist nun wissen.
Henry Jacoby fühlte einen Druck von innen, und er stam-
melte: »Der Hammer. Draußen, in der Kiste ... der Hammer
... Ich machte ihn sauber ... mit dem Taschentuch.«
Schon war Sergeant Wallis vor der Tür, fand die Werkzeug-
kiste und brachte den Hammer herein. Er war noch feucht.
Die beiden Polizisten stellten Hammer und Taschentuch si-
cher.
»Henry Julius Jacoby«, – Inspector Blandford legte dem

Küchenjungen die Hand auf die Schulter und sprach mit ruhiger Stimme – »ich beschuldige Sie, Lady Alice White getötet zu haben und nehme Sie in Arrest.«

Jacoby hatte solche Szenen schon im Kino gesehen. Jetzt geschah ihm das. Er war jemand! Er stand im Mittelpunkt! Die Polizei nahm ihn nicht nur fest, sie nahm ihn auch ernst! Er verspürte eine Genugtuung, gepaart mit merkwürdiger Erleichterung.

»Es ist doch komisch, Inspector, Sir«, brach es nach Sekunden verblüfften Schweigens geradezu aus ihm heraus, »wie stark man ist, wenn es sein muß. Da denkt man nicht darüber nach, was dann kommt. Da denkt man nicht an Bestrafung. – Ja, ich war es. Ich habe es getan, ich! Und ich kann die Lady nicht wieder lebendig machen, Sir, auch wenn ich wollte. Aber ich habe ihr nichts weggenommen.«

Auf der Miene von Inspector Blandford spiegelte sich ein fast trauriger Ausdruck, als er dem Achtzehnjährigen Handfesseln anlegen und ihn abführen ließ.

Der Prozeß gegen den Küchenjungen des *Spencer Hotel*, Henry Julius Jacoby, begann am Freitag, dem 28. April 1922, im *Old Bailey*, dem Londoner Obersten Strafgerichtshof, vor dem Vorsitzenden Richter McCardie und dem Anklagevertreter Percival Clarke. Als Verteidiger fungierte Mr. Lucian.

Jacoby, ein hübscher Junge mit blondem Haar und angenehmen Gesichtszügen, war adrett gekleidet, mit Anzug, Oberhemd und Krawatte. Er vermittelte den Eindruck eines unschuldigen und liebenswerten jungen Mannes.

Freundlich lächelnd schaute er in die Runde des bis auf den letzten Platz besetzten Gerichtssaales und bedachte seinen Herrn und Meister, den Chefkoch Hodgson, mit einem überlegenen und herausfordernden Blick, als wollte er ihm zurufen: »Da staunen Sie, was?«

Jacoby genoß offenkundig die um ihn veranstaltete Inszenierung. Er stand im Mittelpunkt. Er war ein Held. Seiner Eitelkeit wurde Genüge getan.

»Schreiben die Zeitungen draußen über mich?« fragte er in einer Prozeßpause seinen Bewacher. »Komme ich gut weg dabei? Finden die enorm, was ich gemacht habe, oder fallen die alle über mich her?«

Henry Jacoby mochte noch so sympathisch und einnehmend wirken, eine andere Sühne als die Todesstrafe war nicht vorstellbar. Die Verteidigung brachte zwar das jugendliche Alter des Delinquenten ins Spiel und appellierte an das Gericht um ein mildes Urteil, und die Zeitungen behaupteten, es gäbe ein Recht für die Reichen und ein Recht für die Armen – alles war vertane Mühe.

Am Ende stand der Urteilsspruch: Tod durch den Strang.

Nicht einmal dem Ersuchen, den Leichnam des Hingerichteten in geweihter Erde zu bestatten, gab das Gericht statt.

Am 22. Juni 1922, einem Montag, wurde in einem Zeitungskommentar gedeutet, ob es richtig oder falsch gewesen sei, das britische Protektorat über Ägypten aufzugeben.

Am 22. Juni, einem Montag, des für ihn so schicksalsschweren Jahres 1922, starb Henry Julius Jacoby, achtzehn Jahre, am Galgen.

Nichts blieb von ihm, lediglich ein weißes Schildchen mit dem in schwarzer Schrift aufgemalten Kürzel H.J. 382 auf dem Gelände des Gefängnisses *Pentonville* in der *Caledonian Road* zu London.

Mostyn Hotel (früher *Spencer Hotel*) in der *Portman Street*.

Das *Mostyn Hotel* in der *Portman Street*, das früher *Spencer Hotel* hieß, ist noch immer eine gute Adresse und äußerst günstig gelegen inmitten des Londoner *Westend*. Gleich um die Ecke nimmt die *Oxford Street* mit ihren zahlreichen großen Warenhäusern ihren Anfang. Nach der anderen Richtung hin beginnt der *Hyde Park*, der weiter westlich in *Kensington Gardens* übergeht. Verlängerte man die *Portman Street* in südlicher Richtung, käme man im edlen *Mayfair* mit seinen altersgeschwärzten und dafür um so kostbareren Häusern, mit seinen eleganten Restaurants und gemütlichen Pubs an. Aber auch im *Mostyn Hotel* kann man an der Hallenbar sein Bier oder seinen Whisky trinken. Und wenn das Stimmengewirr der Gäste durch den Raum schwingt, mag man noch so genau hinhören, über den Tellerwäscher Jacoby spricht niemand. Er ist längst vergessen.

Henry widerfuhr das Unglück, die Redensart seiner Großmutter, »Nimm, was dir die Götter bieten!« allzu wörtlich ausgelegt zu haben. Dennoch hatte die weise Frau, wie er am eigenen Leibe peinvoll erfahren sollte, durchaus wahr gesprochen und recht behalten: »Das Leben ist kurz und dahin wie ein Furz.«

Und so kommen Sie hin:

Spencer Hotel (Mostyn Hotel), Portman Street – U-Bahn (Underground) Central Line bis Station Marble Arch.

Eines Malers Metzelei

Tatort: 36, Leicester Fields (jetzt Leicester Square),
London WC 2
Donnerstag, 19. Februar 1761

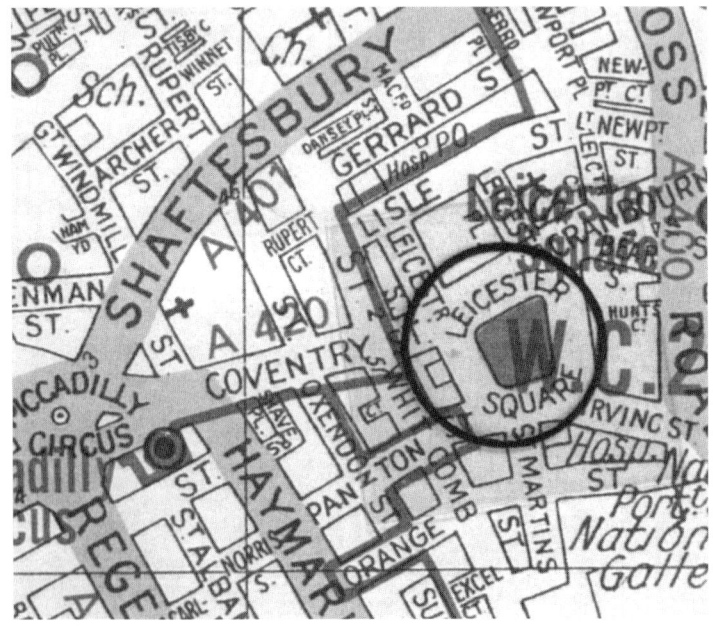

In den Kronen der mächtigen Platanen des *Leicester Square* pflegten Drosseln zu nisten und zu singen. Die letzte ihrer Art floh
den innerstädtischen Platz erst Anfang der fünfziger Jahre un-
seres Jahrhunderts.

So steht es zu lesen, und so ist es die unumstößliche Wahrheit; denn nie würden sie solch einen inhaltsschwangeren
Satz leichtfertig formulieren, die Briten. Und, wahrlich, sie
kennen sich aus in ihrer Ornithologie. Scharenweise ziehen
sie in der Natur umher mit leistungsstarken Ferngläsern, be-
eindruckenden Teleobjektiven und hochempfindlichen
Tonaufzeichnungsgeräten, alles zu dem Zweck, Vögel zu be-
obachten, zu bestimmen und zu belauschen.
Und so war und ist ihnen die Ornis des *Leicester Square* das
Interessanteste, was der Platz zu bieten hat.
An einem frühen, frischen und freundlichen Morgen im Mai
kann der *Leicester Square* wie eine Idylle erscheinen. Vielfar-
bige Tulpen verschwenden ihre Pracht, die hundertjährigen
Platanen tun stolz mit ihrem jungen Grün, und in ihren Kro-
nen macht sich allerlei gefiedertes Leben – wenn auch keine
Drosseln mehr – mit kräftigem Gezwitscher bemerkbar.
Doch dieses Bild trügt; es entspricht nicht dem wahren Cha-
rakter des Platzes im Londoner *Westend*.
Der *Leicester Square* erwacht erst am Abend richtig zu Leben.
Zusammen mit dem nahen *Piccadilly Circus* bildet er den
Sammelpunkt für jugendliche Menschen, die an diesen Ort
strömen, um sich dort zu treffen, um einfach da zu sein
und vielleicht darüber zu sinnieren, was wohl als nächstes
anzufangen sei. Jenen Leuten bietet der *Leicester Square* Restaurants aller Couleur und aller Preisklassen sowie – weil die
Notwendigkeit dafür nun einmal besteht – ausgedehnte,
unterirdische Bedürfnisanstalten, deren Wände bis zur nächsten Reinigung gleichzeitig als Kontaktbörse dienen.
An der nördlichen wie an der östlichen Seite des Platzes pul-
siert das Leben am heftigsten und geräuschvollsten. Menschen drängeln sich, Trickbetrüger versuchen arglose Passanten anzuschmieren, wohlfeile Mädchen und verfügbare
Jungen bewegen sich im gleißenden Schein der von Insek-

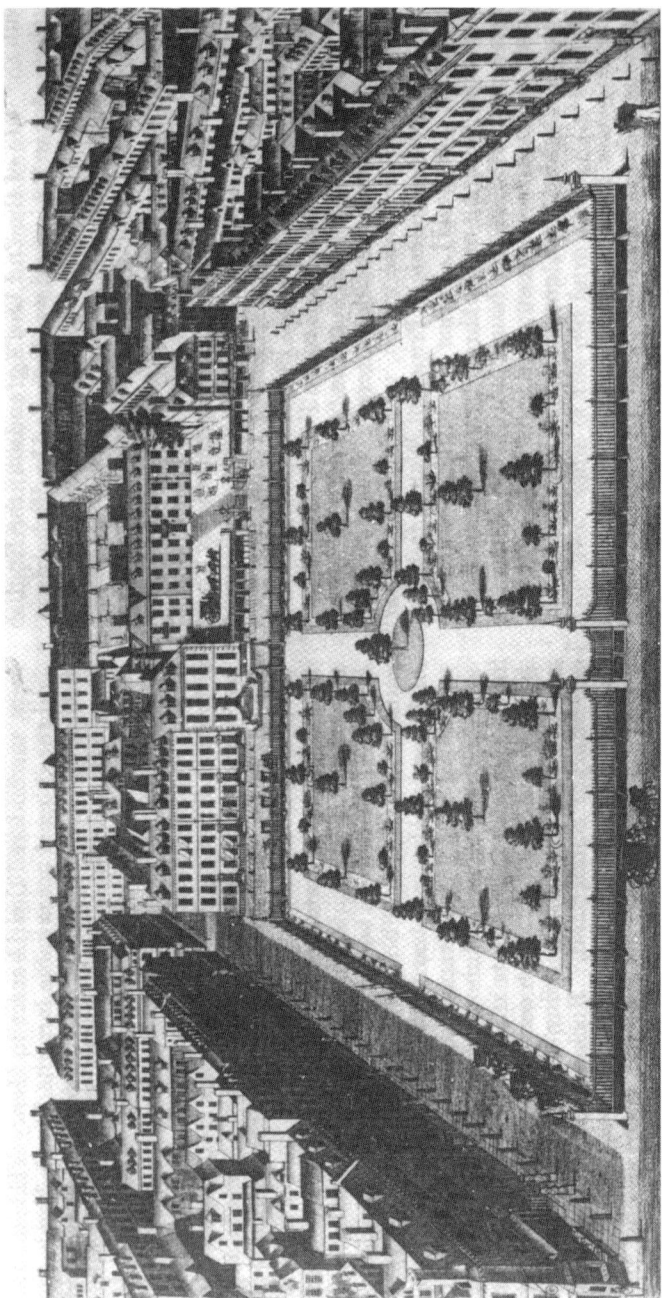

Leicester Fields, der heutige *Leicester Square*, im Jahre 1761.

ten umschwirrten Lampen des Platzes, Straßenmusikanten plärren lautstark; »Herman the German« – mit einem Sammelsurium von Lärminstrumenten vorm Mund, am Bauch und auf dem Rücken – ist auch dabei. In den Restaurants fließt das Bier aus Hunderten Hähnen gleichzeitig; Trinker drängen krakeelend in die nächste Schwemme und taumeln pulkweise in untergründige Schankräume hinab. Goldbraune Hühnchen rotieren am Spieß, und über dem Platz wabern die Gerüche von Gebratenem und Gegrilltem, unter die sich die Düfte edler Parfüme mischen, die die Besucher der Filmpaläste mit sich bringen. Der *Leicester Square* ist Kinoland. Die Leute tun sich nicht nur an Speisen und Getränken gütlich, sondern gleichermaßen an den neuesten Filmen.

Vor vielen Jahren, lange vor der neuen, bunten und drossellosen Zeit, als die Straßen *Leicester Place, Leicester Street, Lisle Street* und *Bear Street* an der Nordseite des Platzes noch nicht existierten, hieß die gesamte Fläche *Leicester Fields*. Ein Earl of Leicester ließ sich im Jahre 1631 an ebendieser Nordseite mit Ausblick auf das Feld im Süden einen prächtigen Familiensitz errichten. Beim Ersuchen um die Baugenehmigung, die dermaleinst auch vonnöten war, erhielt er die Auflage, einen Teil des Geländes mit baumgesäumten Wegen und offenem Terrain zu erhalten, »auf daß alldorten ansässige Bauersleute ihre Wäsche zum Trocknen an der frischen Luft aufhängen möchten.«

Diese Wege mit den dazwischenliegenden Grünflächen bilden den Kern des heutigen etwas klein geratenen *Leicester Square*. Die parkartig gestaltete Anlage ist noch weitgehend so erhalten, wie der Platz 1874 den Bürgern von London übergeben wurde.

William Shakespeare steht seitdem da, als Standbild von Giovanni Fontana in Marmor geformt, und ein Wasserbecken mit steinernen Delphinen wurde ihm beigegeben. Von rosa Tulpen umzingelt wirkt der Barde etwas versonnen und beklommen.

Mrs. Anne Millicent King hatte im Jahre 1757 das Haus Nummer 36, *Leicester Fields*, bezogen. Sie war verwitwet und nicht gänzlich unvermögend, meinte nach einiger Zeit allerdings ihr Los noch bessern zu können, nähme sie einen Logiergast bei sich auf; das Haus war geräumig genug, und ein Fremder würde sie an ihrem gewohnten Tagesablauf gewiß nicht hindern.

Und so begab es sich, daß anno 1760 Theodore Gardelle, ein aus der Stadt Genf in der Schweiz stammender Maler, der sich auf Miniaturen meisterlich verstand, im Obergeschoß des Hauses Nummer 36 zwei Stuben bezog. Von seinen Landsleuten in der Heimat war er, der Künstler, als wenig behäbig – arm eigentlich – verlacht worden, und den Mietzins für das Logis bei Mrs. King vermochte er mit Müh und Not aufzubringen.

Unter dem Dache lebte noch eine dritte Person, Jennifer O'Leary, eine Magd in Mrs. Kings Diensten. Jene verehrte den Künstlermenschen Gardelle leidenschaftlich und stand ihm bedingungslos zu Gebrauche: Freudvoll posierte sie in ihrer weißen Nacktheit mit leuchtendrotem Haar vor dem Miniaturistenpinsel, welcher ihr außergewöhnliche Schönheit verlieh. Ihre unzählbaren Sommersprossen unterschlug der Künstler auf seiner Leinwand. Dankbarkeit erwies sie ihm als muntere Gespielin auf seinem Nachtlager. Gardelle hegte keine tiefen Gefühle für das Mädchen.

Mrs. King wußte wohl um das Treiben in ihrem Hause. Nicht nur nachts drangen ihr unmißverständliche Geräusche in die Ohren, sondern mitunter auch am hellichten Tage. Und verhaltene Schwermut kam dann über sie, hatte sie doch einzig in des allzufrüh dahingeschiedenen Mr. Kings jungen Tagen Liebe erfahren und inzwischen nahezu vergessen. Doch nun, da Gardelle und Jennifer das ewige Spiel spielten und sie dessen Zeugin war, drängte sich ihr der uneingestandene Wunsch auf, hin und wieder an Stelle der Magd in des Logierherrn Armen zu liegen.

Allein, Theodore Gardelle verstand die für ihn unverfänglichen Blicke, die gelegentlichen Worte und Gesten seiner Vermieterin nicht zu deuten. Er war blind und taub, oder aber er täuschte vor, nichts zu sehen, zu hören, zu bemerken.

Mrs. King schämte sich ihres Verlangens nach diesem beträchtlich jüngeren Manne und unterdrückte es nach Kräften. Weil sie eine gutartige Person war, ließ sie die Magd mit dem Maler gewähren und tat so, als ob sie vom Obergeschosse her weder schweres Ächzen noch lustvolles Seufzen vernähme.

Das Leben im Hause Nummer 36, *Leicester Fields*, verlief nach seiner festen, von Mrs. King aufgestellten Ordnung. Sie, die Herrin des kleines Haushalts, konnte sich ein unabhängiges und gemächliches Witwendasein erlauben, und Jennifer bereitete es keine Mühe, für die Dame und den Logiergast, den sie – ob in intimen Stunden oder in der Gegenwart der Herrin – »Master« nannte, zu sorgen. Theodore Gardelle verbrachte oft mehrere Tage nacheinander in seinen beiden Stübchen, ohne das Haus auch nur ein einziges Mal zu verlassen.

Mrs. King bewohnte lediglich zwei durch eine Tür miteinander verbundene Räume im Erdgeschoß des Hauses. Der vordere, nach dem Felde hinausschauend, diente als Wohnstube und der hintere als ihre Schlafkammer. Beide Stuben waren getrennt auch vom Korridor her zu betreten. Des Nachts, bevor die Hausherrin sich zu Bette legte, verschloß sie die Eingangstür und verriegelte ihre beiden Schlafkammertüren von innen. Nur die Tür der Wohnstube war vom Hausflur aus unverschlossen, damit Jennifer am Morgen den Kamin befeuern konnte. Das Schlüsselbund mit dem Haustürschlüssel blieb nachts in Mrs. Kings Gewahrsam. Theodore Gardelle besaß einen eigenen Schlüssel für den Hauseingang, benutzte ihn jedoch, da er kaum ausging, fast nie. Und so lebten die drei ungleichen Hausbewohner miteinander und nebeneinander – bis der Morgen des 19. Februar des Jahres 1761 anbrach. Es war ein kühler Donnerstag, und er sollte, noch bevor die spätwinterliche Sonne im Zenit über London stehen würde, verhängnisvoll enden.

Jennifer O'Leary erwachte, wie gewohnt, um sieben Uhr. Müde fühlte sie sich und wie erschlagen. Bis spät in die Nacht hatte sie ihrem Master beigelegen. Sie hätte gern weiterschlafen mögen, doch sie war die Magd des Hauses, raffte sich also auf und schlüpfte aus dem Bette. Nachdem sie sich erfrischt, ihr dichtes rotes Haar gekämmt und aufgesteckt hatte, kleidete sie sich hurtig an.

Wie jeden Tag ging sie hinunter in die Wohnstube, zog die Vorhänge beiseite und schob die beiden schwer zu bewegenden Fenster hoch. Dann klopfte sie vom Korridor her an Mrs. Kings Kammertüre und bat um den Schlüssel für den Hauseingang.

Mrs. King entriegelte ihre Tür und ließ die Magd eintreten.

»Guten Morgen, Madam«, grüßte Jennifer artig, »ich hoffe, Ihr verbrachtet eine angenehme Nacht.«

»'Morgen, Jenny«, erwiderte die Frau beiläufig und schob den Türriegel sogleich wieder vor.

Auf einem Tisch neben einem hohen Standspiegel lag das Schlüsselbund, und das Mädchen nahm es an sich.

»Jenny, geh durch die Wohnstube hinaus«, gebot die Herrin. Die Magd tat, wie ihr geheißen und richtete das Feuer im Kamin. Madam sollte, wenn sie erschiene, von molliger Wärme umfangen werden. In der Küche schlug sie Eier in die Pfanne, tat Schinkenspeck hinzu und bereitete das Frühstück für Madam und Master.

Um acht Uhr stieg sie in das Obergeschoß hinauf, klopfte an Gardelles Tür und trat ein, ohne seine Aufforderung abzuwarten. »Guten Morgen, guten Morgen, mein Master, habt Ihr noch wohlig geruht?«

Jennifer setzte das Frühstückstablett auf dem Tisch ab und flog auf Theodore Gardelle zu, ihn zu umarmen.

»Nicht, Mädchen!« wehrte dieser unwirsch ab und trat einen Schritt zur Seite.

Er trug einen rotgrün gemusterten Schlafrock, und die Staffelei, mit frischer Leinwand bezogen, stand bereit.

»Du kannst sehen, ich schaffe.«

Jennifers Mund verzog sich zu einem leichten Schmollen. Ja, sie war nur die Magd. »Mädchen« nannte er sie, »Jennifer« oder »Jenny« nie. Das verbitterte sie zuweilen, dennoch fühlte sie sich hingezogen zu dem fremden Malersmann, der nicht nur mit Pinsel und Farben zu zaubern und sie zu verwandeln vermochte.

»Als du aber einmal bist hier«, Gardelle nahm ein Briefchen von einem kleinen Schreibsekretär, »nimm dies Billett und trag es zu Mr. Mozier um der Eck. Du kennst sein Haus. Und, Mädchen, nimm meine Silberdos mit, und ersteh im *Haymarket* bei Mr. Fribourg um ein Penny Schnupftabak. Sag ihm: ›Mr. Gardelle bittet sich die trefflich Mischung wie von vorig Woche aus.‹ – Tust du das verstehen, Mädchen?«

»Sehr wohl, mein Master«, antwortete Jennifer mit ironischem Unterton und knickste.

Gardelle verschwendete kein Lächeln an Jennifer. Er reichte ihr eine Guinee – eine Goldmünze im Werte von einundzwanzig Schilling – und ermahnte sie, drauf zu achten, daß ihr das Wechselgeld bis auf den letzten Penny ausbezahlt werde.

»Bitte, mein Master, wollt Ihr Euch gütigst in Mrs. Kings Wohnstube aufhalten, derweilen ich Euren Auftrag erledige?«

»Um meinetwillen«, knurrte Gardelle.

Er war ein äußerst sensibler Künstlermensch, dieser Theodore Gardelle, der sich zur Unzeit nicht gern stören ließ. Und die Morgenstunde war gewiß die Unzeit.

Die Magd erkannte, daß ihr Master sich in verdrießlicher Stimmung befand und huschte aus der Stube.

Sie ging zu ihrer Herrin und vermeldete, daß sie von Mr. Gardelle einen Auftrag erhalten habe, der sie aus dem Hause führe.

»Aber nicht doch, Jenny!« entgegnete Mrs. King etwas ungehalten. »Du bleibst hier! Wer soll denn wohl an die Haustüre gehen, so es klopft?«

»O Madam, der Master, Mr. Gardelle will hier verweilen, bis daß ich zurück bin«, versuchte Jennifer ihre Dame zu beruhigen.

Mrs. King hatte kaum auf die Antwort des Mädchens geachtet und merkte erst auf, als sie die Haustür ins Schloß fallen hörte.

Aus der Wohnstube vernahm sie Schritte.

»Ist da jemand?« rief sie von ihrer Kammer her und öffnete die Verbindungstür, um sich zu vergewissern.

»Oh, Ihr, Mr. Gardelle – Theo!«

Mrs. King war erleichtert, ihren Logierherrn im Zimmer zu sehen.

Er saß an einem Tisch neben der Tür und hatte eine Mappe aufgeschlagen. Sie enthielt Skizzen und Miniaturen, von seiner Meisterhand gefertigt. Es waren Aktbildnisse, die Jennifer in verschiedenerlei und zuweilen recht unzüchtigen Posen darstellten und zwei, drei Porträts der Wirtin.

»Ach, delektiert Ihr Euch an meinem mißratnen Konterfei?« spottete Mrs. King gutgelaunt.

Sie hatte für Theodore Gardelle nicht ungern Modell gesessen und darauf bestanden, daß er sie wahrhaft »schön« erscheinen lasse, schöner als sie in Wirklichkeit sei. Und sie war von dem Ergebnis bitter enttäuscht gewesen. – Nein, so sah sie nicht aus, nicht wie ein altes, schlampiges Fischweib von *Billingsgate!*

»Ich bitte, Madame«, entgegnete Gardelle und legte sich die Hand aufs Herz, »so ist Wirklichkeit, bitte.«

»Aber nicht doch, Theo«, beharrte Mrs. King. »Was habt Ihr Euch nur gedacht, mich in so abstoßender Manier zu konterfeien? Ist die Magd wahrlich so viel schöner denn ich? Ihr scheint ja nachgerade bemüht gewesen zu sein, in meine Züge alle Häßlichkeit dieser Welt zu legen. – Ihr seid doch mitnichten ein Dilettant!«

»Bitte, Madame«, zischte Gardelle ungehalten. Er erhob sich abrupt. »Ihr möget nicht mich insultieren!« Denn er war des Englischen nur unzulänglich mächtig und wähnte sich als Dilettant geschmäht.

»Insültieren, insültieren, ha!« äffte Mrs. King den französischen Akzent ihres Logiergastes nach. »Ich bin es doch, so von Euch insültieret wird. Schaut Euch doch dieses Zerrbild an, und schaut gründlich!«

Der Maler fühlte sich aufs äußerste gereizt. »Wie belieben zu sagen – Zerrbild? Mon dieu! Ungeheuerlich, Madame, schamlos! Ihr seid schamlos, Madame!«

Mrs. King verschlug es die Sprache. Purpurne Röte überzog ihr Antlitz.

»Was?« stieß sie hervor. »Ihr erkühnt Euch, Ihr erfrecht Euch, mich als schamlos darzutun? Das hat noch keine Menschenseele gewagt.« Aufs äußerste erregt, ging sie in der Stube hin und her. Und sie klatschte dem Maler eine leichte Ohrfeige auf die linke Wange.

Für die Dauer eines Lidschlages war Gardelle fassungslos. Das Weib hatte seinen Künstlerstolz verletzt. Er verachtete die Frau in diesem Augenblick. Das Gefühl der Geringschätzung wog schwerer als sein Zorn. Er packte Mrs. King an der Schulter und drängte sie gewaltsam von sich weg. Vielleicht hatte er ihr einen Stoß versetzt. Vielleicht war Gardelles Stoß zu heftig gewesen. Mrs. King schrie auf. Sie taumelte rückwärts in die Schlafkammer. Ihr Fuß verfing sie sich unter der Teppichkante. Sie fiel nach hinten. Mit beträchtlicher Wucht schlug ihr Hinterkopf gegen die Bettkante. Blut pulste ihr sogleich aus Mund und Nase.

Theodore Gardelle wurde schreckensbleich, sprang hinzu und beugte sich über die Frau, um ihr beim Aufrichten behilflich zu sein. Sie aber drängte ihn von sich und drohte ihm mit schwacher, fast versagender Stimme härteste Vergeltung an. Dennoch bemühte er sich um sie, versuchte beschwichtigend auf sie einzureden, ihr die Hand unter den Kopf zu schieben und ihr aufzuhelfen.

Sie blutete heftiger.

Die bisher so gütige Frau nahm ihre Kraft zusammen, entwand sich Gardelles tröstendem Zugriff und verfluchte ihn. »Hebt Euch hinweg ... Satan! Die Stunde ... der Sühne ... wird Euch kommen! ... Seid verdammt ... für Eure Ruchlosigkeit! ... Dreimal ... verdammt – der Schmerz!«

Den Maler erfaßte kaltes Entsetzen. So etwas hatte er nicht gewollt! Er spürte panische Angst in sich, ließ alle Vernunft fahren, ergriff einen spitzstieligen Elfenbeinkamm, der auf dem Toilettentisch lag, und drohte Mrs. King nun seinerseits. »Hört schreien auf, Madame! – Aufhören ... sofort! – Ich ... sonst ...!«

Doch Mrs. King heulte und jammerte und ließ nicht davon ab. Allein, ihre Stimme wurde schwach und schwächer, und schließlich wimmerte sie nur noch leise vor sich hin. Ab und zu ächzte sie gequält auf.

Gardelle vermochte das nicht mehr zu ertragen. Vor Angst und Zorn und Verzweiflung holte er aus und stieß ihr den spitzen, scharfen Stiel des Kammes in die Kehle.

Aus Mrs. Kings Hals schoß ein starker Blutstrahl. Ihre Stimme erstarb und verstummte endlich. Wie ein Besessener hieb Gardelle nochmals auf die Frau ein.

Wie im Wahnsinn hüpfte er wild und unkontrolliert im Raume umher. »Hi–hihi–hihihiiii …«, brachte er hervor, und er hörte es nicht und wußte nicht warum.

Mrs. King, die Vermieterin, die gutherzige und nachsichtige Dame war tot.

Theodore Gardelle hatte sie gemetzelt. Es währte einige Minuten, bis er zu sich kam und sich des Geschehenen bewußt wurde.

Noch immer peitschten ihn Angst und Verzweiflung. Hinzu kamen Ratlosigkeit, Hilflosigkeit, das schreckliche Gefühl, nicht zu wissen, was zu tun sei.

In dieser Verfassung raffte er unbewußt die Decken und Kissen von Mrs. Kings Bett, riß das Laken herunter und häufte alles dick über und um die Tote. Er vermochte den Anblick des Blutes nicht zu ertragen.

Die Blutlache breitete sich aus.

Die Blutlache mußte bedeckt sein!

Gardelle stand reglos neben dem Bettenhaufen, unter dem seine tote Wirtin lag. Dann überkam ihn das Gefühl seiner abgründigen Schuld mit solcher Wucht, daß er in eine alles auslöschende Ohnmacht fiel, die ihn neben seinem Opfer niederstreckte.

Nach Minuten fand er wieder zu sich. Schwerfällig und matt erhob er sich.

Vom Korridor her vernahm er ein Geräusch.

Die Magd mußte wiedergekommen sein. Er wollte hin zu ihr, wollte ihr eine Geschichte auftischen. Sie durfte nichts bemerken! Er schwankte, stürzte gegen die Holztäfelung der Wand und schlug sich an einem hervorstehenden Ornament die Stirn blutig.

»Oh, mein armer Master – was ist Euch?« entfuhr es Jennifer entsetzt, als er taumelnd im Hausflur erschien.

»Nichts ... gar nichts ... nein ... weg!« stammelte er zusammenhanglos, hielt die Arme ausgestreckt und schwankte auf unsicheren Beinen.

Die Magd griff nach seiner Hand. Gardelle schlug ihr den Arm zur Seite.

»Weg! Auf der Stelle ... aus dem Hause! Madame ... gebietet, sofort gehen! – Hol dein Sach ... und hinweg! Jetzt!«

Das Mädchen war bestürzt und fing an zu weinen.

»Willst ... du wohl!« fuhr Gardelle es an. »Allons, hinauf, Sach holen ... und geh aus Haus! – Grue! Grue!«

Jennifer verstand nicht, was Grue bedeutete, und so erfuhr sie die Barmherzigkeit, nicht zu gewahren, daß er sie eine Metze schalt.

Er stürzte drohend auf Jennifer zu.

Sie heulte auf vor Angst und rannte, zwei Stufen auf einmal nehmend, die Stiegen hinauf. Ein Bündel in der Hand, glitt sie alsbald die Treppen herunter, stürmte mit bauschenden Röcken durch den Flur und huschte zur Haustür hinaus. Gardelle warf mit lautem Krach die Tür hinter dem Mädchen ins Schloß. Er sperrte die Welt aus und sich im Hause ein.

Es war der 19. Februar anno 1761, Donnerstag vormittag.

Jennifer O'Leary war um die Mittagsstunde gänzlich aufgewühlt im Hause ihrer Familie in *Spitalfields* erschienen. Was sie erzählte, ließ die Leute aufhorchen, und Gerüchte flogen sogleich in die Runde.

Dieser Fremdling! Von Fremdländischen ging nie Gutes aus! Ein Glück nur, daß Jennifer entkommen war. Geschändet könnte sie sein, tot gar!

Die Nachbarn am Platze *Leicester Fields* bekamen Mrs. King tagelang nicht mehr zu Gesicht. Auch sie rätselten.

Hauste nicht dieser wunderliche Pinselmensch unter ihrem Dache? Was war das für ein Geselle? Er zeigte sich ja kaum. Hatte er Mrs. King etwas angetan, sie etwa getötet? Man konnte nie wissen, und alles war möglich ...

Nachdem die Leute eine gute Weile ihre Zungen gewetzt hatten, entschloß sich Jennifers Vater – ein resoluter Mann und Kutscher eines adeligen Herrn in *Mayfair* - sich an die Ordnungshüter zu wenden.

Sie wollten der wirren Geschichte dieser Magd anfangs keinen Glauben schenken.

Und so währte es eine beträchtliche Zeit, bis sich ein von einem Constable angeführter Trupp von Wachtknechten auf den Weg nach *Leicester Fields* begab, nämlich am Sonnabendmorgen, dem 28. Februar des siebzehneinundsechziger Jahres. Zehn Tage waren dahingegangen, seitdem Theodore Gardelle die Magd Jennifer O'Leary aus den Diensten der Witwe Millicent King, ansässig ebenda, im Hause Nummer 36, vertrieben hatte.

Die Männer fanden die Tür verschlossen. Sie trommelten dagegen.

»Theodore Gardelle! – Im Namen des Königs und des Gesetzes, sperrt ohn Verzug die Türe auf!« riefen sie. Mehrfach forderten sie Gardelle auf, vor das Haus zu treten.

Endlich erschien er widerstrebend und verdrossen. Er trug den rotgrün gemusterten Schlafrock. Das Haar war zerzaust, sein Teint blaßgrau, und die Wangenknochen stachen unter dünner, ädriger Haut hervor. Der Kerl wirkte heruntergekommen, fahrig und unsicher. Breitbeinig stand er im Türrahmen.

Der Constable war sich eines guten Fanges gewiß.

»Tretet beiseite. Laßt uns passieren!« forderte er.

Gardelle tat zögernd wie ihn geheißen.

Die Knechte sammelten sich in der Wohnstube.

»Die Schlüssel zur Schlafkammer und zur Küche! Heraus damit!« gebot der Wachtpolizist.

»O ... Schlüssel ... «, stammelte Gardelle, »die, Madame ... haben mitgenommen ... auf Land ... verreist.«

Der Constable und seine Leute brachen die Türen gewaltsam auf. Es bot sich ihnen ein grausiges Bild.

Im Küchenkamin häuften sich Reste verkohlter Knochen, Menschenknochen. Es stank schauderhaft nach verbranntem Fleisch.

Theodore Gardelle brach zusammen und mußte mit Riechsalz und einem Glas Wasser wiederbelebt werden.

»Ich war ... es ... ich habe ... getan«, gestand er mit brüchiger Stimme und sackte zusammen.

Theodore Gardelle zerstückelt und verbrennt sein Opfer.

Und es ergab sich die Geschichte der Fortsetzung seiner Tat, nachdem er Mrs. King gemetzelt:
Verzweifelt und ratlos hatte er den Leichnam mit Küchenwerkzeugen zerlegt, Kopf, Rumpf und Gliedmaßen ins Kaminfeuer gegeben und die Eingeweide in den Abtritt geworfen.
Eine zeitgenössische Illustration stellt ihn dar als jungen Mann mit Lockenhaar, langer Weste, halblanger Bundhose und Kniestrümpfen. In der rechten Hand hält er ein Küchenbeil, unter dem linken Arm einen Unterschenkel. Im Kamin lodert ein kräftiges Feuer. Die Flammen umspielen und verzehren das Haupt der unglückseligen Mrs. King. Ihr Antlitz

drückt Schmerz aus. Über das Kamingitter hängt eine Hand. Unter dem Tisch liegt neben dem anderen Unterschenkel ihr halbentblößter Torso.

Die Londoner Öffentlichkeit und das Gericht waren einhellig in ihrer Meinung: Theodore Gardelle, der Mörder und Metzler, mußte hängen!

Einmündung der *Panton Street* in den *Haymarket*, wo auf Theodore Gardelle der Galgen wartete.

Der 4. März 1761, ein Sonnabend, wurde als Tag seiner Hinrichtung bestimmt.

Der zum Tode Verurteilte ward auf dem Wege vom Gefängnis *Newgate* her auf einem holperigen Karren über *Leicester Fields* gefahren. Der Zug hielt an. Gardelle schickte einen letzten Blick zum Hause Nummer 36. Die Fuhre ging knarrend weiter. Sie polterte an der Nordseite des Platzes links in die *Coventry Street*, überquerte die *Oxendon Street* und bog sogleich wiederum links in den *Haymarket* ein. An der Ecke *Panton Street* stand der Galgen – drohend, hochaufgerichtet, ein Symbol der irdischen Endlichkeit.

Die dichtgedrängten Menschenmassen schrien und zischten auf Gardelle ein. Sie ballten die Fäuste, krakeelten und zeterten, verstummten dann aber vor ungeheurer Spannung. Der durch jahrelange Übung geschickte Henker hantierte flink. Er prüfte das Gleiten des Strickes durch die Schlinge und hielt sie bereit.

Theodore Gardelle erkannte selbst in seiner Todesstunde nicht, daß er zum Opfer seines eigenen Mißverständnisses geworden war. Mit seinen mangelhaften Kenntnissen der englischen Sprache hatte er Mrs. Kings Kompliment, er sei doch mitnichten ein Dilettant, unseligerweise falsch verstanden.»Ein Dilettant« – nur dieses schmachvolle Wort war ihm ins Hirn gedrungen, hatte sich dort schmerzhaft eingebrannt und in ihm eine wütende Glut entfacht.

So kam es, daß sich die Wandlung vom Maler zum Metzler vollzog und er für seine ruchlose Tat am Galgen büßte.

Der Henker war gnädig. Gardelle fiel plötzlich und tief, er tat seinen Schritt rasch und ohne Qual von dieser Welt in die andere.

Das Volk grölte und applaudierte dröhnend.

Theodore Gardelles Leichnam wurde sodann ein zweites Mal aufgehängt, in Ketten nämlich, draußen im Westen, auf dem Ödgelände, *Hounslow Heath* geheißen, wo an der Straße auf die Ortschaft *Staines* hin Wegelagerer, Schnapphähne und Strauchdiebe zuhauf umgingen und den Menschen eine arge Plage waren. Gardelles Los sollte allen Unholden anschauliche Abschreckung sein.

Im *Haymarket,* an der Einmündung der *Panton Street,* wo sich einst das Hängegerüst erhob, lädt im London der Gegenwart ein *Angus Steak House* zu deftigem Mahle ein. Und dort, wo ehedem die sanft über die Brache streichende Abendbrise den von Vögeln behackten Körper Theodore Gardelles hin und her schwingen ließ und die rostigen Kettenglieder dazu eine träge und makabre Melodie quietschten, auf der öden *Hounslow Heath,* erstreckt sich heute der Londoner Flughafen *Heathrow* mit seinen vier betriebsamen Terminals. In diesem Getriebe erinnert nichts mehr an die einstige Wüstenei.

Am *Leicester Square,* dem Platz inmitten der Stadt, der einst *Leicester Fields* hieß, steht der klotzige Betonbau des *Swiss Centre,* und obenauf flattert die Fahne mit dem weißen Kreuz auf rotem Grund. Gepflegte Geschäfte und Restaurants sollen schweizerische Lebensart und Gastlichkeit vermitteln.

Rein zufällig hat sich die Schweiz am *Leicester Square* etabliert, wo vor über zweihundert Jahren der aus Genf stammende und zum Mörder gewordene Miniaturmaler Theodore Gardelle logierte.

Wenn in der Dämmerung das anheimelnde Glockenspiel vom *Swiss Centre* über den Platz und durch die umliegenden Straßen klingt, dann gilt das als Signal für die jungen Leute, sich zu treffen, um einfach da zu sein. Von Mrs. Millicent King, Jennifer O'Leary und Theodore Gardelle hörten sie wohl kaum.

Und so kommen Sie hin:

Leicester Fields (Leicester Square) – U-Bahn (Underground) Northern Line bis Station Leicester Square.
Haymarket / Panton Street – U-Bahn Piccadilly Line bis Station Piccadilly Circus oder Northern Line bis Station Leicester Square.

Der Schlächter von Soho

Tatort: 101, Charlotte Street, London WC 1
Donnerstag, 1. November 1917

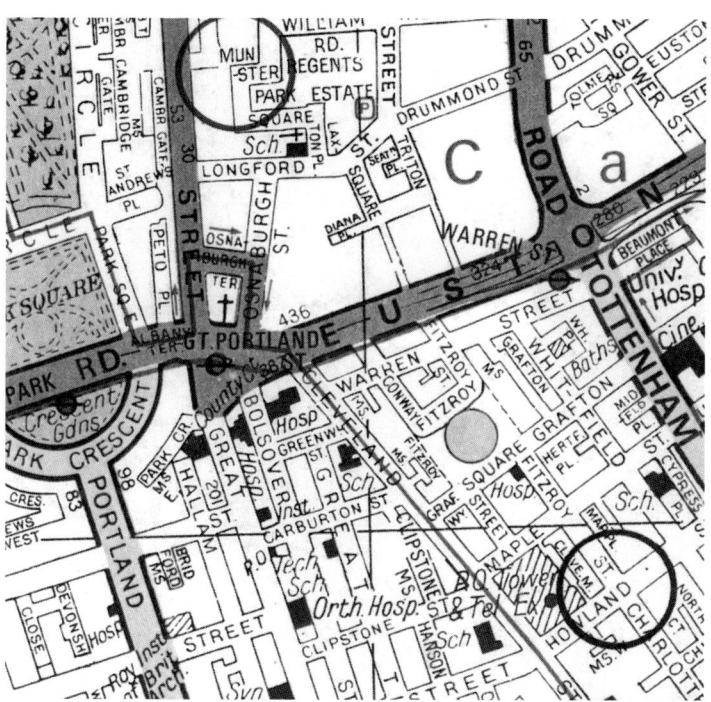

Die *Charlotte Street* verläuft parallel zur geschäftigen *Tottenham Court Road* in nordsüdlicher Richtung. Der Straßenzug beginnt als *Fitzroy Street* am *Fitzroy Square*, heißt an seinem Südzipfel *Rathbone Place*, überquert die breite *Oxford Street* und führt als kurze Straße *Soho Street* bis zum quadratisch angelegten, grünen *Soho Square* mitten im einst verruchten und heutzutage nur mehr etwas zerschlissenen Stadtteil *Soho*.

Die *Charlotte Street* ist, zumindest was ihr südliches Ende betrifft, der nördliche Ausläufer dieses *Soho*.

Die Straße, deren baulicher Anfang aus dem Jahre 1787 stammt, verdankt ihren Namen Königin Charlotte, einst von Mecklenburg-Strelitz, der Gemahlin des von 1760 bis 1819 über Großbritannien herrschenden Königs George III. (1738 bis 1820).

Der König regierte einigermaßen glücklos. Er liebte Musik, Möbel und Gärten. Gern beschäftigte er sich damit, Uhren zu reparieren und Knöpfe herzustellen. Seine Bibliothek bildete später den Grundstock der *British Museum Library*. In den letzten Jahren vor seinem Tod fiel George in geistige Umnachtung und trat die Herrschaft an seinen ältesten Sohn George IV. ab.

Charlotte ging nicht als große Königin in die Geschichte ein. Als Ehefrau aber leistete sie durchaus Besonderes, denn immerhin schenkte sie ihrem Gemahl und der Nation nicht weniger denn fünfzehn Königliche Hoheiten.

Viel Künstlervolk siedelte sich in der *Charlotte Street* an. Der Prominenteste unter ihnen war wohl der Maler John Constable, der von 1822 bis 1837 in der Nummer 76 wohnte und dort einige seiner besten Werke schuf.

Heute wirkt die *Charlotte Street* durchaus nicht königlich oder prunkvoll. Die Fassaden mancher Häuser hätten eine Verschönerungskur verdient. Dennoch ist die Straße voll prallen Lebens. Autos parken zu beiden Seiten und lassen den Passanten kaum Lücken, um von einem Geschäft in ein anderes gegenüber zu huschen.

Wer in London gut und preiswert speisen will, der könnte es in der *Charlotte Street* versuchen. Zahlreiche Griechen und Zyprer haben sich da niedergelassen. Delikatessenhändler bieten Köstlichkeiten aus aller Welt an. Boutiquen wetteifern miteinander.

Im Jahre 1912 gründeten vier Brüder aus Italien das Restaurant *Bertorelli's*. Es ist heute noch im Familienbesitz, und es sieht darin aus wie in einer italienischen Taverne, die auf sich hält und nicht nötig hat, zu protzen. Auf mediterranen Firlefanz und künstliches Weinlaub wurde verzichtet. Schlichte Tische und Stühle bedrängen einander freilich, doch die Bedienung ist flott und freundlich, und die Speisen sind so schmackhaft wie die Weine erlesen.

Bertorelli's erfreute sich bereits eines guten Rufes, als ein untersetzter, kräftiger Mann durch die Straßen und Gassen um die *Charlotte Street* streifte und vom *Fitzroy Square* aus die *Euston Road* überquerte, sich zum *Munster Square* begab oder sich nächtens am *Regent Square*, südlich von *King's Cross*, zu schaffen machte – der Schlächter von *Soho*.

Am 31. Oktober 1917, einem Mittwoch, wölbte sich ein blaßblauer, wolkenloser Himmel über London. Der Wind wehte sanft vom Südwesten her, die Luft war noch mild, und die Sonne meinte es gut.

Seit drei Jahren befand sich Großbritannien im Krieg mit Deutschland. Doch der Krieg war weit, und das strahlende Wetter ließ die Leute an Angenehmeres denken.

Selbst der bescheidene *Munster Square*, nördlich der *Euston Road* und zwischen *Albany Street* und *Hampstead Road* versteckt, wirkte nicht ganz so abweisend wie bei trübsinnigem Regenwetter. Junge Mütter und stolze Gouvernanten schoben hochrädrige Kinderwagen durch die Straßen und strebten dem nahen *Regent's Park* zu, um noch einmal die dahinschwindende schöne Jahreszeit zu nutzen

Der zweiunddreißigjährigen Französin Émilienne Gerard gefiel es in London und auch am *Munster Square*. Sie war kinderlos und lebte allein dort. Ihr Mann diente als Koch in der französischen Armee, und das Warten auf ihn fiel ihr so schwer. – In Rouen, ihrer Heimatstadt, hatte es ihr nicht an Verehrern und Verführern gemangelt, und die meisten waren so diskret wie sie. Doch die Leute der Nachbarschaft hatten zu reden begonnen, und sie redeten immer lauter, immer gehässiger. Darum hatte sie sich entschlossen, nach England, nach London überzusiedeln – nur bis der Krieg zu Ende sei, nur bis Henri wieder nach Hause käme. Doch der Krieg dauerte an, und Henri kam nicht und kam nicht.

Émilienne hatte sich nett eingerichtet am *Munster Square*. Sie liebte Ordnung und Sauberkeit, und ihre Bekannten besuchten sie gern. Sie scharte einen Kreis fester Freunde um sich, Herren, die sie einmal oder zweimal in der Woche beehrten; einige kamen nur für wenige Stunden oder eine Nacht. Selbst mit Lordschaften pflegte sie vertraulichen und innigen Umgang, und sie beglückte hin und wieder sogar einen Minister aus dem Kabinett von Premier Lloyd George.

Émilienne hatte sich als »Emily« bald einen Ruf in London erworben, und als Französin brauchte sie ja nur so gut zu sein wie die Reputation, die Französinnen landläufig vorauseilt.

Der Abend jenes 31. Oktober ging über in eine sternenklare Nacht.

Emily hatte sich in neue Spitzenunterwäsche gekleidet, ihr breites Bett frisch hergerichtet und dezent parfümiert. Sie erwartete noch einen Gast.

Morgen wollte sie früh mit dem Zug nach Portsmouth fahren, dort übernachten, später mit der Fähre nach Le Havre hinüber und dann weiter nach Rouen. Henri kam auf Urlaub! In seinem letzten Brief stand es. Sie wußte nicht, ob sie sich auf Henri freuen konnte, ob es ein glücklicher Urlaub werden würde.

Sie wartete ungeduldig. Es ging auf halb zehn. James müßte längst da sein. Ach, die Bankleute aus der *City*, die schienen erst abends so richtig zu arbeiten.

Den Rotwein, Beaujolais, dreizehner Jahrgang, hatte sie vor zwei Stunden in die Karaffe umgefüllt. Emily pflegte die Besuche ihrer Gäste mit Beaujolais zu zelebrieren. Sie alle waren an das Ritual mit dem Rotwein gewöhnt und wußten Emilys Bewirtung zu schätzen.

Endlich klopfte es.

James stürmte herein, warf Hut und Mantel von sich und

hielt Emily, für seine Verspätung um Verzeihung bittend, mit ausgestrecktem Arm einen Strauß roter Rosen entgegen. Emily liebte Rosen und rote ganz besonders. Sie schmiegte sich dankbar an ihn. Er sei ihr *einzigerr Darrling*, hechelte sie ihm verheißungsvoll ins Ohr.

Eine gute Stunde später lagen sie sich auf blumenfrisch duftendem Laken, das sich verschoben hatte und von der Bettstatt herabhing, in den Armen – James ausgebrannt und im Halbschlaf, Emily hellwach. Sie dachte an morgen, an übermorgen. Sie wehrte sich in ihrem Innern dagegen, doch sie mußte. Henri forderte sein Recht bereits jetzt, da James und sie noch ineinander verschlungen waren.

Über dem *Munster Square* lag Stille. Die Sterne blinkten, und die Straßenbeleuchtung verbreitete spärliches, diffuses Licht. Von der Kirche *St. Mary Magdalenen* schlug es elfmal. Noch war der letzte Stundenschlag nicht verhallt, da übertönte stechendes Sirenengeheul den Glockenklang. Die Sirenen lösten die Glocken ab, waren unerträglich laut, unheilvoll. Die Frau und der Mann lösten sich voneinande. Emilys unwillkürliche Armbewegung fegte das halbgeleerte Glas mit dem Rest Beaujolais vom Nachttisch, es zerschellte mit leisem Klirren auf dem Fußboden.

Der *Munster Square* erwachte zu Leben. Das Geräusch hastiger Schritte von mehreren Menschen drang von der Treppe wie von der Straße her in Emilys Schlafzimmer. Die Leute rannten.

»Der Zeppelin! Die Deutschen mit ihrem verdammten Zeppelin!«

»Schnell! Bettzeug mitbringen! Kinder, lauft, lauft!«

»Wohin nur? Wohin?«

»Meine Krücken! Ich kann ... kann nicht mit!«

»Kommt, alle – zur Untergrundbahn!«

Die Sirenen. Der Zeppelin.

Seit 1915 schickten die Deutschen ihre Zeppeline. Sie flogen sehr hoch. Zentnerweise ließen sie ihre Bomben auf London niederprasseln. Häuser stürzten ein. Menschen kamen zu Tode.

»Los, zur U–Bahn!« schrie James.

Emily und er kleideten sich in höchster Eile an. Sie raffte zusammen, was sie gerade greifen konnte, und gemeinsam liefen sie die *Osnaburgh Street* hinunter. Aus östlicher Richtung,
aus der *City* vielleicht, von den *Docks* her vielleicht, drangen
Detonationsgeräusche zu ihnen. In blitzlichtartiger Folge
flammte der Himmel auf, und die Silhouette Londons stand
hart vor ihnen. Sie mußten schleunigst unterschlüpfen. Sie
rannten auf die U-Bahn-Station *Great Portland Street* zu.

Der Luftangriff war bald zu Ende. Der Zeppelin hatte sich seiner Bombenlast entledigt.

Auf dem Bahnsteig verabschiedete sich James rasch. Er müßte nach Hause, zu seiner Frau, sagte er entschuldigend, wandte sich ab, grußlos und kußlos – und verschwand ...

Enttäuscht, traurig, verloren und verängstigt blieb Emily
zurück. Sie wollte jetzt nicht in ihre einsame Wohnung. Sie
brauchte Beistand. Sie mußte sich an einen Freund lehnen,
Wärme und Geborgenheit fühlen.

Zu Louis!

Louis Voisin wohnte nahebei. Er war Franzose, ein Lands-
mann, eigentlich ein grobschlächtiger Klotz, aber Franzose
eben. Nur darum hatte sie sich mit ihm eingelassen. Wenn

U-Bahn-Station *Great Portland Street*.

sie es mit den englischen Herrschaften trieb, kam ihr das zuweilen wie Verrat vor, nicht wie Verrat an sich, an ihrem Körper oder an Henri, nein, wie Verrat an Frankreich. Darum hatte sie, als Buße gleichermaßen, einem beliebigen Franzosen ihre Gunst geschenkt. Darum war Louis Voisin vor eineinhalb Jahren ihr Geliebter und Beschützer geworden.

Émilienne Gerard stieg die U-Bahn-Treppe empor.

Es war inzwischen kurz nach Mitternacht. Auf den Straßen herrschte Hochbetrieb. Die Menschen krochen, wie sie selbst, aus den U-Bahn-Schächten und aus Kellern und eilten nach Hause.

Sie bog nach rechts in die *Cleveland Street*, von der links die *Maple Street* abzweigt, und schon war sie in der *Charlotte Street*.

In der Nummer 101 hauste Louis in einer Kellerwohnung. Sie hatte ihn hier noch nie besucht. Die Rendezvous mit ihm fanden regelmäßig und ausschließlich in der auf Liebe abgestimmten Atmosphäre ihrer Wohnung statt.

Eigentlich wußte sie nichts über Louis, nur daß er Voisin hieß, Franzose war und über unbändige Kraft verfügte.

Émilienne stieg hastig die zum Kellergeschoß führende Außentreppe hinunter und klopfte an die schmucklose Holztür.

Drinnen rührte sich nichts.

Sie klopfte erneut. Endlich ein Geräusch und schlurfende Schritte.

»Was ist denn los, mitten in der Nacht? Merde!« schrie eine Frau wütend und mit heiserer Stimme.

Seine Mutter, oder wer war das? Eine Ehefrau hatte er nicht; soviel wußte sie von ihm. Er war doch allein wie sie.

»Bitte öffnen Sie, Madame. Wo ist Louis? Ich brauche meinen Louis jetzt. Ich bin Émilienne.«

Abrupt wurde die Tür von innen aufgerissen.

Eine Frau von unbestimmbarem Alter, in langem, dickem Nachthemd und mit aufgeplusterter Schlafhaube auf dem Kopf erschien und trat einen Schritt vor.

Émilienne war für den Augenblick ratlos. Wer war diese Person? Sie wußte nicht recht weiter.

»Pardon, Madame«, sagte sie, »Sie sind vielleicht seine ... Mutter ... Schwester ...?«

»Mutter! Schwester! Mon dieu! – Berthe Roche bin ich, und merke dir das gut. Doch komm nur herein, mein Täubchen!« Émilienne folgte der Frau durch den dunklen Flur in eine unaufgeräumte Küche.

»Nun, Kleine, was willst du wirklich, he?« fragte sie, und ihre Augen waren zusammengekniffen und blickten böse.

»Ich suche Louis, meinen Freund Louis, Madame. Ist er zu Hause?«

»Das geht dich einen Dreck an, kleine Hure. Das bist du doch, he? – Putain! Putain!« schrie sie erbost.

»Was erlauben Sie sich, Madame!« entrüstete sich Émilienne. »Eine Freundin bin ich ...«

»Ich werd's dir zeigen, kleine Freundin, kleine Putain!« Und sie stürzte sich auf die rückwärts gegen den Küchentisch taumelnde Émilienne und trommelte mit den Fäusten hart auf sie ein.

»Nein, nein, bitte, aufhören ...«, wimmerte Émilienne und hielt sich die Hände schützend vor das Gesicht. »Louis! Hilfe, Louis!«

In Berthe Roches Hand blitzte plötzlich die Klinge eines Küchenmessers.

Das Revier des Straßenkehrers William Garfield lag im Stadtviertel *Bloomsbury*, in der Gegend um den *Regent Square*. *Harrison Street, Seaford Street, Tavistock Place* und der *Regent Square* selbst gehörten dazu.

Es ging einigermaßen gepflegt zu in *Bloomsbury*. Die Londoner Universität war dort, das *British Museum*, einige Krankenhäuser gab es sowie viele gelehrte Leute und junge Studenten, die auch einmal Gelehrte sein wollten. Sie alle wohnten in seinem Revier. Aber auch die hinterließen ihren Dreck.

William Garfield hatte seine jahrzehntelangen Erfahrungen. Er kannte sich aus.

Am Freitagmorgen – es war der 2. November 1917 – schob er seinen Karren holpernd über den Kiesweg des *Regent Square*. Er leerte Abfallbehälter, sammelte Papier auf und nahm den wilden Stadttauben die weggeworfenen Speisereste der zivilisierten Menschheit weg.

Garfield war im Begriff, mit seinem Pieker nach einem Fetzen, einem alten Sack unter einem Rhododendronbusch zu stoßen. Da stutzte er und hielt inne.

Das war ein Paket! Es mußte etwas darin eingewickelt sein!

Er zog den Sack unter dem Busch hervor, und mit spitzen Fingern löste er vorsichtig die Umhüllung.

Vielleicht hatte jemand eine tote Katze oder einen verendeten Hund abgelegt, einfach abgelegt. Die Leute wußten ja nicht mehr, was sich gehört! Eine Schweinerei war das, eine verdammte!

Garfield wickelte weiter.

Das Paket enthielt etwas Blutiges. Ihm wurde mulmig.

Da zeigte sich ein Zipfelchen feiner Spitze, ein Fetzchen eleganter Damenunterwäsche – und ihm drehte sich der Magen um.

Er tat einen Satz zur Seite, es würgte ihn, und er erbrach sich.

Unter dem Spitzenzeug war Fleisch – und Blut – ach, das Blut!

Fleisch und Blut von einem menschlichen Körper!

Garfield bemühte sich um Fassung. Er taumelte und schrie auf: »Hilfe! Mord! Mooord!!!«

Ein Mann, der seinen Collie ausführte, wurde auf ihn aufmerksam.

»Polizei!« rief William Garfield ihm mit überschnappender Stimme zu. »Schnell! Polizei! Jemand ist totgemacht worden! Mord!«

Der Mann lief los, und der Collie bellte, ließ wie irre den buschigen Schwanz wirbeln und freute sich, daß sein Herr ihm ungewohnte, schnelle Bewegung verschaffte.

Das nächstgelegene Polizeirevier befand sich in der *King's Cross Road*, gleich jenseits der *Grays Inn Road*, keine halbe Meile entfernt.

Garfield blieb bei seinem grausigen Fund zurück und hielt gehörigen Abstand. Er hatte einen sauren Geschmack im Mund, und ihm war schwindlig.

Nach kurzer Zeit erschienen drei uniformierte Polizisten.

»Sie haben das entdeckt, Sir?« fragte der eine.

Garfield nickte wortlos. Er war bleich und zitterte vor Entsetzen.

»Und alles so gelassen? Nichts berührt?«

»Nur ... ausgewickelt, Constable ... ein bißchen ... und dann ... nichts weiter.« Er mochte noch immer nicht hinschauen.

Die Polizisten legten den in grobes Sackleinen gehüllten Inhalt des Pakets vollends frei: Es war der blutige Torso eines mit weißer Spitzenunterwäsche bekleideten weiblichen Körpers. Ein blutverschmierter Zettel kam zum Vorschein, und darauf stand mit ungelenker Hand absolut falsch hingekritzelt: »Miest Bellgien!«

»Was soll das?« entfuhr es dem einen Polizisten. »Was hat das mit Belgien zu tun? Soll hier jemand in die Irre geführt werden?«

Dennoch bargen sie das Papierfetzchen mit aller Sorgfalt.

Chief Inspector Frederick Wensley von *Scotland Yard* wurde unverzüglich mit der Aufklärung des Falles betraut.

Die Obduktion des Torsos ergab, daß der Tod innerhalb der vorangegangenen zwei Tage, also am Donnerstag oder Mittwoch eingetreten sein mußte. Und die Art, wie Kopf, Arme und Beine vom Körper getrennt worden waren, deutete darauf hin, daß der Täter zumindest über anatomische Grundkenntnisse verfügen mußte. Die erste Hülle des Torsos in der Unterwäsche war ein weißes, blutgetränktes Baumwollbettlaken, in dessen einer Ecke die Kriminalisten das Zeichen einer Wäscherei, II H entdeckten. Höchstwahrscheinlich konnte das Laken mit dem Opfer in Verbindung gebracht werden. Die Fragen, die sich Wensley stellen mußte, lauteten: Wer ist der Täter? Wer ist das Opfer? Von welchem Wäschereibetrieb stammt das eingestickte II H?

Wensley kratzte sich nachdenklich am Hinterkopf und umkreiste seinen Schreibtisch. Er trat an die riesige Londoner Wandkarte in seinem Zimmer, maß vom Fundort des Körpers, dem *Regent Square*, etwa eine Meile Luftlinie nach Westen, Norden, Osten und Süden aus, zog mit Rotstift einen Kreis und gelangte westlich bis zum *Regent's Park*, nördlich bis an den Gleiskörper der Eisenbahnlinie zwischen den Sta-

tionen *Camden Road* und *Caledonian Road*, östlich bis an die
den Stadtteil *Finsbury* begrenzende *Goswell Road* und südlich
bis an das Gewimmel rund um den Gemüse-, Früchte- und
Blumenmarkt *Covent Garden*. Sein Kreis umspannte *Bloomsbury, Soho, Camden Town* und einen beträchtlichen Teil der
Londoner *City*.

»Mit dem Radius von einer Meile fangen wir an«, murmelte
er vor sich hin und starrte gebannt auf die Karte, »bringt das
nichts, müssen wir den Kreis erweitern.«

Zunächst schickte Wensley mehrere Trupps Polizisten auch
aus den lokalen Revieren nach allen Himmelsrichtungen
innerhalb seiner Bannmeile aus.

Ihre Aufgabe bestand darin, alle Wäschereiläden – ohne Aus-
nahme! – aufzusuchen, um das Signum II H möglichst bald
entschlüsseln zu können. Wensleys Strategie erwies sich als
richtig: Bereits nach wenigen Stunden kehrte einer seiner
Trupps zurück. Die Kundin mit dem Kürzel II H war ermittelt. Es handelte sich um eine Émilienne Gerard, wohnhaft
in Nr. 50, *Munster Square*, eine knappe Meile vom Ort des
schrecklichen Fundes entfernt.

Der Chief Inspector von *Scotland Yard* hatte keinerlei Zweifel daran, daß das Opfer Émilienne Gerard hieß.

»Es stimmt«, sagte eine Nachbarin am Freitag, dem 2. November, »Mrs. Gerard, eine französische Madame, wohnt
hier. Doch die letzten zwei, drei Tage war sie nicht zu Hause. Die hat ja andauernd Herrenbesuch. Da weiß man doch
von selbst, was sich abspielt ...«

Chief Inspector Wensley nahm die Wohnung von Mrs. Gerard gründlich in Augenschein.

Wer immer die Frau sein mochte – Ordnung hielt sie jedenfalls. Da war alles sauber, da hatte alles seinen Platz. Nichts
stand herum. Keine unabgewaschenen Teller in der Spüle,
der Fußboden gebohnert. Die Wäsche ordentlich sortiert
im Schrank. Weiße Spitzenunterwäsche war dabei, auch
schwarze.

Er untersuchte die Bettlaken. In allen fand er II H eingestickt.

Auf dem Kaminsims stand die unter Glas gerahmte Fotografie eines Mannes, eines untersetzten, stämmigen Mannes mit

kräftiger Kinnlade und einem dichten, gewichsten Schnurrbart, von dem man hätte meinen können, daß er aus fester
Materie sei und nicht aus einzelnen Barthaaren bestünde.
Wensley nahm das Bild aus dem Rahmen, drehte es um und
las die in schlechtem Englisch hingeschriebene Widmung:
»In heiser libe – Dein Louis Voisin.« An der unteren Kante
des Fotos stand – was für ein Glücksumstand! – auch noch
»101, *Charlotte Street, Fitzroy Square*«, eine Anschrift, bei der
es sich um die des Voisin handeln mußte.
Wensley traf Louis Voisin und Berthe Roche zu Hause in ih-
rer Kellerwohnung an und verhaftete beide.
In seinem Büro bei *Scotland Yard* nahm der Chief Inspector
Voisins Namen und seine Wohnadresse ordentlich zu Pro-
tokoll.
»Ihr Beruf, Sir?« fragte er.
»Metzigärr«, antwortete Voisin.
»Wie bitte?«
»Metzigärr – Fleischärr auch.«
»Verstehe. Kennen oder kannten Sie eine gewisse Émilienne
Gerard, Sir?«
Voisin zögerte nicht. »Ja«, gab er zu.
»Aha. Und seit wann sind Sie mit ihr bekannt, Sir?«
»Zwei Jahr, vielleicht; vielleicht eins nur auch«, antwortete
er.
Sein Englisch war nicht besonders gut, und der französische
Akzent drang stark durch.
Voisins schwere Hand fuhr nervös über die Tischplatte.
Wensley fixierte ihn mit seinen grauen, wachen Augen.
»Und, Sir, wann haben Sie Madame zuletzt gesehen?«
»Gesterrn, nein vor ... vor ... Mietwok, Monsieur, oui, Miet-
wok.« Er schaute sich wie hilfesuchend in dem großen Raum
um. »–aben sie gese–en, zu sagen au revoir, weil sie ging nach
–ause, Frankreisch, Monsieur. –aben mußt versprechen, al-
len Tag füttern Katz.«
»Und«, fragte der Chief Inspector nach, »haben Sie? Die Katze gefüttert?«
»Oui, Monsieur, zweimal ... zweimal.« Voisin strich sich fahrig übers Haar.

»Nun, Sir, haben Sie mir etwas zu gestehen?« Der Chief Inspector ging aufs Ganze. »Haben Sie Madame Émilienne Gerard getötet?«

Voisin schreckte zurück.

»Émilienne ... tot? Merde! Werr totgemakt?«

»Das frage ich Sie, Sir. Wissen Sie es nicht?«

»Non, Monsieur, nur gesagt au revoir und gefüttert Katz.« Dabei streckte er beschwörend beide Arme aus.

Wensley kam eine Idee. »Schreiben Sie mir doch, Sir, einige Male ›Mist-Belgien‹ auf dieses Papier. Oder möchten Sie lieber nicht?«

Mit seinen ungefügen, kräftigen Fleischerhänden schob er sich den Papierbogen schräg zurecht und fingerte schwerfällig mit dem Bleistift herum, bis er ihn richtig im Griff zu haben meinte.

Und er schrieb: »Miest Bellgien« – fünfmal!

Kein Zweifel, das ungelenke Gekritzel war identisch mit dem auf dem blutigen Papierfetzen. Der Chief Inspector zog diesen aus seiner Schublade und hielt ihn Voisin vors Gesicht.

»Haben Sie das auch geschrieben, Sir?«

»Weiß nicht ich ... vielleicht kann ich sogar das gezeichnet –aben ... vielleicht nicht auch.«

Wensley hatte Mühe, an sich zu halten.

»Nun hören Sie, Sir, die Schriftprobe, die Sie mir soeben gegeben haben, entspricht absolut und zweifelsfrei der Schrift, die wir auf dem Zettel bei der Leiche, dem Teil der Leiche fanden. Unsere Graphologen werden das bestätigen. Und das ›Mist-Belgien‹ war doch nichts als eine Finte, um uns auf eine falsche Spur zu lenken! War es nicht so?«

»Oui, Monsieur«, gab der Fleischer mit erstickter Stimme von sich.

Und mehr brauchte Chief Inspector Wensley fürs erste auch nicht aus ihm herauszuholen.

Es folgten weitere Verhöre. Louis Voisin und Berthe Roche sagten aus und verwickelten sich in gravierende Widersprüche.

Inzwischen hatten die Leute von *Scotland Yard* auch ihre Ermittlungen fortgesetzt und waren, wie es schien, zum Abschluß gekommen.

In einem durch eine schmale Falltür und eine kurze Holzleiter erreichbarem kellerartigen Loch unter der Wohnung von Voisin und Roche fiel ihnen ein Faß voller Sägespäne auf. Sie kippten das Faß um und förderten den Kopf und die Gliedmaßen von Émilienne Gerard zutage.

An der Wand von Voisins Küche, am Fenster und auf dem Tisch fanden sich Blutspritzer. Weder Voisin noch seine Lebensgefährtin Berthe Roche hatte sich die Mühe gemacht, die Spuren zu beseitigen.

In der Spüle lag ein blutiges Küchenmesser.

Alles das reichte, um den Fleischer Louis Voisin als den Schlächter von *Soho* zu entlarven, ihn des Mordes an Madame Émilienne Gerard zu bezichtigen.

Er stammelte gesenkten Hauptes und mit kaum vernehmbarer Stimme: »Das ist Unglück ... groß ... Unglück.«

Die Leute um Chief Inspector Frederick Wensley hatten ihre Ermittlungen abgeschlossen.

Links: Kopf und Gliedmaßen der Toten werden in einem Faß mit Sägespänen entdeckt. Rechts: Berthe Roche und Louis Voisin auf der Anklagebank.

Sowohl Voisin als auch Berthe Roche wußten bei ihren Vernehmungen genau, worum es ging. Sie verstanden jedes Wort und meinten, sich bei ihren Aussagen vorsätzlich hinter ein schlechtes Englisch flüchten zu können, gaben zuweilen hanebüchene und phantastische Aussagen zu Protokoll. Dennoch lag klar auf der Hand, was sich zugetragen hatte.

Der Fleischer Louis Voisin saß Chief Inspector Frederick Wensley zum letztenmal gegenüber.

»Und jetzt, Sir, werde ich Ihnen sagen, wie alles vor sich ging. Und hören Sie gut zu; denn Sie müssen das dann unterzeichnen.«

Voisin schwieg und starrte vor sich auf die Tischplatte.

»Also: Irgendwann in der ersten Morgenstunde des 1. November – das war am vorigen Donnerstag – erschien Madame Émilienne Gerard, Ihre Geliebte, wollen wir einmal sagen, in Ihrer Wohnung, 101, *Charlotte Street*. Ihre Lebensgefährtin, Madame Berthe Roche, ließ Émilienne Gerard eintreten. Sie lagen zu diesem Zeitpunkt im Bett und schliefen. Madame Gerard fragte nach Ihnen. Sie schien etwas von Ihnen gewollt zu haben. Was, das weiß ich nicht. Und das ist auch unerheblich. Zwischen beiden Frauen, Madame Gerard und Ihrer Lebensgefährtin, kam es zum Streit. Madame Roche beschimpfte Madame Gerard. Diese versuchte sich zu rechtfertigen, wurde aber von der viel kräftigeren Madame Roche niedergeschrien und mißhandelt. Ihre Lebensgefährtin ergriff plötzlich ein scharfes Küchenmesser und stach wild auf Madame Gerard ein. Diese sank zu Boden und stöhnte und lag in ihrem Blut.

Sie wurden durch den Lärm munter, kamen in die Küche und sahen, was geschehen war.

Ihre Lebensgefährtin hetzte Sie auf, Madame Gerard ›den Garaus zu machen‹.

Weil Sie keinen anderen Ausweg wußten, zögerten Sie nicht, sondern packten den Kopf Ihrer Geliebten und stießen ihn mehrmals mit aller Kraft auf den steinernen Küchenboden – bis in Madame Gerard kein Leben mehr war.

Nun hatten Sie eine Leiche im Haus, in Ihrer Wohnung, in Ihrer Küche. Sie hatten einen Menschen getötet.

Was nun? Ihre Lebensgefährtin hetzte Sie weiter auf, trieb Sie an. Sie wüßten doch wohl, was zu tun sei, und warum Sie dann zögerten?

Doch Sie zögerten nicht. Sie sind Fleischer, verstehen sich auf das Tranchieren von Tierkörpern und verfügen über alles dazu erforderliche Werkzeug.«

Wensley blickte kurz auf. Voisin regte sich nicht und starrte vor sich hin.

»Sie holten sich Ihr Tranchiermesser und Ihre Knochensäge. Und fachmännisch trennten Sie Kopf und Gliedmaßen vom Rumpfe Ihres Opfers.«

Der Chief Inspector stockte und schluckte. Er schaute Voisin an, nicht vorwurfsvoll, eher interessiert.

Der stöhnte leicht und ließ sein Stöhnen in ein gewolltes, doch ungeschickt gespieltes Hüsteln münden.

»Ihr Werk war noch nicht getan. Sie hatten einen Mord begangen. Sie hatten die Tote zerstückelt, doch Ihr Opfer war noch immer in Ihrem Haus, in Ihrer Wohnung, in Ihrer Küche.

Also weg damit! Aber wohin? Irgendwohin! Und wie?

Sie wußten, daß in dem Kellerloch unter Ihrer Wohnung ein Faß mit Sägespänen stand. Sie vergruben den Kopf und die Gliedmaßen Ihres Opfers in diesem Faß. Sie wollten den Torso, den Rumpf, aus dem Haus schaffen. Doch die Nacht war bald zu Ende. Sie bewahrten den Körper von Madame Gerard neben dem Faß in einem Sack auf.

Am Donnerstag gingen Sie in die Wohnung Ihres Opfers, 50, *Munster Square.* Ihr Erscheinen fiel dort nicht weiter auf. Sie sind oft gesehen worden, und Sie mußten ja die Katze von Madame, die tatsächlich in ihre Heimat reisen wollte, täglich füttern. Aus der Wohnung von Madame Gerard nahmen Sie ein Bettlaken mit. Sie übersahen, daß es in einer Ecke mit II H gezeichnet war.

Sie waren entweder so aufgeregt oder so nachlässig – um nicht dilettantisch zu sagen – und ließen die Fotografie von sich auf dem Kaminsims zurück!

Zu Hause hüllten Sie den Torso von Madame Gerard in das Bettlaken und umwickelten ihn schließlich mit grobem Sackleinen. Sie legten das Paket auf Ihren Fleischerkarren und breiteten zusätzlich noch eine Decke darüber.

Den Kopf und die Gliedmaßen wollten Sie später beseitigen. Dann machten Sie sich in der Nacht zum Freitag, dem 2. November, zwischen zwei und drei Uhr morgens auf den Weg. Für den Fall, daß jemand Sie bemerken würde – und Sie sind beobachtet worden! –, sah das so aus, als ob Sie zum Fleischgroßmarkt *Smithfield* wollten. Der Markt liegt ja höchstens eine knappe Meile vom schließlichen Fundort entfernt.

Sie schoben Ihren Karren durch unbelebte Straßen und Hintergassen. Am *Regent Square* angekommen, versicherten Sie sich durch Augenschein, daß Ihnen niemand folgte und daß keiner Sie beobachtete.

Sie schoben Ihren Karren bis in den mittleren, parkartigen Teil des Platzes, legten Ihr Paket unter einem Rhododendronbusch ab und begaben sich auf dem gleichen Weg, auf dem Sie gekommen waren, eilends zurück nach Ihrem Haus, Nummer 101, *Charlotte Street*.

Haben Sie alles verstanden?«

»Oui, Monsieur.«

»Hat sich alles so zugetragen?«

»Oui, Monsieur.«

»Dann lesen Sie dieses Papier durch, und unterschreiben Sie es.«

Voisin las nicht, weil er Englisch kaum lesen konnte.

Er krakelte seinen Namen unter den Schriftsatz und schob ihn von sich.

Er faltete die Hände auf dem Tisch und ließ langsam seinen Kopf darauf sinken.

Chief Inspector Frederick Wensley schaute den Mörder nicht an und sprach in sachlichem Ton sein letztes Wort:

»Damit sind Sie, Monsieur Louis Voisin, Fleischer, wohnhaft Nummer 101, *Charlotte Street*, London, des Mordes an Madame Émilienne Gerard, wohnhaft Nummer 50, *Munster Square*, London, überführt.«

Gegen Voisin und die Roche wurde in zwei getrennten Verfahren verhandelt.

Restaurant *Bertorelli's* in der *Charlotte Street*.

Berthe Roche mußte als Mittäterin – nicht aber als Mörderin
– für sieben Jahre hinter Gitter. Im Gefängnis verfiel sie dem
Wahnsinn und verstarb in einer Anstalt.
Über Louis Voisin, den Schlächter von *Soho*, verhängte der
Richter die Todesstrafe.

Der Henker waltete seines Amtes am Morgen des 2. März 1918. Es war ein Sonnabend im letzten Jahr des ersten Weltkrieges. Die Londoner freuten sich auf den Sonntag. Und der Zeppelin kam mit seiner Bombenlast schon seit Wochen nicht mehr.

Weder der Schlächter Voisin noch die liebesbedürftige Emily haben Spuren hinterlassen.

In der *Charlotte Street* sucht der Tourist vergebens ein Haus Nummer 101. Der *Munster Square* wurde nach dem letzten großen Krieg mit neuen Häusern bebaut, und man muß ihnen keinen zweiten Blick schenken. Lediglich der eisenumzäunte und gepflegte *Regent Square* mit seinen Bänken und bejahrten Bäumen, an dessen Südseite noch die alten, geschwärzten Reihenhäuser stehen und dessen Eingang eine klassische, dunkelrote Telefonzelle ziert, ist weitgehend ursprünglich als kleine, anheimelnde Idylle erhalten geblieben, wenn auch der Rhododendronbusch, unter dem der grausige Fund verborgen lag, nicht überdauerte.

Aber ein Gang durch die bunte und wirblige *Charlotte Street* lohnt sich immer, und sei es nur, um bei *Bertorelli's* Einkehr zu halten.

<u>Und so kommen Sie hin:</u>

Fitzroy Street/Charlotte Street – U-Bahn (Underground) Northern Line bis Station Goodge Street.
Munster Square – U-Bahn Hammersmith & City Line, Circle Line oder Metropolitan Line bis Station Great Portland Street.
Regent Square – U-Bahn Hammersmith & City Line, Circle Line, Metropolitan Line, Northern Line, Piccadilly Line oder Victoria Line bis Station King's Cross/St. Pancras.

Tod durch die Quetsche

Tatort: Wirtshaus George and Halfmoon,
Temple Bar, Fleet Street, London WC 2
Februar 1658

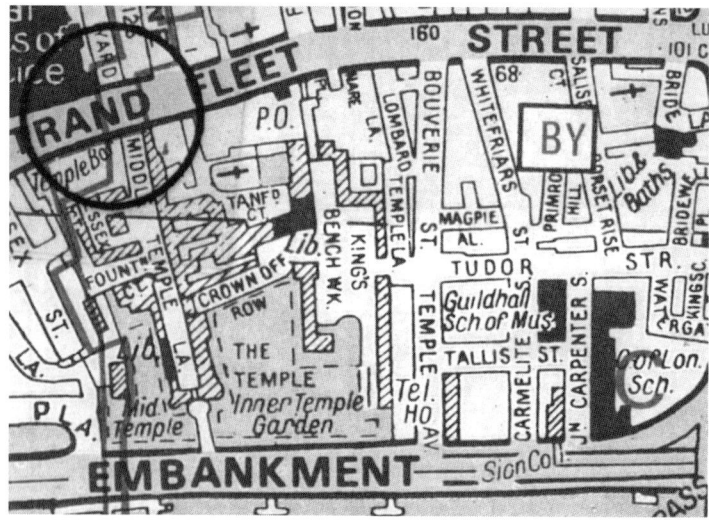

Dieser hochgewachsene Major George Strangeways gab in der Tat ein stattliches Mannsbild ab. Er trug eine Miene zur Schau, der man ansah, daß er keinen Widerspruch duldete, daß er gewohnt war, zu befehlen, und andere ihm bedingungslos zu gehorchen hatten.

Er pflegte sich in Seide, silbernen und blauen Brokat zu kleiden, und das lange, schwarze Haar wallte ihm bis auf die breiten Schultern. Er entstammte einer alten und achtbaren Grundbesitzersfamilie aus der südwestenglischen Grafschaft Dorset und hatte sich in jungen Jahren schon zum Kriegshandwerk hingezogen gefühlt. So war er denn bald in den Rang eines Mayors aufgestiegen und hatte seinem König, Charles I. (1600–1649) bis zum Ende des Bürgerkrieges getreulich und tapfer gedient.

Was die Briten meist etwas verschämt als »Bürgerkrieg« bezeichnen, nennen die Historiker »die erste bürgerliche Revolution der Neuzeit« (1642–1651) und gleichzeitig »die einzige englische Revolution«, zu der es je kam und die immerhin doch zur Enthauptung des Monarchen im Jahre 1649 führte.

Dem glücklosen König Charles I., der sich zu des Volkes Überdruß auch noch eine Gemahlin ausgerechnet französischer Abkunft erkoren hatte, war es in seiner einfältigen Machtbesessenheit gelungen, sich gleichzeitig mit dem Adel wie mit den Bürgern und dem Parlament anzulegen.

Unruhe hatte das Volk ergriffen. Aktionen gegen den Absolutismus nahmen zu und verschärften sich. Die Menschen forderten jetzt Taten. Das Unterhaus widersetzte sich den Ränkespielen des Königs und löste letztendlich die Revolution aus.

Im Jahre 1642 begannen die militärischen Auseinandersetzungen zwischen den Royalisten – dem König mit dem feudalen Adel also – und dem Parlament, welches auf die breite Bürgerschaft bauen konnte und von dieser getragen und getrieben wurde. Es kam zu blutigen Kämpfen mit fürchterlichen Opfern auf beiden Seiten, und die Bürgerlichen obsiegten schließlich. Charles endete 1649 auf dem Schafott in *Whitehall* zu London. England wurde Republik.

Fährt man von London über *Oxford* und *Banbury* nach *Stratford–upon–Avon*, erhebt sich etwa zwölf Meilen vor dem Ziel zur Rechten der Landstraße *A 422* der *Edgehill*. Wie eine Zuschauertribüne steht der Hügel im Lande und gibt den Blick frei auf die liebliche Szenerie der Grafschaft *Warwickshire*. Unterhalb der eichenbestandenen Erhebung liegt das Dörfchen *Radway*, und gute drei Meilen weiter nach dem Nordwesten hin lugen die geduckten Häuser von *Kineton* aus Feldern und Wiesen.

Friedlich streckt und wellt sich die idyllische Landschaft. Und doch trug sich auf den Feldern so Schreckliches zu, daß noch heute, über dreihundertfünfzig Jahre später, die Menschen zum *Edgehill* pilgern, um zu schauen, um sich darüber Geschichten zu erzählen, wie es war oder wie es gewesen sein mochte.

Schilderungen einfacher Soldaten sind überliefert; sie bieten eine interessantere Lektüre als die damalige offizielle Schlachtberichterstattung.

In der Streitmacht der Royalisten sah ein Jüngling aus Wales dem Kampf entgegen. Er war als Knecht einem Bauern verdingt gewesen und konnte erstaunlicherweise lesen und ordentlich schreiben. Der junge Waliser legte in einem Brief seine Eindrücke nieder:

Einen Tag und eine Nacht blieben wir ohne Schlaf. Seit zwei Tagen gibt es nichts zu essen. Die Bauern verstecken alles, weil sie sich fürchten vor uns.

Aber England ist ein gesegnet Land, wie mich dünkt. Die Leut hier leben allwie die Könige. Solches schaute ich noch nie. Allein, auf unsern Märschen fielen uns auf der Hecken etliche, so das Gemeindeland umschließen. Wie mag es den Armen aber wohl ergehn, wenn ihr Vieh nirgendwo grasen darf und sie sich obendrein des Waidwerks enthalten müssen? Nein, dies sind doch eigentlich traurige Zuständ. Nie weilte ich bis anhero außerhalb meines Kirchspiels in Wales, auch nicht mein Vater vor mir, und wird es manches zu erzählen geben nach meiner Heimkunft, so ich dieses Glück werd erleben dürfen.

Das Leben ist absonderlich geworden. Unser Sergeant hat gesagt, er kann uns nur dem Feinde entgegenhetzen und dann bloß noch hoffen.

Wahrlich, wir geben eher das Bild einer Gespensterschar ab. Wir sind unsrer siebenmal hundert und haben vierhundert Spieße. Die andern von uns bieten einen Anblick, als ob es ans Heumachen ginge.

Gestrigentags schaute ich den König. Er war angetan mit einem Gewande aus schwarzem Sammet. Solcherart Stoff ward mir nie vorher ansichtig. Dennoch blickte der König betrüblich drein. Ich hoff nur, ihm möcht gewahr sein, weshalb wir hier sind, und warum er kleine Leut wie mich von der Feldarbeit wegrief.

Morgen allnun geht es in die Schlacht.

Es wird mir nicht leicht von der Hand gehen wollen, einen Mann mit der Heugabel aufzuspießen. Ob ich wohl hart zustoßen muß, so wie in ein Bund Stroh?

Das Gemetzel am *Edgehill* währte vier Stunden. Eineinhalbtausend Tote blieben auf dem Schlachtfelde zurück. Jede der beiden Seiten nahm, wie das dazumal auch schon üblich war, den Sieg für sich in Anspruch. Der König war davongekommen. Aber sein Untergang stand bevor.

Die Gemeindekirche von *Radway* birgt das Grab eines Captain Kingsmill. Sein Körper war von einer Kanonenkugel zerschmettert worden. »Captain Seiner Majestät Charles' Gardeinfanterie gesegneten Angedenkens«, so lassen sich die verschlungenen und halb ausgebröckelten Lettern auf der morschen und altersgrauen Grabplatte entziffern.

Major George Strangeways war solchem Schicksal glücklich entgangen.

London im Monat Februar Anno Domini 1658. Ein Graupelschauer prasselte nieder auf die Stadt. Scharfer Wind stob vom Osten her die *Themse* herauf, züngelte in die volkreichen Londoner Gassen hinein, und fuhr schließlich pfeifend und hohnlachend durch die Häuserzeilen. Auf seinem Zuge riß er Fetzen von Sackleinenem mit sich, trieb leere Körbe vor sich her und plusterte dem Weibsvolk die Röcke auf.

London in der ersten Hälfte des 17. Jh. Unten: *Southwark.* Mitte: *London Bridge.* Oben rechts: *Tower of London.*

Selbst am Abend war die Stadt noch nicht zur Ruhe gekommen. Hochrädrige Kaleschen schaukelten holpernd über das grobe Kopfsteinpflaster. Stampfende Hufe der Pferde und ungefüge Wagenräder ließen das Wasser aus Pfützen und fauligen Kuhlen aufspritzen. Die Passanten suchten sich stolpernd in Sicherheit zu bringen. Vornehme Damen und Herren ließen sich in wiegenden Sänften mit geschlossenen Vorhängen durch das Menschengewirr schleppen. Es roch nach Fisch und stank nach Unrat. Beißender Rauch von zahllosen offenen Feuern wehte durch die Gasse und stieg den Leuten in die Nasen.

Major George Strangeways klappte den Kragen seines schweren Überrockes hoch und zog den Stoff über der Brust fest zusammen. Mißmutig und mit aller Welt in Zwietracht stapfte er einher.

Er kam von *Southwark* her über die *London Bridge* mit ihren aufgehuckten Häusern und Läden, stieß sich seinen Weg frei, durch das dumpfe Menschengewusel pflügend, dem die Brücke Heimat war, und stemmte sich gegen den Sturm. Wut brodelte in ihm, wie immer, wenn er den Huren zu *Southwark* beigewohnt hatte. Die Wut gegen sich, die Verachtung seiner selbst trieb ihn an und ließ ihn die Bequemlichkeit einer Droschke verschmähen.

Jahrelang schon lebte er in London. Er logierte in zwei Zimmerchen im Hinterhof der Schenke *Bull Inn*, draußen, am Tore, *Bishopsgate* geheißen. Er haßte diese verruchte und verfluchte Stadt. Die freie Landschaft von Dorset war besser, das Klima milder, der Wind sauber, und es stank nicht. Doch er, der alte Haudegen, kam wohl nicht mehr weg aus diesem London, vermochte sich nicht mehr in das wohlige Zivilleben einzufügen.

Major George Strangeways stieg den Hügel *Fish Street Hill* hinan und gelangte von da in die *Gracious Street*, die später *Gracechurch Street* heißen sollte. Sein Blick schweifte uninteressiert und beiläufig über die leuchtenden Vierecke der Fenster. Er schaute in Stuben hinein. Eine Frau hantierte mit einer Bratpfanne vor dem offenen Kaminfeuer, und drei verwegen aussehende Kerle rauchten lange Tonpfeifen und spielten Karten. Bierkrüge standen in breiten Lachen vor ihnen auf dem massiven, blankgescheuerten Tisch.

Das Graupeln ging in heftigen Regen über, der sich vom Osten her in Schwaden in die Gasse ergoß und von den Dächern durch bleierne Röhren in den Rinnstein stürzte, den Unrat aufweichte und mit sich spülte.

Ein Mädchen mit weißem Spitzenkragen lugte neugierig aus einem halbgeöffneten Fenster auf das Menschengewimmel. Dem Sturm und Regen zu wehren, warf es sich einen schwarzen Schal über das von einem Häubchen bedeckte Blondhaar. Major George Strangeways stieß es bitter auf. Er hatte im Dienste des Königs gestanden und seine Pflicht erfüllt. Da war ihm weder Zeit noch Gelegenheit geblieben, angemessen seßhaft zu werden, sich ein Weib zu nehmen und eine Familie zu begründen.

Er hatte nie geliebt und war nie geliebt worden.

Marktweiber plärrten durch die schmale Straße. Ihre Körbe bargen sie zum Schutze vor der Unbill des Wetters unter den Gewändern. Wie aufgescheuchte, eifernde Glucken wuselten sie einher. Eine weißgeschürzte Köchin trat aus der Haustür. Die Weiber hoben die Umhänge und zeigten, was sie feilzubieten hatten – Fische, Fleisch, lebende, verschnürte und sich verzweifelt wehrende Hühnchen.

Die Fassaden der Häuser zu beiden Seiten der Gasse neigten sich einander zu, und es schien, als ob die Giebelspitzen nicht mehr sehr fern davon wären, sich zu berühren. Major George Strangeways wendete seinen Blick zurück.

Die Jungfer äugte noch immer fürwitzig aus dem Fenster. Doch sie schaute ihm nicht nach. Er war ihr gleichgültig. Was bildete er sich da ein, der Tropf, in seiner Einfalt? Warum, zum Teufel, sollte die unbekannte Jungfer auch ein Aug auf ihn werfen?

Nein, Major George Strangeways hatte nie geliebt und war nie geliebt worden.

Er kannte nur das dämpfige Gerangel mit der zerzausten Kriegermetze im Feldlager oder den flüchtigen Rausch, den ihn die wohlfeile Dirne auf schäbigem Lager in dem muffigen Alkoven drüben, zu *Southwark*, lustlos haben ließ.

Eben kam er von jenseits des *Themseflusses* her. Major George Strangeways fühlte sich von Ekel gepackt, von Ekel gegen sich selbst. Er rülpste heftig, spuckte aus und schüttelte sich. »Dreimal verfluchtes Hurenpack!« brummte er vor sich hin. Einzig eine feiste und artig gespeckte Geldkatz macht sie lüstern, diese Miststücke, sonst nichts!

»Sudelweiber! Mag sie doch allesamt der Teufel stoßen! – Alle!« schrie er in die Londoner Nacht. Keiner horchte auf; niemanden verwunderte sein Geschrei. Es trieben zu viele absonderliche Gestalten durch die Straßen und Gassen der Stadt.

Er war noch längst kein alter Mann, doch längst schon war er verhärtet und verbittert.

Ein unerträgliches Duftgemisch von Kot und Urin, von gebratenem Fisch, brennendem Holz und Tabaksschwaden, vom Schweiße unzähliger Körper und wie zum Hohne auch noch von zartem Lavendel hing in der Gasse und beleidigte seinen Geruchssinn.

Strangeways drückte sich in eine schleimige und stinkende Toreinfahrt. Mit zwei Fingern preßte er seine Nasenflügel zusammen und schneuzte spritzend und geräuschvoll aus. Mit der verkrusteten Ärmelmanschette wischte er sich Schlieren seines Auswurfs aus dem Schnurrbart. Er öffnete den Überrock, riß den Hosenlatz auf, stellte sich mit gespreizten Beinen hin und schlug gegen den Torflügel sein Wasser ab.

Dabei gewahrte er wohl den Mann und die Frau, die sich wenige Schritt von ihm entfernt in der Gosse wälzten und sich juchzend der Liebe hingaben unter nichts denn dem Mantel der Nacht.

»Als ob sie sich wahrhaftig im Garten der Lüste tummelten, grad so tun die! Dabei suhlen sie sich kopulierend im Dreck und zeugen noch mehr Dreck, die elenden Schweine, die Hungerleider!« murrte er verächtlich in sich hinein, knöpfte den Überrock zu und strich ihn umständlich glatt.

Er trat aus der Toreinfahrt. Auf der Straße ging ein dunkelgewandeter, bärtiger Mann mit hohem Spitzhut hinter ihm. Strangeways war der Finsterling nicht geheuer. Er verlangsamte seinen Schritt, der Mann ebenfalls. Er blieb ste-

hen, lehnte sich mit dem Rücken an eine Hauswand, und
hart umschloß er mit der Rechten den Knauf seines Schwer-
tes unter dem Überrock.

Der Mann eilte hastig an ihm vorüber. Sein alkoholschwerer
Atem verwehte in der kalten Luft der Februarnacht. Vielleicht
war er nur ein harmloser Zecher und strebte seinem Hause
zu. Vielleicht wähnte er sich seinerseits bedroht.

Major George Strangeways hatte sein Logis in der *Bull Inn*,
draußen am *Bishopsgate* erreicht.

Ruhelos ging er in seiner Wohnstube um – fünf Schritt hin,
fünf Schritt her. Die Dielen knarrten bei jedem seiner Tritte.
Die einzelne Kerze, die dem Raume spärliches Licht spendete, flackerte im Luftzug des erregten Gehens.

Strangeways knuffte wütend den alten, zerfledderten Lehnstuhl zur Seite, ein dreibeiniges Tischchen erzitterte. Die glä-
serne Karaffe fiel um, und der rote Wein ergoß sich über die
Dielenbretter und sickerte in die breiten, schmutzversetzten
Ritzen.

Major Strangeways stieß einen unterdrückten Fluch aus.
»Zum Teufel auch! Mögen die verdammten Würmer und Ka-
kerlaken sich dran besaufen!«

Er grübelte und zermarterte sich das Hirn und ging und ging
– auf und ab, ab und auf. Er gelangte zu keinem vernünfti-
gen Schlusse. »Diese alte, trockenstehende Kuh!« knirschte
er wütend.

Major George Strangeways hatte eine ältere Schwester, Mabellah geheißen. Sie lebte in Dorset auf dem Landsitz der Familie, der nach dem Tode des Vaters ihm zugefallen war. Bruder und Schwester hatten sich darauf geeinigt, daß Georges
Grundbesitz formell Mabellah überschrieben werde, auf daß
sein Hab und Gut ihm, dem königstreuen Offizier, von Lordprotektor Oliver Cromwell nicht abgenommen werden und
der Republik, dem Staate einverleibt werden konnte.

Auf diese Weise vermeinte er damals dem neuen Regime ein
trefflich Schnippchen geschlagen zu haben. Bei dem Gedanken daran hellte sich seine Miene um einen kaum wahrnehmbaren Schimmer auf.

»Und nach einem erbärmlichen Dasein, da nie ein Funke aufsprang zwischen ihren verdorrten Schenkeln, fühlt sich die verknorpelte Jungfer nun aus heiterm Himmel von der Lust gezwackt!« stieß er hervor. Brüderliche Wärme gegenüber seiner älteren Schwester hatte keinen Platz in seinen Gedanken. Mabellah nämlich, die noch nie einem Mannswesen in die Augen geschaut, geschweige denn in den Armen eines Mannes gelegen hatte und sich selbst von umwölkten Greisenblicken, die sie unversehens streiften, schon geschändet fühlte, war im ausgereiften Lebensalter plötzlich darüber erschrocken, daß in ihr eine Leidenschaft hochzüngelte für einen vornehmen Herrn, einen gewissen Mr. Fussel, ansässig zu Blandford in der Grafschaft Dorset. Und so kam es, wie es kommen mußte – zum Verlöbnis Mabellahs mit Mr. Fussel und den Zurüstungen zu beider Vermählung, welche in Dorset ohne die Anwesenheit des Bruders der Braut alsbald vollzogen ward.

Major George Strangeways schäumte vor Wut. Er sah sein Erbe in ernster Gefahr und bezichtigte Mabellah, dieses ihm abjagen und Fusseln in dessen ekelhaft klebrige Hände spielen zu wollen.

Mochten es die beiden auf ihrem Lotterbette doch so ungestüm treiben, wie sie wollten und bis sie irr würden davon im Hirnkasten und unausweichlichem Siechtume anheimfielen an Leib und Gliedmaßen – doch nicht mit auch nur einem einzigen Kupferling aus seinem Vermögen!

Nein, und niemals!

Hatte er, der ehrenwerte Major George Strangeways, nicht seinem König getreulich gedient und ein Leben lang seine Haut zu Markte getragen? Sollte er, verbittert und hart, wie er geworden, auch noch verarmen und in den Abgründen des Elends versinken?

Nein, und dreimal nein!

Ein End mußte sein – Aug um Aug, Zahn um Zahn – und Blut um Blut!

Also hatte er der Schwester und dem feindlichen Schwager die Fehde angesagt, und Mr. Fussel ward genötigt, sich nach London zu verfügen, allwo die Herren des Hohen Gerichts

in ihrer Weisheit und von Gott gelenkt gewißlich einen gerechten Spruch fällen und ihm, dem Major George Strangeways, verdiente Genugtuung widerfahren lassen möchten.

Mr. Fussel logierte in einigen Räumen, oben, im ersten Geschosse des Wirtshauses *George and Halfmoon*, drei Türen neben der Schenke *Palsgrave's Head*, bei der *Temple Bar* in der
Fleet Street, gegenüber dem Laden eines Zinngießers.
Die *Temple Bar*, eine Barriere oder ein Tor eigentlich, bezeichnete den westlichsten Grenzpunkt der *City of London*,
wo die zur *City* gehörige *Fleet Street* an der *Temple Bar* in die
Strand geheißene und zu *Westminster* zählende belebte Straße
mündete.
Der *Strand* wiederum hieß im 12. Jahrhundert *Stronde*, als in
jenen fernen Tagen dort aller Wahrscheinlichkeit nach der
Strand des *Themseflusses* verlief.
Die *Temple Bar* wurde erstmals im Jahre 1293 erwähnt. Damals allerdings bestand sie lediglich aus einer zwischen Holz-
pfählen gespannten Kette. Als Tor mit einem Kerker obenauf stand die *Temple Bar* seit 1351; sie hielt jedoch im 19.
Jahrhundert den Verkehrsfluten nicht mehr stand und fiel
1878 dem Abriß anheim.
Eines Abends in der zehnten Stunde kehrte Mr. Fussel heim
in sein Logis. Unten in der Schankstube nahm er zunächst
ein Mahl zu sich – gebratenes Rindfleisch mit leichtem Back-
werk und dazu einen Krug schwarzklebrigen Bieres. Er speiste alleine.
Seine nunmehrige Gattin Mabellah weilte im heimatlichen
Dorset. Ihr war daran gelegen, dem unerquicklichen Streit
mit ihrem Bruder aus dem Wege zu gehen. Fussels Sohn John
aus einer früheren Ehe aber hatte ihn nach London begleitet; er schlief bereits in seinem eigenen Zimmer im *George
and Halfmoon*. Wilson, der Schreibgehilfe, bereitete ihm oben
Gesetzesauszüge und Akten vor.
Mr. Fussel begab sich alsbald die von zahllosen Füßen aus-
getretene und zerbrechlich wirkende Holzstiege hinauf,
wechselte ein kurzes Wort mit dem Schreiber und zog sich
sogleich in sein Stübchen zurück.

Er trat ans Fenster, warf einen flüchtigen Blick auf die Geschäftigkeit der *Fleet Street* hinunter und schloß den Vorhang. Das Schreibpult stand, eine mannsbreite Lücke lassend, vor dem Fenster. Mr. Fussel setzte sich nieder und nahm ein Aktenbündel zur Hand. Er war in der Jurisprudenz bewandert und mochte nicht unvorbereitet bei Gerichte erscheinen.

Temple Bar um 1660.

Mr. Fussel war eigentlich ein sanftmütiger Mann. Er hatte den Streit mit Major George Strangeways, seinem jetzigen Schwager wider Willen, nicht gewünscht und nicht vom Zaune gebrochen. Er gedachte auch nicht, dessen Erbe an sich zu reißen. Mr. Fussel war selbst reich begütert und vermochte Mabellah ein Leben in üppigem Wohlstande zu bieten. Wie der Kerl Strangeways, dieser Landsknecht, aber mit ihm umging, das konnte er nicht dulden. Und Strangeways' Bezichtigung, er betriebe Erbschleicherei, war ehrabschneidend in höchstem Grade; diesen Schimpf konnte er nicht auf sich sitzen lassen.

Mr. Fussel studierte und sinnierte an seinem Pult etwa eine halbe Stunde. Der Leuchter mit den vier Kerzen erhellte seine Arbeitsplatte hinreichend und ließ ihn die verschnörkelten Gesetzestexte mühelos entziffern. Die Kerzen verbreiteten auch Wärme. Das Feuer im Kamin heizte das Stübchen ohnehin wohlig aus. Und nun störte ihn die Hitze doch.

Mr. Fussel ging um das Schreibpult herum, zog die Vorhänge auseinander und schob das in seinen Führungsschienen unangenehm knarrende Fenster hoch, damit frische Luft in den Raum käme.

Da krachten drei Schüsse in rascher Folge hintereinander. Sie hallten in der Häuserschlucht der engen *Fleet Street* wider und ließen die Menschen Angstschreie ausstoßen.

Mr. Fussel brach, tödlich getroffen und ohne einen Laut von sich gegeben zu haben, zusammen.

Eine Kugel war ihm durch die Stirn geschlagen, die andere hatte ihm den Mund zerfetzt. Die dritte steckte, wie später entdeckt werden sollte, im Holz des Fensterrahmens.

Thomas Wilson, Mr. Fussels Schreibgehilfe, in einem Nebenraume mit Papieren zugange, wurde durch das Getös aufgeschreckt. Er stürzte in das Studierstübchen seines Herrn und fand diesen in seinem Blute liegen.

Wilson versagte die Stimme, er vermochte sich nicht zu bewegen. Er begriff nicht eigentlich, was er vor sich sah. Er verstand nicht, daß Mr. Fussel, sein Herr, der gerade noch gütig zu ihm gesprochen hatte, auf dem Boden lag, stumm und starr, und aus einem Loch in der Stirn über dem rechten Auge sowie aus der Nase und einer Öffnung, die soeben noch ein Mund gewesen, heftig blutete.

Mr. Fussels Augen waren weit geöffnet. Verwundert und traurig zugleich starrten sie Wilson entgegen.

Endlich brach es aus ihm hervor. »Mordio!« schrie Wilson, »Mordio!« und immer wieder »Mordio!«, bis der Wirt des *George and Halfmoon* mit einigen Leuten erschien. Die dralle Küchenmagd, von den Mordio–Schreien hochgetrieben, kam mit einem langen Messer und einem Fleischklopfer bewehrt angekeucht.

Alle waren entsetzt und wußten nichts anderes zu tun, als die Stiege hinunterzupoltern und in die *Fleet Street* hinauszustürzen.

»Alarum, ihr guten Leut! – Alarum! – Mordio! – Mordio! –

Mordio!« gellte es durch die Straßen von London. Es pflanzte sich fort die *Fleet Street* lang und den Hügel zu *St. Paul's* hinan, wie den *Strand* hinunter und hinein nach *Westminster.*

Städtische Wachtknechte liefen sogleich am Orte des Schreckens zusammen, den Übeltäter aufzuspüren und zu fassen. Allein, niemand hatte den Meuchelmörder gewahrt. Der eiligst herbeigeholte Wundarzt konnte nur noch den Tod des unglückseligen Mr. Fussel attestieren. Zwei Schüsse hatten seinem Leben ein Ende gesetzt, zwei todbringende Kugeln, die ihr Ziel nicht verfehlt hatten, abgefeuert aus einer Büchse.

Die Wachtknechte durchstreiften die umliegenden Häuser; sie platzten in Küchen, Wohnstuben und Schlafkammern hinein und schreckten unschuldige Menschen hoch. Sie zerstocherten die Betten in den Alkoven, wühlten in Truhen und Schränken, warfen alles durcheinander und durchschnüffelten jeden Raum und jeden Verschlag.

»Nein, nichts gesehen, nichts gehört«, beteuerten die verstörten Leute. Niemand hatte eine verdächtige Gestalt bemerkt.

Blick in den *Strand* von der *Fleet Street* aus.

Auch Mr. Fussels Sohn, dem der Wundarzt ein Elixier ein-
flößte, auf daß er seine Fassung wiedererlange, mußte den
Dienern der städtischen Ordnung Rede und Antwort stehen.
Gesehen und gehört hatte auch er nichts, hatte ja zu Bette
gelegen und geschlafen. Allzu anstrengend fand der Jüngling vom Lande das Treiben in der großen Stadt London.

»Allein, mit Verlaub, die Herren«, sprach er, »es herrschte
ewige Fehde zwischen meinem armen Vater und meinem
neuen Oheim George Strangeways. Sie fochten manchen
Händel aus, dieweil mein Vater die Schwester meines Oheims
ehelichte, was jener nicht zu ertragen vermochte, als er da-
durch zu verarmen vermeinte. Und mein Vater reiste mit mir
in diese unglückselige Stadt einzig aus dem Grunde, um vor
dem Hohen Gerichte den betrüblichen Familienhader
schlichten.«

»Und wo, Master John, mögen wir diesen garstigen Oheim
wohl finden?« begehrte der Anführer des Wachtrupps zu wissen, trat auf den Knaben zu und bohrte ihm seinen Zeige-
finger in die Brust.

»Er logiert in einer Schenke, *Bull Inn* geheißen, Sir, draußen
am Tore *Bishopsgate*, wie mein Vater einst zu erwähnen beliebte«, sagte der Jüngling aus.

»Auf denn, ihr Männer!« befahl der Wachthabende und war
sich in diesem Augenblick gewiß, den Mordbuben bereits so
gut wie gefangen zu haben.

Also zog der Trupp die *Fleet Street* entlang, an *St. Paul's Cathedral* vorbei, wo die Uhr die zweite Nachtstunde anschlug,
und er langte endlich am *Bishopsgate* an. Polternd und krachend drangen die Männer in den Hinterhof der Schenke
Bull Inn ein.

Dreimal stampfte der Anführer mit dem Stiefelabsatz auf, so
daß es laut hallte in dem engen Hofgeviert.

»Hört, hört, hört!« rief er in die Schwärze der Nacht. »Im Namen des Gesetzes – Major George Strangeways, Sir, erscheint
ohne Säumen vor mir!«

Nach einer kleinen Weile öffnete sich eine Tür. Strangeways
zeigte sich im Nachtgewande und schien verschlafen.

»Was erfrecht Ihr Euch? Welches Recht ist Euch gegeben,

mich auszuschreien nächtlicherweil, Wachtknecht?« fuhr er den Anführer barsch an.

»Ihr selbst benennt es schon mit dem wahrhaftigen Namen, Sir. Das Recht ist's eben, Sir. Recht und Gesetz der Republik und des Lordprotektors dieser Republik, Oliver Cromwell«, tat ihm der Anführer des Wachtrupps mit stolzgeschwellter Brust Bescheid.

Bevor Major George Strangeways weiter zu protestieren vermochte, wurde er von harten Fäusten gepackt und davongeführt.

Der Ehrenwerte Richter Blake erwartete ihn am Orte des grausigen Geschehens. Strangeways stritt alle Vorhaltungen nachdrücklich ab, beteuerte, mit dem Mord an Mr. Fussel nichts zu tun zu haben und verlangte, da er aus dem Schlafe gerissen worden und nicht ziemlich gekleidet sei, in sein Logis zurückgebracht zu werden.

Richter Blake entschied jedoch, daß dieser nicht in sein Logis zurückkehre, sondern unverzüglich in das Gefängnis *Newgate* überstellt werde.

Der Gefängnisbau existierte seit dem 12. Jahrhundert. Die Haftbedingungen waren miserabel und der Gestank innerhalb der massiven Mauern unerträglich.

Newgate wurde erst im Jahre 1902 abgerissen. An seiner Stelle, wo die beiden Straßen *Newgate Street* und *Old Bailey* zusammentreffen – etwa in der Mitte zwischen *St. Paul's Cathedral* und *Ludgate Circus*, dem östlichen Ende der *Fleet Street* gelegen – entstand das neue Gebäude des Obersten Strafgerichtshofes *Old Bailey*.

Major George Strangeways befand sich nunmehr in den Händen der Justiz. Die Wachtknechte sowie deren Vorgesetzte waren seit seiner Verhaftung nicht untätig gewesen. Ein Tribunal mit Geschworenen war rasch zusammengerufen worden.

Einer der Geschworenen gab zu bedenken, ob man nicht alle Londoner Büchsenmacher befragen sollte, welcherart Feuerwaffen sie am Mordtage entweder ausgeliehen oder verkauft hätten.

Mr. Holloway aber, Geschworener und zufällig ebenfalls Büchsenmacher mit Werkstatt und Verkaufsladen nahebei, am *Strand*, gab zu bedenken, die schiere Anzahl seiner Zunftgenossen lasse es wohl als ausgeschlossen erscheinen, eine solche Befragung mit einiger Hoffnung auf Erfolg ins Werk zu setzen. So habe er selbst – man höre denn! – einem Mr. Thompson, ansässig in der Straße *Long Acre*, an nämlichem Tage eine Kurzbüchse ausgeliehen.

Jenes Thompson im fünfzehn Minuten entfernt liegenden *Long Acre* habhaft zu werden, ward nunmehr eiligst ein Trupp von Wachtknechten in Marsch gesetzt. Und nämlicher gab, nachdem er dem Tribunal vorgeführt worden war, freimütig zu, von Mr. Holloway im Auftrage eines Major Strangeways selbstverständlich eine Kurzbüchse ausgeliehen zu haben. Der Major habe den Stutzen für die Jagd auf Rotwild benötigt, und so sei die Büchse ordentlich geladen Major Strangeways zwischen der siebenten und der achten Stunde am Mordabend ausgehändigt worden.

Major George Strangeways blieb nichts anderes übrig, als Mr. Thompson zuzustimmen, ihm die Büchse zwischen der zehnten und der elften Stunde des nämlichen Abends in seinem Hause zurückgegeben zu haben.

Major George Strangeways bekannte sich daraufhin schuldig an dem Tode des Mr. Fussel, nicht aber für das Abfeuern der Schüsse auf jenen.

Am 24. Februar Anno Domini 1658 wurde Major George Strangeways aus seinem Verlies im Gefängnis *Newgate* geholt und dem Obersten Strafgerichtshof *Old Bailey* zugeführt.

Die Anklage auf vorsätzlichen Mord an seinem Schwager, Mr. Fussel, wurde eröffnet und verlesen. Und – so wollte es die Gerichtsordnung – der Angeklagte sollte sich als schuldig oder aber unschuldig bekennen.

Strangeways erklärte: »Hohes Gericht! Mitnichten bin ich gewillt, Eurem Ansinnen zu entsprechen und mich als schuldig oder unschuldig zu erklären. Für den Fall jedoch, daß das Hohe Gericht mich für schuldig befindet, so möge mir, als Soldaten und Offizier meines Königs Charles I., die Ehre erwiesen werden, dem Tode allwie mein Schwestermann, nämlich durch die Kugel entgegenzugehen. Sollte mir solcherart Ende versagt und ich der Schmach der öffentlichen Hinrichtung am Galgen überantwortet werden, so will ich mich weiterhin befleißigen, das Verfahren des Hohen Gerichts zu mißachten.«

Der von Lordprotektor Oliver Cromwell bestallte Lord Oberrichter Glyn sowie die Beisitzer drangen auf Strangeways ein, sich zu bekennen und stellten ihm die Todesstrafe mit all ihrem Grauen deutlich vor Augen, einer Strafe, der er, bliebe er unbeugsam, nicht entgehen würde.

Major George Strangeways aber, der Kriegsmann, der sich als königstreuer Offizier keinem Gerichte der Republik unterwerfen wollte, ging keinen Zoll von seiner einmal eingenommenen Haltung ab.

»Ich kann nur bekräftigen, Hohes Gericht«, formulierte er gefaßt und in aufrechter Haltung, »mitnichten bin ich gewillt, Eurem Ansinnen zu entsprechen. Gleicherweis will ich nicht preisgeben, wer die Büchs abfeuerte. Allein, wer immer es gewesen sein mag, tat es auf mein Geheiß und tat es in meinem Sinne, im Sinne des Major George Strangeways. Und gänzlich stillschweigen will ich numehro wie hinfort.«

Da berieten die Herren Richter und krochen unter ihren roßhärenen Röllchenperücken zusammen und flüsterten und tuschelten und gestikulierten und scharrten aufgeregt mit ihren schnallenbesetzten Schnabelschuhen im Staube der Gerichtsdielen. Alsbald gelangten sie zu der für Major Strangeways verhängnisvollen Einsicht: Der Angeklagte ist in seiner unnachgiebigen Haltung mitnichten zu bekümmern.

Dem Lord Oberrichter blieb nur, das Urteil zu verkünden. Er bemühte sich um einen sachlichen, teilnahmslosen Ton:

»Peine forte et dure«, murmelte er kaum vernehmlich, und die vier französischen Wörter einigermaßen französisch klingen zu lassen, gelang ihm nur kümmerlich. Und die Wörter bedeuteten letztlich nichts anderes als »Tod durch die Quetsche«, eine Art der Hinrichtung, die in England um 1406 eingeführt und erst im Jahre 1772 abgeschafft wurde.

Die Prozeßordnung wollte weiter, daß die Art der Urteilsvollstreckung erläutert werde:»... daß der Gefangene an nämlichen Ort überstellt werde, von wannen er gekommen und in ein niederes, dunkles Gewölbe verbracht werde, allwo er auf den Rücken zu legen sei und einzig seine Lenden mit einem Tuche bedeckt werden sollen, und keinerlei Streu möge ihm Unterlage sein, sondern auf blankem Stein soll er gestrecket werden; daß ein Arm mittels eines Strickes nach der einen Ecke des Verlieses und der andre nach der andren Ecke hin gedehnt, und daß mit seinen Füßen und Beinen in nämlicher Weise verfahren werde; und daß er mit so vielen Gewichten belastet werde, allwie er auszuhalten imstande und mit mehreren noch; und daß ihm keine Nahrung gereicht werde, außer dem verdorbensten Brot und dem fauligsten Wasser, und daß er nicht esse an dem Tage, an dem er trinke und nicht trinke an dem Tage, an dem er esse; und daß er so gehalten werde, bis daß der Tod über ihn komme.«

Grabesstille legte sich über die Gerichtskammer.

Jegliches Gemurmel und Geräusper, alles gelegentliche Schneuzen und Hüsteln erstarb. Die Männer und Frauen, die erschienen waren, der Verhandlung beizuwohnen, selbst die würdigen Herren auf der Richterbank und die Geschworenen hatte Entsetzen gepackt.

... daß er mit so vielen Gewichten belastet werde, allwie er auszuhalten imstande und mit mehreren noch ... bis daß der Tod über ihn komme ...

Einer der Geschworenen, augenscheinlich ein wohlhabender Kaufmann mit weißer Halskrause, sinnierte vor sich hin: »Im fernen Hindusthan gefällt es den Maharadschas, zum Tode Verurteilte von Elefanten zertrampeln zu lassen. So steht es zu lesen im Buche eines Abenteurers und Weltreisenden ... Was mag wohl erbarmungsloser sein – der Elefantenfuß oder die Quetsche?«

Am letzten Tage des Monats Februar Anno Domini 1658 war es für Major George Strangeways soweit. Die für die Hinrichtung zuständigen Würdenträger, die Sheriffs von London und der Grafschaft Middlesex, versammelten sich mit ihren Gefolgsleuten im Quetschhof des Gefängnisses *Newgate*.

Kurz darauf erschien Major George Strangeways, von groben Bütteln eskortiert. Hochmütig und trotzig schritt er einher. Die Wachtknechte wie die Vollstrecker des Urteils würdigte er keines Blickes. Es lag kein Fünkchen Reue in seiner Miene. Major George Strangeways starrte erhobenen Hauptes geradeaus.

Unvermittelt rief er: »Schaut! Allwie Seine Majestät mein König Charles I. im neunundvierziger Jahr hingerichtet ward, so erdreisten sich die Mächtigen der Republik, einen seiner getreuesten Offiziere in dieser Stund zu schänden und zu metzeln.«

Zeitgenössische Darstellung der Quetsche.

Er war ganz in Weiß gewandet – Kniebundhose, Strümpfe, Weste und Kappe. Darüber trug er ein langes Büßerhemd. Er durfte kaum im Hofe verweilen und frische Luft in seine Lungen saugen. Und was hätte ihm diese noch genützt? Nein er wurde unverzüglich an den Ort ohne Hoffnung und ohne Gnade geleitet, an die Stätte, in der im Flackerschein der blakenden Pechfakeln selbst die Steine zu weinen schienen: die grausige Quetschkammer.

Einige seiner Kriegskumpane versammelten sich zum letzten Lebewohl. Er flehte sie an, auf ein vereinbartes Zeichen hin wacker Hand anzulegen für ihn, so viele Gewichte wie möglich aufzuhäufen und sich hernach selbst noch auf die massive, eichenhölzerne und mit eisernen Beschlagbändern verstärkte Quetschplatte zu werfen, auf daß ein schleuniges und gnädiges Ende sei.

Augenblicks packten ihn derbe Fäuste, wanden flinke Finger feste Stricke um seine Arme und Beine, dehnten sie aus und renkten sie aus nach vier Richtungen hin und zurrten sie sodann straff.

»Also wurden am Kreuze gestrecket die geheiligten Gliedmaßen meines gesegneten Heilands, wie er das Martyrium auf sich nahm, dieweil er die sündige Welt vor ewigem Fluche zu bewahren trachtete«, schrie Strangeways in seiner Pein. Ungerührt schleppten die Henkersknechte schwere Gewichte herbei und ließen eines um das andere auf die massive Quetschplatte krachen, so daß es laut hallte im feuchten und düstren Gewölbe.

Mit geradezu beseligter Stimme stieß Major George Strangeways seinen letzten Schrei aus: »Oh, Herr Jesus, so lasse mich denn Deiner Gnade teilhaftig werden! Reiche mir Deine huldvollen Hände dar und empfange meine arme Seele!«

Das war das Zeichen. Jene, die gekommen waren, ihren Major George Strangeways aus dieser Welt zu geleiten, griffen nach den kalten Gewichten und legten sie in großer Eile auf die eisenbeschlagene Platte, damit diese baldig das Leben aus dem Manne quetsche.

Noch immer war Leben in ihm. Noch hatte der Tod ihm seine Gnade versagt.

Zeitgenössische Darstellung der Quetsche.

In ihrer Verzweiflung mußten die Leute mit ansehen, wie ihrem Gevatter die Augäpfel in Blut gebadet aus den Höhlungen traten. Mit ihren Körpern belasteten sie die Quetschplatte und versuchten sich schwerer zu machen als sie waren. Strangeways entrang sich gleichwohl lautes Stöhnen, nur langsam, ganz allmählich ward es leiser. Endlich verstummte es.

Die Quetsche hatte das bis zuletzt hilflos zuckende und dennoch unbarmherzig verflackernde Flämmchen seines Lebens endlich ausgedrückt.

Die Tötungsprozedur hatte zehn Minuten gewährt, zehn sich unermeßlich lang dehnende Minuten.

Strangeways' geschundener Leichnam wurde öffentlich zur Schau gestellt, sodann in einen Sarg gelegt und zum Gottesacker der Kirche *Christi* in der *Newgate Street* gekarrt, wo er ohne weitere Zeremonie in ungeweihter Erde verschwand.

Acht Jahre nach dem Mord an Mr. Fussel und der Hinrichtung des Major George Strangeways kam es in London zu dem Großen Stadtbrand des Jahres 1666, der ganze Straßenzüge und Stadtteile wegfraß. Der Wiederaufbau ließ eine neue, großartigere Stadt erstehen, mit festeren, massiven Gebäuden und breiteren Wegezügen für die stetig wachsenden Menschenmassen.

Geht man heute vom *Trafalgar Square* aus über *Charing Cross* den quirligen *Strand* entlang, vorbei an der einstigen *Temple Bar* und die *Fleet Street* hindurch in Richtung auf *St. Paul's*, so erinnert nichts mehr an das London von einst. Nur zwei, drei Gebäude im Tudor-Stil aus dem 16. oder 17. Jahrhundert haben überdauert. Vergeblich sucht man nach dem Ort, an dem Strangeways seinen Meuchelmord verübte oder verüben ließ, nach Mr. Fussels Logis »in einigen Räumen, oben, im ersten Geschosse des Wirtshauses *George and Halfmoon*, drei Türen neben der Schenke *Palsgrave's Head*, bei der *Temple Bar* in der *Fleet Street*, gegenüber dem Laden eines Zinngießers.«

Man könnte jedoch verweilen und Einkehr halten, wenn auch nicht im *George and Halfmoon*, so doch im *Strand*, Haus Nummer 100, bei *SIMPSON'S-IN-THE-STRAND*. Das so urenglische Restaurant bewirtet seine Gäste seit 1828, und es rühmt sich, schon Charles Dickens (1812–1870), den großen Schriftsteller, bedient zu haben. Wie in einem Londoner Gentlemen's Club fühlt man sich in dem riesigen, mit dunklem Holz getäfelten Speiseraum des Erdgeschosses, zu dem in neuerer Zeit per gesetzlicher Regelung auch Damen Zutritt haben. Solide Kost wird dort verabreicht, und steht jemandem der Sinn nach einem sättigenden Fleischgericht, so

Restaurant SIMPSON'S-IN-THE-STRAND.

fährt der Trancheur mit seinem Servierwagen am Tische vor und zelebriert die Enthüllung des unter einer Silberglocke verborgenen Rinderbratens.

Zum Glück blieb *Simpson's* dem *Strand* als Synonym erhalten. Die großen Londoner Zeitungen aber, die die einst bescheidene und nach dem Bache *Fleet* benannte *Fleet Street* zum weltweit bekannten Begriff werden ließen, kehrten vor einigen Jahren der *City* den Rücken und suchten sich in anderen Gegenden der Stadt neue, größere und prächtigere Häuser.

In der *Fleet Street* von heute fehlt etwas ohne die renommierten Zeitungen. Ihnen trauert man nach; dem verhärteten und lebensverachtenden Major George Strangeways kaum.

<u>Und so kommen Sie hin:</u>

Strand / Temple Bar / Fleet Street – Buslinien 6, 9, 11, 13 ab Trafalgar Square – oder zu Fuß.

Eine Truhe voller Tod

Tatort: 86, Rochester Row, London SW 1
Donnerstag, 5. Mai 1927

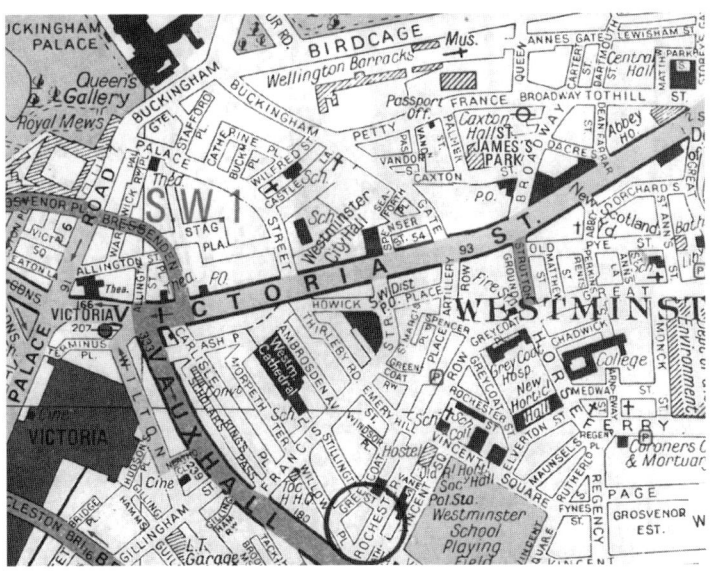

Es gibt Orte die im Leben mancher Menschen schicksalhafte Bedeutung erlangen. Auf zwei Londoner innerstädtische Bahnhöfe trifft dieses – zumindest für einen Mann – zu. Denn ohne *Victoria Station* und *Charing Cross Station*, die kaum mehr als eine Meile Luftlinie voneinander entfernt sind, könnte dieser Mensch namens John Robinson alt geworden und als Greis durchaus eines natürlichen Todes gestorben sein.

Doch sein Schicksal wollte es anders.

Das Jahrhundert vor ihm war geprägt von Queen Victoria (1819–1901), einer Königin der Superlative. Als sie im gesegneten Alter von zweiundachtzig Jahren von dieser Welt ging, hatte sie die durchschnittliche Lebenserwartung ihrer Zeit bei weitem überschritten. Dreiundsechzig Jahre, ein Menschenleben lang, saß sie auf dem Thron. Sie gebar neun Kinder und hat im Großlondoner Stadtraum um die einhundertzwanzig ihren Namen tragende Straßen, Alleen, Gassen und Plätze aller Art hinterlassen.

Anno 1851 wurde von der *Westminster Abbey* her und quer durch die Armenviertel von *Westminster* die neue und eine Dreiviertelmeile lange Straße *Victoria Street* geschlagen. Sie verläuft fast geradlinig und weist lediglich in ihrer Mitte, an der Einmündung des *Broadway*, wo seit 1968 der massige Bau von *Scotland Yard* hockt, einen sanften Knick auf.

Vom westlichen Ende der *Victoria Street* aus, an dem im Jahre 1862 dann die Einweihung eines Bahnhofes erfolgte, *Victoria Station* geheißen, öffnete sich ein freier und großartiger Blick auf die Abtei zu *Westminster* und die erst 1860 im Glanze der englischen Spätgotik endgültig fertiggestellten neuen Parlamentsgebäude.

Der Bahnhof bezog seinen Namen von der Straße und gab ihn seinerseits an das gesamte Viertel weiter. *Victoria* nennt sich die Gegend um die *Victoria Street* fast bis zur *Themse* mit der *Westminster Bridge*. Der bereits erwähnte John Robinson ging zu seinen Lebzeiten eben »in Victoria« um.

Wer vom *Trafalgar Square* her kommt und an der aus dem 12. Jahrhundert stammenden Kirche *St. Martin-in-the-Fields* vor-

Im Bahnhof *Victoria Station.*

übergeht, gelangt geradewegs zum Bahnhof *Charing Cross Station.*

Ein *Charing Cross*, der Namensgeber selbst, steht schon seit längerem da.

Es begab sich nämlich, daß Eleanor, die erste Gemahlin von König Edward I. (1239–1307), im Jahre 1291 im kleinen Harby in der Grafschaft Nottinghamshire verstarb. Als die dahingeschiedene Königin in der *Westminster Abbey* beigesetzt werden sollte, ließ Edward an jedem Orte, wo der Trauerzug mit der teuren Toten rastete, ein Kreuz errichten, kein herkömmliches hölzernes Kreuz mit einem Querbalken etwa, sondern ein stelenartiges, reichverziertes Monument. Die zwölfte und letzte Station vor *Westminster* war das alte *Charing*, ein Dörfchen am Themsknie im Herzen des heutigen London. Der Name des Ortes geht zurück auf die altenglische Bezeichnung *cierring*, »Biegung«.

Charing Cross, das die Londoner der Einfachheit halber und in Anlehnung an das Kreuzsymbol auch »*Charing* X« schreiben, ist längst ein Verkehrsknotenpunkt, nahe der *City of London* in *Westminster* gelegen.

John Robinson hätte auch die *Charing Cross Station* tunlichst meiden sollen.

John Robinson schlenderte durch die geräumigen und ineinander übergehenden Hallen der *Victoria Station*. Er hatte nichts Besseres zu tun. Das kam oft vor, nicht nur an jenem Donnerstag, dem 5. Mai des Jahres 1927.

Es war ein milder, eigentlich recht warmer Tag. Die Nachmittagsstunden flossen in den Vorabend hinüber. Schwer hing in den Hallen der Geruch von den Kohlefeuern der Lokomotiven. Auch der Pastetenbäcker in seiner Bude und vor allem der Kastanienröster, der dicke Rauchschwaden aus seinem Glutbecken aufsteigen ließ, trugen zum Potpourri der Düfte bei. Abfahrende und ankommende Züge wechselten sich in reger Folge ab. Es gab keinen Stillstand auf der *Victoria Station*.

John Robinson liebte diese Atmosphäre der immerwährenden Bewegung, der unterschiedlichsten Geräusche und der in ihrer Mixtur kaum noch voneinander zu unterscheidenden Gerüche. Er wirkte durch und durch gepflegt, trug ein hochgeknöpftes Tweedjackett, rostbraun mit kaum wahrnehmbaren hellblauen Einsprengseln, aus dem eine dunkelblaue, knebelartig gebundene Krawattenschleife hervorlugte, dazu eine hellgraue Hose und braune Stiefeletten mit einem Stich ins Rötliche. In der Hand hielt er eine Sportmütze, die aus dem gleichen Material gefertigt war, aus dem auch das Jackett bestand. Der Tag war einfach zu angenehm, als daß er die Mütze auf dem Kopf hätte ertragen können.

Sein Gesicht mit dem flotten Schnurrbärtchen wies einen gesunden, blaßrosa Teint auf, einige vereinzelte Sommersprossen begannen zu erblühen, sein gescheiteltes, rötlichblondes Haar lag fest am Schädel an. Die Stirngegend unterhalb des Haaransatzes war blaß geblieben, wie so oft bei Männern, die ständig eine Kopfbedeckung tragen. Robinson, der nichts tat, fast nichts, hatte die Muße, sich stundenlang durch die Straßen treiben zu lassen und durch die Parks zu streichen. Er war mit sich zufrieden, wie eigentlich immer. Seine Erscheinung erinnerte an die eines Offiziers oder eines Landadeligen. Dabei fehlte ihm jegliche Steifheit in seinen Bewegungen. Gedient hatte er zwar, dem Adelsstand gehörte er allerdings nicht an.

»Shoeshine, Sir«, lockte ein schwarzhaariger und dunkelhäutiger Schuhputzerjunge und klopfte mit dem Holz seiner Bürste auf die Kiste, die alle erforderlichen Gerätschaften und Schuhcremes enthielt.

Robinson lächelte. Die Idee, seine ohnehin schönen Stiefeletten noch schöner erstrahlen zu lassen und dabei auf dem erhöhten Sessel gesehen zu werden, gefiel ihm.

»Wenn du mir meine Schuhe nicht ruinierst, Bursche, und gut arbeitest«, ging er gutgelaunt auf das Angebot ein.

»Nur beste Arbeit, nur beste Arbeit, Sir!« eiferte der Junge und legte sich schon zurecht, was er benötigte.

»Auch beste Creme?« wollte Robinson wissen.

»Nur allerbeste Markenware, Sir, Cherry Blossom!«

»›Kirschblüte‹ ist aber doch weiß, Bürschchen«, witzelte Robinson.

Der Junge lachte fröhlich. »Alle Farben, Sir, alle Farben, auch die Ihre, Sir«, versicherte er.

John Robinson erklomm den Lehnstuhl und setzte seinen rechten Fuß würdevoll auf die dafür vorgesehene Stütze. In der Pose eines römischen Despoten saß er da, aufrecht, die Unterarme auf den Seitenlehnen.

Der Junge legte los wie der Teufel, ließ zwei Bürsten beidseitig und gleichzeitig fliegen, trug mit bloßen Fingern die Creme auf, wienerte, spuckte auf die blanke Herrlichkeit.

»Links, bitte, Sir.« Der Schuhputzer klopfte zweimal kurz auf. Robinson stellte den linken Fuß auf die Stütze.

Sein Blick schweifte in die Runde, und interessiert betrachtete er das Menschengetümmel. Mit Koffern und Taschen und Reisekörben waren die Leute zugange, vermieden, sich gegenseitig anzustoßen, was sich doch nicht immer umgehen ließ. Gepäckträger schoben hochbeladene Karren durch die Menge. Zeitungsverkäufer schrien die letzten Neuigkeiten aus. Vom Kastanienröster her qualmte es in bedrohlichen Wolken.

Einige Huren zogen ihre Kreise. Wie sie ihre Handtäschchen wirbeln ließen! Robinson kannte sich aus.

Er saß, genoß die Dienstleistung des Schuhputzers und schaute um sich. Natürlich wurde er ebenfalls wahrgenommen.

Eine Frau beäugte ihn verstohlen. Sie stand versteckt hinter der feilgebotenen Pracht einer Blumenverkäuferin und betrachtete von dieser Warte aus mit den Augen der Jägerin den interessanten Mann.

Der Schuhputzer klopfte erneut auf die Kiste. Die Verschönerungsbehandlung, die er den Schuhen hatte angedeihen lassen, war beendet. Robinson warf ihm eine kleine Handvoll Münzen in eine bereitstehende leere Schuhcremedose. Dem Jungen weiteten sich die Augen; er mochte soviel unverhofftes Glück nicht fassen.

»Danke, Sir«, rief er seinem großzügigen Kunden hinterher. »Stets zu Ihren Diensten, Sir.«

John Robinson war kein vermögender Mann, doch er konnte der Versuchung nicht widerstehen, gelegentlich in die Rolle eines Krösus zu schlüpfen. Dabei war er äußerst harmoniebedürftig und meinte, von aller Welt geliebt werden zu müssen.

Er wendete seine Schritte auf den Zeitungskiosk zu. Verschiedene Zeitschriften blätterte er flüchtig durch. Dann nahm er *FILM & FUN* zur Hand, und ein leichtes Lächeln legte sich über sein Gesicht. Das die gesamte Seite einnehmende Titelbild war großflächig angelegt und in grellbunten Farben gehalten. Diese Darstellungsweise wirkte erotisch, auf eine gewisse Art sogar vulgär, was ihn um so mehr ergötzte. Die Illustration zeigte eine sehr blonde und feingliedrige Frau – ach, eine rassereine Dame war das! – in einem weißen Kleid und mit gelbem Strohhut. Sie lag schräg hingestreckt auf einer blauen Chaiselongue. Ein Mann in schwarzem Smoking und mit weißer Chrysantheme im Knopfloch beugte sich über die sich so lasziv rekelnde und eine Zigarette in langer Spitze haltende Dame und schlug aus seinem goldenen Feuerzeug ein blauzüngelndes Flämmchen, das er ihr mit liebedienerischer Miene und blödem Lächeln darbot.

John Robinson nahm jedes Detail des Bildes begehrlich in sich auf. Er griff in die Jackentasche, holte einige kleinere Geldstücke hervor und kaufte *FILM & FUN*. Neben dem Kiosk stand eine Bank, auf die er sich niederließ und fortfuhr, das Titelbild fasziniert zu betrachten.

Eine Frau setzte sich mit einigem Abstand neben ihn. »Wenn Sie gestatten, Sir«, sagte sie.

»Ja, ja, bitte«, meinte Robinson und schaute von seinem Magazin nicht einmal auf.

»Interessant, was Sie da studieren. – Und wie wär's denn, würd' ich mal sagen, so mit uns beiden?« wandte sie sich nach einigen Sekunden direkt an den in seine Zeitschrift vertieften Mann und rutschte etwas näher. »Wir könnten die Szene nachstellen und sehen, was dann daraus wird.«

»Wie ... was?« stammelte er und schwang sich dennoch mit einem Satz der Besinnung in die geräuschvolle Welt von *Victoria Station* zurück.

Ach, das war so eine, na klar!

Die Frau mochte Ende Zwanzig, vielleicht Anfang Dreißig sein. Sie war ein klein wenig mollig – manche Männer suchten nach so etwas, er nicht sonderlich –, hatte aber einen angenehmen, ja gewinnenden Gesichtsausdruck. Gepflegt und geschmackvoll wirkte sie. Mit Rouge und Lippenstift war sie sparsam umgegangen. Und etwas Sinnliches lag in ihrem Blick, das sich ihm unmittelbar und unmißverständlich mitteilte. Wie gesagt, er kannte sich aus. Sie sah aus, als ob sie das, was sie mit ihm wahrscheinlich tun würde, aus purer und zügelloser Lust täte.

»Na, Süßer?« setzte die Frau nach. Sie rückte dicht an ihn heran und preßte mit ihrem Oberschenkel gegen den seinen.

»Gefall' ich dir? Dabei hast du ja noch gar nichts gesehen.« John Robinson ließ sich nicht leicht verwirren. »Wieviel denn?« fragte er geschäftsmäßig.

»Ach, Schatz«, wehrte sie ab, »wollen wir wirklich über Geld reden, hier, auf diesem Bahnhof?«

»Weißt du, Kleine, die Katze im Sack ...«

»Ach was, Süßer, überzeug dich doch lieber erst davon, was ich dir bieten kann.«

»Na gut«, meinte Robinson. »Wo?«

»Wo du willst. Ich habe ein Zimmer, nicht weit von hier. Aber wenn's dir bei dir zu Hause lieber ist ...«

»Nicht zu Hause«, sagte er und zog eine Visitenkarte aus der Rocktasche, »im Büro.« Er reichte ihr die Karte hin.

Die Frau las: »Edwards & Co. – Business Transfer Agents – 86, *Rochester Row*, London SW 1«. Und darunter stand eine Telefonnummer.

»Und hat Mr. Edwards auch einen Vornamen?« wollte sie wissen.

»Bill«, log Robinson schlagfertig.

»Bill, haha! – So heißen die meisten«, gab sie mit leichter Ironie in der Stimme zurück.

»Und wer bist du eigentlich, Mädchen?« fragte er.

»Die Minnie bin ich, Süßer. Merk dir das gut, die Minnie, damit du später noch weißt, mit wem es so aufregend war.«

»Klar«, sagte Robinson und vermied es, ihr direkt in die Augen zu schauen, »in einer Stunde in meinem Büro. Ich gehe voraus, weißt du. Mag nicht mit dir gesehen werden.«

»Allright, Schatz. Kannst dich auf mich verlassen. Ich hab 'ne Menge Übung drin, Ehedrachen aus dem Weg zu gehen. Und Diskretion ist bei mir alles. Ehrensache. Bis dann.«

Sie spitzte die Lippen, blies ihm eine flüchtige Kußhand zu und tauchte in der Menge unter.

John Robinsons Mund umspielte ein Lächeln, das Lächeln des Gewinners, des Unwiderstehlichen. – Quatsch! Als ob er die sich etwa erobert hätte, eine Lohndirne! Nichtsdestoweniger war er höchst zufrieden mit sich. Beschwingten Schrittes verließ er die Bahnhofshalle und bog nach rechts in die *Vauxhall Bridge Road* ein. Ein Taxi zu nehmen, wäre Blödsinn gewesen für das kurze Stückchen Wegs. Außerdem war das Wetter herrlich.

Keine zehn Minuten später überquerte er die Straße und ging am Pub *The Duchess of Clarence* vorüber. Die *Rochester Row* lag vor ihm. Ein paar Häuser hin, gegenüber der Polizeiwache, zwischen *Stillington Street* und *Willow Place*, hatte er sein Büro, das Ein-Mann-Büro einer Ein-Mann-Firma, die eigentlich gar keine war. Als Geschäftsvermittler betätigte er sich, als Agent auf Provisionsbasis. Von seinem Großvater und über den Vater war die Firma auf ihn gekommen. Damals, ja, damals hatte der Laden floriert, sogar einige Angestellte waren bei ihnen in Lohn und Brot gewesen. Mittlerweile hatten sich die Zeitläufte zum Unfreundlichen hin verändert.

Die Geschäfte gingen nicht mehr so gut wie früher, und er, der nunmehr Siebenunddreißigjährige, besaß nicht das kommerzielle Gespür seiner Altvordern, leider, und hatte – Gott sei's geklagt! – die Firma herunterkommen lassen. Nur gelegentlich gelangte er zu bescheidenen Einkünften, wie erst kürzlich. Und davon lebte er und genoß es eben, hin und wieder den großen Mogul zu spielen.

Er warf einen Blick auf die Taschenuhr. Noch so viel Zeit!

Da vorn standen die gefälligen Armenhäuser mit den ausgebleichten steinernen und von Tauben bekleckerten Büsten der edlen Wohltäter hoch oben am Ziegelwerk.

Von der kurzen *Vane Street* aus gesehen, erstreckte sich rechts hinter der Häuserzeile der weiträumige *Vincent Square*, das Spielfeld der Zöglinge von der *Westminster School*, in üppigem Grün und mit dem schwarzweißen Fachwerkpavillon in der Südostecke. Vor ihm erhob sich der neugotische Kirchturm von *St. Stephen with St. John Westminster* über den Dächern.

Stille umfing ihn plötzlich, unendliche Ruhe in dieser Idylle inmitten der betriebsamen Stadt.

Er hätte meditieren mögen jetzt. Über Gott und die Welt und das Leben hätte er philosophieren können. So war ihm sekundenlang zumute.

Aber Minnie erschien vor seinen Augen, Minnie, die Dirne, das lüsterne Stück Dreck, die fleischgewordene Sünde! In weniger als einer halben Stunde würde er sie besitzen. Kunststück – für gutes Geld!

Es ging auf sechs.

Er kehrte dem *Vincent Square* den Rücken und erreichte nach wenigen Schritten das Haus Nummer 86, *Rochester Row*. Der Bobby, der gegenüber vor dem Polizeirevier auf und ab ging und Mr. Robinson selbstverständlich als Nachbarn kannte, legte grüßend seine Hand an den Helm. »Evenin', Sir«, rief er aufgeräumt herüber.

Schnell und geschmeidig eilte Robinson die Treppen empor und schloß die Tür zu seinem Kontor auf. Es war einst eine kleine Wohnung gewesen und bestand aus einem mittelgroßen Zimmer, in dem der vom Vater ererbte Schreibtisch

stand. Ein Rolladen wölbte sich von einem erhöhten Aufbau
her über die Schreibtischplatte, um darunter das Telefon und
all den chaotischen Kram von Geschäftspapieren, Briefen
und Zetteln zu verbergen – alles, was auf einem Schreibpult
normalerweise herumliegt. Jetzt lag kaum etwas herum. Dennoch knallte er den Laden herunter, drehte den Schlüssel
herum und steckte ihn weg. Konnte man wissen, ob die Dirne stöbern würde?

Der Schreibtisch und der breite, mit einer grünen Decke verhüllte Diwan beanspruchten den meisten Raum. Die Liege-
statt benutzte er gelegentlich zum Übernachten – allein oder
nicht allein –, wenn es ihn nicht nach Hause, nach *Kennington*
auf der anderen Seite der *Themse* zog. Bei dem Diwan stand
ein Stuhl. Daneben nahm ein Kamin auf einem drei Zoll hohen, marmornen Sockel den restlichen Platz an der Wand
ein. Ein altmodischer Bücherschrank gegenüber, mit einem
Glasteil in der Mitte und flankiert von zwei massiven Holz-
türen, vervollständigte die Einrichtung.

An das Bürozimmer schloß sich eine kleine Küche an, und
der schmierige Herd kannte bestenfalls den Wasserkessel und
den verkrusteten Tiegel für Speckeier.

Dann gab es noch einen Abstellraum und ein winziges Bad
mit Dusche, welches von seinem Kontor aus zu betreten war.
Was sollte er ihr eigentlich zu trinken anbieten?

Zunächst einmal und auf der Stelle einen ordentlichen Whisky für sich selbst!

Er öffnete die rechte Schranktür, hinter der sich ein ansehn-
licher Vorrat von Spirituosen befand, und goß sich aus einer
frisch angebrochenen Flasche einen Dreifingerbreiten ein,
den er in einem Zug trank.

Ein zweites Whiskyglas – er benutzte ausschließlich Whis-
kygläser – stellte er auf den Stuhl am Diwan und daneben eine Flasche Gin. »Huren saufen doch alle Gin«, murmelte er
in seinen Bart.

Er nahm einen weiteren, großzügig bemessenen Whisky, um
sich so richtig in Fahrt zu bringen. Kaum hatte er das Glas
abgesetzt, klopfte es an die Eingangstür.

Robinson öffnete und ließ Minnie eintreten.

»Hallo, Süßer, da bin ich«, hauchte sie vielversprechend lächelnd und bot ihm ihren Mund zum Kuß dar.

Er ging nicht darauf ein, wies auf die Tür zum Bad und sagte: »Da!«

Nach wenigen Minuten erschien sie wieder.

Sie war in seine leichte, burgunderrote Hausjacke geschlüpft und hatte diese vorn nicht geschlossen. Sie reichte ihr wie ein Mantel bis knapp unter die Knie.

Robinson warf ihr einen schrägen Blick zu. Er zeigte jedoch keinerlei Regung und wies zum Diwan hin.

Mit einer graziösen Bewegung ließ Minnie die Jacke von ihrem Körper gleiten. Sie stand ihm in ihrer üppigen Nacktheit gegenüber, und er starrte nun unverhohlen.

Langsam und mit geübten Griffen löste sie das aufgesteckte Haar und schüttelte ihren Kopf, so daß die lange, braune Fülle herabwallte, ihre Schultern bedeckte und den prallen Busen umschleierte.

»Dieses Biest scheint das wahrhaftig zu genießen«, mußte Robinson zugeben. »Die überstürzt nichts und versteht ihr Handwerk – ha!, Handwerk!«

Er brauchte einen dritten, starken Whisky. Glühend und die Sinne leicht lähmend rann ihm der scharfe Alkohol durch die Kehle.

Minnie streckte sich auf die grüne Decke des Lagers. Sie reckte und rekelte sich verführerisch und schickte Robinson einladende Blicke.

»Komm doch!« flüsterte sie.

Er legte sich ihr bei und rührte sich nicht.

Er legte sich ihr bei, und mehr geschah nicht.

Sie wand sich neben ihm, unter ihm, auf ihm. Nach einer Weile langte sie nach der Ginflasche und dem Glas. Sie goß sich eine bescheidene Portion ein und schluckte das Zeug etwas angeekelt.

»Na, Süßer, das will wohl nichts Rechtes werden mit uns«, sagte sie und klang enttäuscht.

»Also, blasen wir die Attacke ab!« entschied Robinson kurz und bündig, um die ihm unerträgliche Situation zu beenden. »Hast du eine Zigarette, Schatz?«

Er ging zum Schreibtisch, steckte sich zwei Zigaretten gleichzeitig an und schob ihr eine zwischen die Lippen.

Minnie rauchte hastig. Sie paffte und prustete und schien verstimmt.

Er erhob sich und blieb neben ihr auf dem Diwan sitzen. Was war nur mit ihm? Das hatte er noch nie erlebt. Und mit so einer Frau, die ihm alles verhieß und sich nicht vollkommener darbieten konnte! War sie ihm doch zu rundlich? Hatte das warme Wetter es zu gut gemeint? Oder ob vielleicht gerade darum ... der Whisky ...?

»Ja, das war's dann, Mädchen«, warf er ihr hin, hoffend, daß sie sich entlassen fühlte.

»Scheint so«, resignierte sie. »Es war's aber erst dann, wenn ich meine Gage habe.«

Von Gage sprach das Luder!

»Was!« tat er überrascht. »Gage, Lohn, was auch immer – für nichts?«

»Ist doch nicht meine Schuld. Und das kostet extra, mein Schätzchen«, erwiderte sie kalt und im Tone einer Geschäftsfrau.

»Das kann doch nicht dein Ernst sein, du!« brauste er auf. »Ich habe nichts von dir gehabt, und dafür soll ich auch noch zahlen?«

»Du, und nichts von mir gehabt! Wenn du nicht kannst, ist das dein Problem. Aber begrapscht hast du mich und geil beguckt. – Und das arme Schätzchen hat nichts von mir gehabt!« Sie lachte spöttisch auf.

»Du! Du!« stieß Robinson wütend hervor. »Was bildest du dir eigentlich ein? Glaubst du vielleicht, du bist die erste Frau, die ich nackt sehe – von Huren, wie du eine bist, ganz zu schweigen!«

»Glaub ich dir schon, Schätzchen«, entgegnete sie höhnend und warf sich – noch immer auf dem Bett ausgestreckt – die Hausjacke über den nackten Leib. »Wahrscheinlich bist du nur so ein Hingucker, einer, der eben nicht kann. Zum Lachen ist das, wirklich! Da fängt es gerade an, einem selbst Spaß zu machen, und da kann der nicht. Der kann einfach nicht! – Das kostet doppelt, werter Herr.«

»Jetzt reicht's mir aber, du Dirne, du niederträchtige!« schrie er und vermochte seinen Zorn nicht mehr zu bändigen. Er tat zwei Schritte zum Bad hin und stieß die Tür auf. »Zieh dich gefälligst an und mach, daß du rauskommst hier, aber dalli!«

Minnie stand auf und packte ihn mit beiden Händen an den Ohren. »Erst mein Geld!« forderte sie und drückte mit den Daumen kräftig zu.

»Nimm deine Pfoten von mir, du Drecksstück!« heulte Robinson auf.

Er reckte sich hoch und riß ihre Arme herunter. Seine Ohren brannten.

»Das sollst du mir büßen!« brüllte er außer sich vor Wut. Er packte sie am linken Oberarm, um sie ins Bad zu stoßen. Es gelang ihr mit einem kräftigen Ruck, sich ihm zu entwinden. Sie konnte jedoch die Wucht seines Stoßes nicht mehr abfangen, drehte sich und stürzte zu Boden.

Mit dem Hinterkopf schlug sie hart auf den Marmorsockel des Kamins.

Blut rann über den weißen Stein. John Robinson brach neben ihr in die Knie. Starre, leblose Augen begegneten seinem Blick.

Minnie war tot. – War sie tot?

Offensichtlich.

Oder etwa nicht?

Mr. Glass, der im Bahnhof *Charing Cross Station* seinen Dienst in der Gepäckaufbewahrung versah, hatte am Freitag, dem 6. Mai, in den Vormittagsstunden von einem gepflegt wirkenden Herrn eine Reisetruhe entgegengenommen. Es war ein ganz gewöhnliches Behältnis, ziemlich mitgenommen, mit einem gewölbten Deckel, und es trug einen Überzug aus schwarzem Segeltuch. Ein breiter, kräftiger Lederriemen schlang sich um die Mitte der Truhe, zwei weitere Riemchen mit Schnallen hielten den Deckel geschlossen. An den Seiten befanden sich zwei lederne Tragegriffe.

Der Herr war mit einem Taxi angekommen, und der Chauffeur hatte das gewichtige Gepäckstück herangezerrt.

»Passen Sie mir gut auf die Truhe auf, Sie!« hatte der Herr
dem Eisenbahner eingeschärft.

»Wird gemacht, Sir, keine Sorge«, hatte Mr. Glass dem Herrn
versichert, ihm die Empfangsquittung ausgestellt und das
Stück, weil es so schwer war, im untersten Fach der weitläu-
figen Regalwand verstaut.

»Merkwürdig. Was sich die Leute nur denken! Als ob hier etwas abhanden käme! Bei der britischen Eisenbahn kommt
nie etwas abhanden!« war es Mr. Glass durch den Kopf gegangen.

Gepäckaufbewahrung im Bahnhof *Charing Cross Station* heute.

Drei Tage später, am Montagmorgen, erschien Mr. Glass
pünktlich zum Dienst. Seine Augen überflogen das Aufbe-
wahrungsgut in den Regalreihen. Alles klar. Da stand die Reisetruhe an ihrem Platz. Natürlich stand sie da. Wo sollte sie
sonst auch stehen?

Doch etwas war anders an diesem Tage. Ein seltsamer Geruch lag in der Luft, ein äußerst unangenehmer Geruch.

»Riechst du das nicht auch, Fred?« fragte Glass seinen Kollegen von der Nachtschicht, den er ablöste, und der im Begriff war zu gehen.

»Riech' nichts. Schmeck' nichts. Grippe«, muffelte Fred miß-
gelaunt.

Mr. Glass ging an dem Regal entlang und schnüffelte.

Es stank. Ganz eindeutig stank es!

»Da wird doch niemand so unvernünftig gewesen sein, einen Hund oder eine Katze in einem Gepäckstück hier einzulagern und krepieren zu lassen«, redete sich Glass ein.

»Kommt der Gestank wirklich von einem Tierkadaver? Wie riecht denn so was eigentlich?«

Schritt für Schritt arbeitete er sich voran. Der üble Geruch kam irgendwie von unten, vom Fußboden her. Und da standen nur wenige Stücke. Hier – die Reisetruhe! Hier stank es am ärgsten. Kein Zweifel, die Reisetruhe des vornehmen Herrn, das Lagergut, auf das er besonders achthaben sollte, dünstete den widerwärtigen Geruch aus!

»He, Fred! Bist du noch da?« rief Glass aufgeregt nach seinem Kollegen.

»Geh jetzt«, hallte es vom hinteren Teil des gruftartigen Raumes.

»Wenn du rausgehst, schick doch 'nen Bobby bei mir vorbei. Er soll aber sofort kommen, ja?«

»Klar, Stan«, bestätigte Fred.

Es dauerte nur wenige Minuten, bis ein Polizist erschien und die niedrige Rampe übersprang, welche Mr. Glass' Reich der Gepäckstücke von der Außenwelt trennte.

»Bwww! Das stinkt ja hier wie zehn tote Totengräber«, stieß der Bobby angeekelt hervor.

»Die Reisetruhe hier muß geöffnet werden, Constable!« wies Mr. Glass kraft seiner Eisenbahnerwürde an.

»Oh, da muß ich mir aber einen Kollegen heranpfeifen. Das dürfen wir nur zu zweit machen«, meinte der und lief hinaus in die Bahnhofshalle. Von dort war alsbald ein schneidender Pfiff zu hören, und im Handumdrehen machten sich zwei Polizisten über die Truhe her, lösten die Schnallen und den Riemen, hielten zwischendurch inne und preßten sich Taschentücher vor die Nasen.

Mr. Glass hatte derweil seinen Vorgesetzten herbeizitiert, die beiden standen im Hintergrund und schauten gespannt zu. Die Bobbies hoben behutsam den Kofferdeckel. Eine übelriechende Wolke entwich und ließ sie zurückzucken. Endlich setzten sie ihr Werk fort und entnahmen der Reisetruhe fünf, in steifes, braunes Papier eingewickelte Pakete. An verschiedenen Stellen waren die Packen blutdurchtränkt, und sie stanken abscheulich. Aus einem Papierriß stach ein Finger mit langem, spitzem Nagel – der Finger einer Frau! Die fünf Pakete enthielten Teile eines weiblichen Körpers. Das war ein Fall für *Scotland Yard*.

Chief Inspector George Cornish und der Pathologe vom Ministerium des Innern, Sir Bernard Spilsbury, waren bald zur Stelle. Sie hätten ja getrost zu Fuß *Whitehall* heraufkommen können. Sie ließen die Leichenteile, die sich im Anfangsstadium der Verwesung befanden, nach *Scotland Yard* überführen, und der Pathologe diktierte folgendes erstes Untersuchungsergebnis: »Bei der Toten handelt es sich um eine mittelgroße, schlanke, eher vollschlanke Frau. Alter – etwa fünfunddreißig Jahre. Zeitpunkt des Todes – vor ungefähr einer knappen Woche. Todesursache – Erstickung. Eine Wunde am Hinterkopf deutet darauf hin, daß die Frau bewußtlos war, bevor sie stranguliert wurde.«

Diese mageren Angaben mußten Chief Inspector Cornish und seinen Leuten genügen, um zunächst die Identität des Opfers und sodann die des Täters zu ermitteln.

An der Reisetruhe fanden sie die Initialen FA und ein Etikett mit der Aufschrift »F. Austin – nach St. Leonards«. Dies reichte aus, um einen früheren Besitzer des Behältnisses, der sich allerdings als absolut unschuldig erwies, festzustellen.

Größeren Erfolg bescherte ihnen das Namensschildchen »P. Holt« in einem Damenschlüpfer, den sie in der Reisetruhe gefunden hatten. Die Eigentümerin des Unterwäschestücks konnte bald ausfindig gemacht werden. In Mrs. Holts Diensten standen mehrere Prostituierte. Mrs. Holt konnte zwar nicht mit dem Verbrechen in Verbindung gebracht werden, sagte jedoch aus, das eine oder das andere Mädchen habe ihr gelegentlich schon ein intimes Kleidungsstück entwendet. Die Polizisten legten ihr Fotos der Einzelstücke des grausigen Fundes vor. Mrs. Holt identifizierte das Opfer ohne Mühe und eindeutig als die sechsunddreißigjährige Minnie Alice Bonati.

»Ihre Kolleginnen, die weit weniger erfolgreich sind als sie«, sagte sie, »nennen sie gehässig *die Walze*, weil sie etwas üppig ausgestattet ist, wissen Sie, Inspector.«

Mrs. Holts Aussage war von beträchtlichem Wert.

Die Presse hatte von dem Fall Kenntnis erhalten und fütterte das ganze Land mit Informationen. Dies war durchaus im Sinne von *Scotland Yard*.

Ein Gebrauchtwarenhändler aus *Brixton* meldete sich. Er habe die Reisetruhe erkannt, gab er zu Protokoll, und einem gutgekleideten Herrn, einem Offizier in Zivil wahrscheinlich, habe er sie verkauft.

Ein Schuhputzer legte einen Quittungszettel der Gepäckaufbewahrung vor. Er habe gesehen, wie jemand den Beleg aus dem Fenster eines Mietwagens geworfen hätte.

Und der Taxifahrer tauchte auf. »Ja, das war kurz nach der Mittagsstunde vorigen Freitag«, sagte er, »das war – warten Sie mal – der 6. war das, ja, der 6. Mai. Ich hatte zwei junge Kerle vor dem Polizeirevier in der *Rochester Row* abgesetzt, und genau gegenüber, vor dem Haus Nummer 86 stand ein Herr mit einer Reisetruhe. Die hatte vielleicht eine Last, kann ich Ihnen sagen! Ja, und nach *Charing Cross Station* wollte er. Er bat mich dort, das schwere Ding zur Gepäckaufbewahrung zu schleppen. Gab mir auch ein gutes Trinkgeld, der Herr, wahrhaftig.«

Chief Inspector Cornish und seine Männer fuhren zum Haus Nummer 86, *Rochester Row*. Mehrere Firmen hatten darin Geschäftsräume gemietet, und die Polizisten fragten sich durch. Nein, den Chef der Firma Edwards & Co. – Business Transfer Agents, Mr. John Robinson, hatten sie schon seit ein paar Tagen nicht mehr gesehen, sagten die Leute im Hause aus.

Cornish ließ Robinsons Büro öffnen. Er rief von da aus bei seiner Zentrale an und ermittelte Robinsons Wohnadresse in *Kennington*. Auch dort war er nicht mehr aufgetaucht, wie eine Rückfrage bei dem zuständigen Revier ergab.

Der Chief Inspector grübelte und sah sich ausgiebig um. Auf Anhieb fand er jedoch nichts Verdächtiges. Ein Constable schloß mit einem Dietrich den Rolladen des Schreibtisches auf und schob ihn hoch.

»Schauen Sie mal, Chief Inspector, Sir«, sagte er und blickte triumphierend.

Auf dem Tisch lag ein Telegramm, gerichtet an »Robinson, *Greyhound Hotel, Hammersmith*«.

»Los geht's, Männer!« befahl Chief Inspector Cornish. »Nach *Hammersmith!*«

Es war ein typisches Hotel für Geschäftsreisende, das *Greyhound*, ein Hotel der unteren Mittelklasse. An der Rezeption hieb Cornish kurz auf die Tischglocke. Eine Frau steckte ihren Kopf aus einem Zimmerchen hinter der Holztäfelung. Sie hatte Kopfhörer auf den Ohren und nahm diese ab. Sie mußte die Telefonistin und Empfangsdame zugleich sein.

»Bitte, die Herren«, sagte sie im Nähertreten verbindlich.

»Chief Inspector Cornish, *Scotland Yard*. – Wohnt hier ein Mr. John Robinson, bitte, Madam?«

»N-nein, Sir«, antwortete die Frau stockend.

»Bestimmt nicht, Madam?« fragte Cornish nach. Das zögerliche »Nein« hatte in seinem Hirn ein rotes Signallämpchen aufflackern lassen.

»Ich bin *Mrs.* John Robinson«, sagte die Frau schließlich, und dem Chief Inspector verschlug es für den Augenblick die Sprache.

»Was ist denn eigentlich los, Sir?« wollte Mrs. Robinson wissen.

»Sofort, Madam«, meinte Cornish. »Bitte sagen Sie mir – wann haben Sie Ihren Gatten das letztemal gesehen?«

»O, das muß ... natürlich – vorigen Monat, im April war das. Ich mußte ihn unbedingt zu einem Geschäftsessen mit drei Herren, Auftraggeber wahrscheinlich, begleiten am ... « – sie blätterte in einem Kalender – »ja, am 10. April abends.«

»Und seitdem sahen Sie ihn nicht mehr?«

Chief Inspector Cornish lächelte ungläubig.

»Wir haben uns schon vor einiger Zeit getrennt, Sir«, erklärte Mrs. Robinson. Sie senkte den Kopf und leichte Röte stieg ihr ins Gesicht.

»Oh, verzeihen Sie, Madam, das konnte ich nicht wissen«, entschuldigte sich Cornish.

»Schon gut, Sir«, flüsterte die Frau. »Wie sollten Sie auch?«

»Bitte, Madam, werden Sie Mr. Robinson in Kürze wiedersehen?«

»Zufällig ja. Er rief mich heute früh an. Er müsse mich unbedingt sprechen. Gegen acht heut abend wird er hier sein. – Aber worum geht es denn, um Himmels willen?«

Cornish erklärte ihr ausführlich, daß Robinson, noch immer ihr Ehemann, der Hauptverdächtige im Mordfall Minnie Alice Bonati sei, und die Frau erbleichte.

»Dieses Scheusal ... dieses Scheusal!« stammelte sie. »Was der Mann mir alles angetan hat! Einmal mußte es ja dahin kommen!«

»Und, würden Sie mit uns zusammenarbeiten – in der Richtung, daß wir Mr. Robinson einige Fragen stellen können, Madam?« fragte der Chief Inspector.

Die Frau reagierte sofort positiv.

George Cornish und seine Männer verbrachten den Rest des Tages im *Greyhound Hotel*.

Am Abend, um zehn Minuten vor acht, nahm er John Robinson fest. Er überführte ihn nach *Scotland Yard*, und am nächsten Morgen stellte er ihn den Zeugen gegenüber, die sich gemeldet hatten. Sie identifizierten ihn als den Mann, der in *Brixton* eine gebrauchte Reisetruhe kaufte, in der *Rochester Row* damit ein Taxi bestiegen und das Gepäckstück in der Aufbewahrung abgegeben hatte.

John Robinson leugnete zunächst rundweg, mit einem der Zeugen jemals etwas zu tun gehabt zu haben, und eine Minnie Alice Bonati, nein, die sei ihm nie über den Weg gelaufen, also könne er sie schwerlich ermordet haben.

Die Indizien gegen ihn erwiesen sich jedoch als erdrückend, und in den Verhören, die der geübte Cornish mit ihm führte, gab er schließlich auf.

»Also, Sir, wie war das? Nun erzählen Sie mal«, forderte der Mann von *Scotland Yard* John Robinson auf.

»Ermordet habe ich sie nicht, Chief Inspector!« stieß Robinson hervor. »Nur ...«

»Nur?« trieb Cornish ihn an und klopfte ungeduldig mit dem Ende des Bleistifts auf den Tisch.

»Sehen Sie ... das war vorigen Donnerstag nachmittag in der

Victoria Station. Wie ich so sitze und in einer Zeitschrift blättere, spricht mich eine Frau an, ob ich nicht mit ihr wollte und so ...«

»Und – wollten Sie? Wollten Sie?«

»Also ... ich bestellte sie in mein Büro in der *Rochester Row.* Als sie ankam, war sie ganz nett. Dann aber, dann fing sie an, mich zu beleidigen. Sie beschimpfte mich und schlug plötzlich auf mich ein.«

Robinson erzählte ruhig und gefaßt, als ob er sich des Ausmaßes seiner Untat überhaupt nicht bewußt wäre.

»Dafür, daß sie Sie beleidigte, daß sie – wie Sie sagen – auf Sie einschlug, muß es doch einen Grund gegeben haben«, bohrte der Chief Inspector. »Gerieten Sie in Streit, und warum?«

»Also ... das ist ... das war ... « Robinson rutschte nun doch verlegen auf dem Stuhl herum, und seine Augen begannen zu flackern.

»Also ... sie wollte ... Geld – «

»Was nicht unüblich ist bei einer Prostituierten, meinen Sie nicht, Sir?«

»Geld wollte sie – für nichts, das dreckige Luder, das Mist–«

»Bitte, Sir!« rief der Chief Inspector den Delinquenten zur Ordnung. »Weshalb wollten Sie denn nicht zahlen? Sie sind doch ein Gentleman!«

»Aber – es war doch nichts.« Robinson klang verzweifelt.

»Verstehe. Lassen wir das«, bemerkte George Cornish diskret. »Sagen wir so: Sie gerieten in Streit, weil die Frau Geld forderte, und Sie wollten nicht zahlen, weil Sie meinten, keine Gegenleistung von ihr erhalten zu haben. Stimmt das?«

»Genau so! Ja, genau so war es«, platzte Robinson geradezu erleichtert heraus.

»Gut. Es kam also zum Handgemenge zwischen Ihnen, und dann?«

»Ja, sie fiel plötzlich nach hinten um ... und schlug ... und schlug ... mit dem Kopf auf den Steinsockel vom Kamin. Und dann das Blut ... Blut ...«

»Eben. Und warum haben Sie keine Hilfe herbeigeholt, einen Arzt, die Polizei?«

»Ich konnte ... ich dachte ... sie war doch tot!«

»Nein, sie war nicht tot, Sir! Nicht zu diesem Zeitpunkt. Und
Sie wußten, daß sie noch lebte; denn Sie erdrosselten sie! –
Warum in aller Welt?«

»Sie hat mich ... so beleidigt! Ich war wahnsinnig ... vor Wut
und drückte einfach ... drückte zu.«

»Halten wir fest, Sir: Sie hatten eine Leiche in Ihrem Büro.
Was also taten sie?«

»Ich, ich ... lief weg, Chief Inspector, lief weg ... wußte nicht,
was ich tun sollte.«

»Das wußten Sie doch, denke ich, zumindest am nächsten
Morgen, oder? Wie war das am nächsten Morgen?« Cornish
drängte hart und gnadenlos.

»Ich kam in mein Büro, und ... und da lag sie noch ... und
das Blut ... verkrustet ... und ganz bleich war sie.«

»Eben. Und dann?«

»Ich hatte Angst ... zog sie ... unter die Dusche ... machte ...
den Kopf ab ... die Beine ... alles.«

»Sie zerlegten die Tote, zerstückelten sie und packten sie in
die Reisetruhe. Das Weitere ist hinlänglich bekannt.«

»Bitte ... bitte, Chief Inspector, Sir«, flehte Robinson und legte die Hände aneinander, »zerstückelt ... und in die Truhe gepackt ... ja. Aber ich wollte nicht ... töten ... wollte nicht morden, nein – – nicht morden!«

Robinson ließ seinen Kopf auf die Tischplatte sinken und
verfiel in hemmungsloses und lautes Schluchzen.

Am Montag, dem 11. Juli 1927 wurde das Verfahren gegen
John Robinson eröffnet. Es war eines von jenen Verfahren,
die nicht vielmehr als eine Formalität darstellen. Die Schuldfrage lag klar auf der Hand. Robinson hatte vorsätzlich gemordet. Dem Verteidiger Mr. Lawrence Viney gelang es nicht,
den Richter und die Geschworenen davon zu überzeugen,
daß die Prostituierte Minnie Alice Bonati einem unglücklichen und in vielerlei Hinsicht selbstverursachten Unfall zum
Opfer gefallen war.

So konnten bei Richter Swift keine Skrupel aufkommen, Robinson zwei Tage später schuldig zu sprechen und die Todesstrafe zu verhängen.

Noch einen Monat lang verbrachte Robinson in der Todeszelle. Dann wurde er im Gefängnis *Pentonville Prison* in der *Caledonian Road* hingerichtet durch den Strang.

John Robinson, der Lebenskünstler und Genießer, hatte den Bahnhof *Charing Cross Station* nie vorher aufgesucht und diesen an jenem Unglückstag einzig zu dem Zweck angesteuert, dort die grausige Reisetruhe abzustellen. In einer Beschränktheit, die nur auf Grund seiner Verzweiflung über ihn gekommen sein mußte, war er wohl davon überzeugt gewesen, damit das Abenteuer mit Minnie Bonati abgeschlossen und sie selbst aus der Welt geschafft zu haben.

In und um *Victoria* aber pflegte er wohl seine Kreise zu ziehen und in reichlich bemessenen Mußestunden das Menschenvolk zu studieren, wie er es selbst gern auszudrücken pflegte.

Wer Robinsons Weg vom Bahnhof die *Vauxhall Bridge Road* in südlicher Richtung hinunter verfolgt, kommt an der Einmündung der *Rochester Row* vorbei, wo er im Hause Nummer 86, gegenüber der Polizeiwache mit der blauen Laterne über der Eingangstür, sein Kontor unterhielt. Das Gebäude existiert nicht mehr, es wich einer Reihe nüchterner, neuer Mietshäuser. Die *Vauxhall Bridge Road* führt weiter und überquert auf der *Vauxhall Bridge* die Themse. Von da aus sind flußabwärts die *Lambeth Bridge* und die *Westminster Bridge* nicht weit.

Auch um den eleganten *Belgrave Square* mag Robinson spaziert sein. Die wuchtigen und in ihrer heiteren Vornehmheit dennoch anmutig wirkenden und nicht erdrückenden Häuser sind geschmückt mit großzügigen, von Säulen mit griechisch-römischen Elementen getragenen Portalen. Die schwarzlackierten schmiedeeisernen Gitterzäune vor den Eingangsbereichen zu den untergeschossigen Räumlichkeiten kontrastieren angenehm zu dem leuchtend cremefarbenen Mauerwerk. Der Platz ist von *Victoria Station* am besten zu erreichen entlang der von klassischen Wohnbauten gesäumten *Lower Belgrave Street* und der *Upper Belgrave Street*. Er

John Robinson und Minnie Alice Bonati, deren zerlegte Leiche in dieser Reisetruhe ber der Gepäckaufbewahrung des Bahnhofes *Charing Cross Station* aufgegeben wurde.

stellt das Zentrum des nördlich an *Victoria* grenzenden Viertels *Belgravia* dar, so genannt nach einem Dörfchen nahe der Stadt Leicester.

Die *Chester Street* mit ihrer spätgeorgianischen Bebauung geht von der *Upper Belgrave Street* ab. Dort steht das Haus eines ehemaligen konservativen Premierministers. Es ist nicht zu übersehen; denn ein Bobby verharrt ständig wachend davor. Im Jahre 1974 nämlich, als terroristische Bombenleger in London ihr Unwesen trieben, geschah es, daß der besagte Konservative im ebenfalls konservativen *Boodle's Club* gerade zu Abend speiste, als ihm mitgeteilt wurde, eine Bombe sei soeben durch das Fenster in das Wohnzimmer seines Hau-

ses geworfen worden. Und was er dazu sage, wollte der Über-
bringer der Hiobsbotschaft wissen.

»Nun, wäre ich zu Hause gewesen, hätte ich wohl Schaden
genommen«, gab der Gentleman darauf kühl von sich.

John Robinson verfügte nicht über jene vielgerühmte britische Kühle.

Und folglich nahm er Schaden.

Und so kommen Sie hin:

Bahnhof Victoria Station – U-Bahn (Underground) Circle
Line, District Line, Victoria Line.
Bahnhof Charing Cross Station – U-Bahn Northern Line,
Jubilee Line, Bakerloo Line bis Station Charing Cross.
Rochester Row – U-Bahn Circle Line, District Line, Victo-
ria Line bis Station Victoria Station.
Belgrave Square – U-Bahn Piccadilly Line bis Station
Hyde Park Corner.

Die letzte, die der Henker nahm

Tatort: Schenke Magdala Tavern, 2a, South Hill Park,
London NW 3
Ostersonntag, 10. April 1955

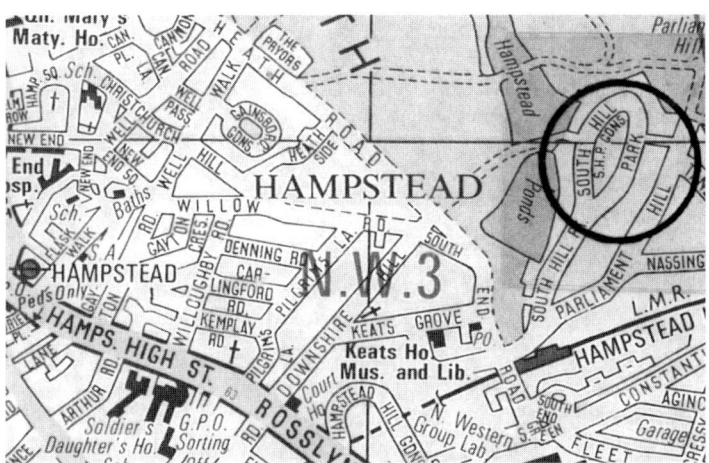

Beschaulich geht es her zu *Hampstead* auf dem Hügel, und eine eigene, ganz besondere Atmosphäre liegt über Londons höchster Erhebung mit dem einstigen eigenständigen Dorf. Die Höhenlage allein mag eine Begründung abgeben für diese Stimmung, ebenso wie die relative Abgeschiedenheit von den Niederungen der Großstadt.

Denn einhundertfünfunddreißig Meter über dem Meeresspiegel, derer *Hampstead* sich gegenüber Zentrallondon mit ganzen sechsundzwanzig rühmt – das ist schon eine Besonderheit.

Die Häuser dort drängen sich auf dem Höhenrücken. Sie ziehen sich die Straßen und Wege entlang, die nicht wie ein strenges Rasternetz angeordnet sind, sondern unregelmäßig sich am Hügel hochwinden, auf seiner Gratlinie verlaufen oder sich darüber hinwegschwingen.

Die Kuppe von *Hampstead* – abgeleitet von *homestead*, »Gehöft« – ist schon seit Urzeiten besiedelt. Im 17. Jahrhundert aber, da Pest und Feuer in einem Sturm der Vernichtung über London herfielen, flohen die Menschen in Scharen auf den Hügel, und viele kehrten nie mehr in die Stadt zurück.

In den Jahren nach 1700 dann entdeckten findige Köpfe, daß sich das Wasser der zahlreichen Quellen, die an den Hängen sprudelten, als von der Gesundheit zuträglicher Qualität erwies.

Damit begann der Aufschwung. Schenken und Herbergen öffneten Türen und Tore; Teestuben und Speisewirtschaften priesen sich an. Die Reichen und Vornehmen mochten das Wasser aus *Hampstead* nicht mehr missen. Sie ließen es sich, in Flaschen abgefüllt, ins Haus liefern oder siedelten sich selbst auf dem Höhenrücken an. Schmale, fast in ihrem Urzustand belassene Straßen wie *Well Walk* und *Flask Walk*, »Brunnenweg« und »Flaschenweg«, künden noch heute von den Segnungen, die mit dem Mineralwasser kamen.

Im Jahre 1814 beschrieb ein Chronist *Hampstead* als »eine excellente, friedliche, wohlanständige und exquisite Wohngegend.« Mancherlei Künstler und Literaten von Rang gaben *Hampstead* die Ehre. Sie blieben längere Zeit oder für immer, unter ihnen die Landschaftsmaler Turner und Constable, die

Dichter und Schriftsteller Lord Byron, Robert Louis Stevenson, George Bernard Shaw und der junge John Keats.

Stellt *Hampstead* das höchstgelegene »Dorf« Londons dar, so birgt es in seinem Schoße zugleich den absoluten Tiefstpunkt der Metropole – die U-Bahn-Station nämlich, im Jahre 1907 sechzig Meter unter der Erdoberfläche ausgehöhlt. Und wer heutzutage auf diesem Bahnhof ankommt, der steigt aus und findet keine Treppe, sondern einen Aufzug, der ihn unter unausgesetztem Ächzen und Knirschen, doch sicher und in Sekundenschnelle an das Tageslicht befördert.

An der Ecke *Heath Street* und *Hampstead High Street* wird er dann von der Sonne begrüßt – wenn sie scheint. Und steigt er rechts die von kleinen, gepflegten Läden und einladenden Gaststätten gesäumte *Heath Street* hinan, so gelangt er bald auf die Kuppe. Die *Hampstead Heath*, ein Naturpark mit schier endlosem Wiesenland, anmutigen Tälern, auch einigen Teichen, erstreckt sich von dort an über dreihundertvierundzwanzig Hektar bis nach *Golders Green* im Norden und nach *Highgate* im Osten.

Wer aber nach dem Verlassen der U-Bahn-Station seine Schritte nach links lenkt, schaut die *Hampstead High Street* hinunter. Die meisten der edlen, alten Gebäude dieser Straße stammen noch aus dem 18. Jahrhundert. Ausschließlich zum Wohnen wurden sie einst gebaut. Heute ist kein Erdgeschoß mehr ohne einen Laden, einen Pub oder ein anderes Lokal. Steil fällt die Straße südwärts ab und ändert ihren Namen bald in *Rosslyn Hill*. Einige Ecken und Wendungen weiter östlich verbirgt sich – soll man sich für Straße, Gasse oder Weg entscheiden? – *South Hill Park*. Die Straße ähnelt am ehesten der Form eines, ja, eines Löffels. Sie teilt sich am Ende des Stieles, beschreibt um das Löffelblatt herum eine zurückkehrende Schleife und tunkt damit tief in den sanften, grünen Hang des zu *Hampstead Heath* gehörigen *Parliament Hill* ein.

Es ist ein Winkel zum Wohlfühlen – in der Tat »eine excellente, friedliche, wohlanständige und exquisite Wohngegend.«

Am Anfang der Löffelmulde und linksseitig der Straße bietet

sich ein Zeitungsladen an. Haus Nummer 4 ist das Geschäft *Hampstead Wine and Spirits.* Nummer 6 wirbt als *Amberden Estates,* eine Grundstücksmaklerfirma, und im nächsten Haus, der Nummer 8, bedienen die Leute von *Hampstead Quality Butchers* ihre Kunden mit Fleisch- und Wurstwaren.

Doch vorher, die Nummer 2a, das erste Haus, das ist die Schenke *Magdala Tavern,* ein Gebäude, das sich mit einer leichten Rundung in *South Hill Park* hineinzieht. Neben der Tür unter dem ersten Fenster besagt ein Schild, daß Ruth Ellis an dieser Stelle David Blakely erschoß und »diese Ein-

Die Schenke *Magdala Tavern,* 2a, *South Hill Park,* in *Hampstead.*

schußlöcher hinterließ. Ruth Ellis war die letzte Frau, die in Großbritannien gehängt wurde.«
Die Einschüsse sind wohlerhalten, deutlich zu sehen und von zahllosen Fingern blankgewetzt. Dennoch ist es schwer vorstellbar, daß in diesem idyllischen Winkel Böses geschah.

Mrs. Ruth Ellis, eine hübsche, blonde Frau von neunundzwanzig Jahren, war die Wirtin einer Kneipe mit zweifelhaftem Ruf im ansonsten reputierlichen Stadtteil *Kensington*. Der Name des Hauses sollte vielleicht von jeglicher Anrüchigkeit ablenken, denn es wurde *The Little Club* genannt. Natürlich verbarg sich hinter *The Little Club* kein Klub im eigentlichen Sinne; vor allem etwas zwielichtige Gestalten der Londoner Halbwelt –, die auf ein Bier oder einen Gin-Tonic oder hoffentlich mehrere kamen, waren gern gesehen, sofern sie für Genossenes nur bezahlten.
Es fiel schwer, in Ruth Ellis etwas anderes zu sehen, als eine sympathische und gepflegte Dame mit dunklen Augen unter hochgewölbten Brauen und einem offenen, ovalen Antlitz. Umwaberte die Kneipe ein etwas unangenehmer Ruch – Mrs. Ellis gewiß nicht.
Das Geschäft lief gut. Durst hatten die Leute in *Kensington* wie überall, und *The Little Club* erfreute sich seines soliden Kreises von Stammgästen. Es zog sie dahin, in den Rauch, in den Dunst und das schummrige Halbdunkel. Sie liebten es, unter sich zu sein, über Nichtigkeiten zu schwatzen oder Pläne zu schmieden für das eine oder andere Unternehmen, welches keine lauten Töne zuließ.
Irgendwann im Jahre 1953, als Ruth siebenundzwanzig war, fiel ihr ein junger Mann auf, der seit kurzem jeden Tag Einkehr hielt. Ein hübscher Kerl war er, weiß Gott! Er wirkte zwar etwas verkommen, gestand sie sich ein, korrigierte sich aber sogleich und bezeichnete ihn im stillen als pflegebedürftig. Doch großzügig war er, der Junge. Er gab gutes Trinkgeld, spendierte so manche Runde unter den Kumpanen und zog Gäste an, kein Zweifel. Er war jünger als sie, vielleicht zwei, drei Jahre jünger. Das stellte sie mit geübtem Blick ebenfalls fest.

David, so hieß er, bemerkte natürlich das Interesse der jungen Wirtin.

»Wohin gehst'n du heute nacht, Lady, wenn du hier zumachst?« sprach er sie eines Abends über den Tresen an und prüfte in etwas eitler Manier gleichzeitig sein Aussehen in einem Reklamespiegel von *Gordon's Gin* hinter der Theke, wo die umgestülpten Whiskyflaschen hingen.

»Wohin schon – nach Hause«, gab Ruth Ellis in gleichgültigem Ton zur Antwort, doch ihre Augen verrieten alles andere denn Gleichgültigkeit.

»Warum willst du das eigentlich wissen?« fragte sie ihrerseits und wandte sich an einen anderen Gast: »Noch einen?«

»Ach, dacht' nur, ich meine, vielleicht würdste mit zu mir kommen, auf ein halbes Stündchen, auf einen Drink.«

»Junge, gehst du aber ran«, erwiderte Ruth beiläufig und zapfte ein Glas *Bitter* randvoll. »Aber wenn schon, warum eigentlich nicht? Das heißt, wenn du dich anständig benimmst, wie ein Gentleman. Allerdings, bei mir zu Hause ist's wahrscheinlich doch gemütlicher.«

Und so begann das Spiel »Zu mir oder zu dir?«, und es würfelte sich rasch und unaufhaltsam fort.

Doch David Blakely erwies sich bald als eine taube Nuß. Nicht daß er Ruth an Körperlichkeit nichts zu bieten gehabt hätte. Im Gegenteil. Zu Anfang ihrer Beziehung zumindest bot er allerhand. Doch er bezog keinerlei Einkommen, lebte bei ihr und lebte von ihr. Rennfahrer sei er, behauptete er immer wieder. Damit hatte er wahrscheinlich bisher kleine Mädchen betört – aber nicht Ruth Ellis! Und nie fuhr er Rennen. Nie bereitete er sich darauf vor. Nie kehrte er als Sieger oder Verlierer von einem Rennen zurück.

Trotz alledem liebte sie ihn stürmisch und verlor sich völlig an ihn. Auch er liebte sie, wie er beteuerte. Ruth allerdings wußte und fühlte bald und wollte sich dennoch nicht eingestehen, daß er genossene Gunst und Vergünstigungen lediglich mit seinem sexuellen Pflichtteil entgalt.

Ein Jahr lang lebten sie so zusammen und gleichzeitig nebeneinanderher.

Blakely verbrachte seine Tage und einen gut Teil der Nächte

Ruth Ellis

im *Little Club*, wo ihm dank Ruth Ellis die Getränke kostenlos zuflossen. Und er machte überreichlich Gebrauch davon. Er war stets der letzte Gast, und er trank noch, während sie die Handtücher über die Zapfhähne warf, die Stühle hochstellte und noch eine weitere Stunde für die Abrechnung anhängte.

Ein Jahr lang lebten sie so zusammen und gleichzeitig nebeneinanderher.

Und Ruth wurde schwanger. Ihrer Stellung und ihrer wirtschaftlichen Unabhängigkeit wegen vermeinte sie, sich kein Baby leisten zu können. Blakely kannte als einziges Wort, welches auf Y endete, außer seinem eigenen Namen ohnehin nur Whisky. »Baby« fehlte völlig in seinem Sprachschatz wie in seinem Vorstellungsvermögen. Also ließ sie – mit sich selbst durchaus ins reine gekommen – die Schwangerschaft abbrechen.

Und sie fuhren fort, zusammenzuleben und gleichzeitig nebeneinander zu existieren. Allein, dieser Zustand währte nicht mehr lange.

Sie wollte mehr von David Blakely. Er aber begann sich ihr

zu entziehen und sich schließlich gänzlich zu versagen. Bald wurde ihr offenbar, daß sie nicht seine einzige Frau war. Er beglückte noch andere – und nicht nur eine andere.

Sie warf ihm das vor.

Er stritt es nicht einmal ab.

Ruth Ellis wurde ihm lästig. Er verließ sie und quartierte sich bei einer neuen Geliebten in der *Tanza Road* ein, ganz in der Nähe von *South Hill Park* in *Hampstead*. Die Neue war Barmädchen in der Schenke *Magdala Tavern*, und Blakely hatte sich damit eine neue Tränke erschlossen. Er pendelte fast nur noch zwischen seinem Wohnquartier und der Schenke hin und her.

Ruth Ellis ermittelte die Adresse, sah eines Tages seinen Wagen vor dem Haus in der *Tanza Road* stehen und zertrümmerte die Windschutzscheibe mit einem Stein. Die Affäre zwischen ihr und David Blakely hatte einen rapiden Abschwung genommen und war krachend in sich zusammengebrochen.

Ruth Ellis sann auf nachhaltige Rache.

Vornübergebeugt und die Hände zwischen den Knien eingepreßt, saß sie in der Küche ihrer gemütlich eingerichteten Wohnung auf einem Hocker. Sie starrte vor sich hin und fuhr mit den Blicken die Fugen zwischen den rhombisch geformten, marmorierten Fliesen entlang. Wenn sie an der Fensterwand anstieß, ließ sie sich abprallen und glitt – zickzackzickzack – zurück, bis sie beim Gasherd anlangte.

Neben dem Herd stand ein Wäschekorb.

Dieser David ging ihr nicht aus dem Sinn. Er beherrschte und bedrängte sie in ihrem Innern. Er besaß sie noch immer. Dabei war er seit Wochen bei der anderen.

David!

Ach ja. Darum der Wäschekorb. Sie wollte seine Sachen hineinlegen und mit in den *Club* nehmen. Vielleicht würde er dort noch einmal auftauchen, um seine Habseligkeiten abzuholen. In der Wohnung ließe er sich wohl doch nicht sehen, doch im *Club* ... im *Club* vielleicht ...

Ruth Ellis hoffte, hoffte insgeheim noch immer auf David Blakely und gestand es sich doch nicht ein.

Mit einem schwachen Seufzer erhob sie sich und schob den

Hocker mit dem Fuß an seinen Platz unter dem Küchentisch. Sie nahm den leeren Korb und schlurfte müde und abgespannt ins Schlafzimmer. Angesichts der breiten Bettstatt – viel zu breit für sie allein! – würgte es sie in der Kehle, und Tränen traten ihr in die Augen.

Sie ließ den Korb achtlos auf das Bett fallen und öffnete den Kleiderschrank.

»Ach, David, ist das alles, was du hast?« murmelte sie. »Dieses erbärmliche bißchen Zeug. Wie die karge Hinterlassenschaft eines Toten ... zu nichts mehr nütze.«

Einige Hemden nahm sie heraus, zwei Jacketts und die zugehörigen Hosen streifte sie von den Bügeln und warf alles auf die Bettdecke. Nun nur noch ordentlich zusammenlegen.

Als sie die Ärmel der leichten, leinenen Sommerjacke kreuzweise übereinanderfaltete, vernahm sie ein papiernes Knistern. Sie griff in die linke innere Brusttasche und zog einen geöffneten und an David adressierten Briefumschlag heraus. Ein einseitig beschriebenes Blatt kam zum Vorschein und ein Foto, nein, zwei – von nackten Mädchen in obszönen Posen!

Ruth Ellis' Finger zitterten. Mit unsicherem Griff tastete sie nach dem Brief und scheute sich, ihn zu berühren, als ob sie sich daran verbrennen könnte.

Als erstes schaute sie nach der Unterschrift: Jim. Jim war ein Freund, ein Bekannter – was auch immer – von David. Er hatte ihn in den *Club* eingeführt. Was aber hatte der David zu schreiben? Warum sandte der ihm Fotos von nackten Mädchen?

Ruth Ellis überflog die wenigen Zeilen – »*... ist doch was ganz anderes, Junge, als Deine alte Kuh, ...*« – sie erbebte, und Röte flog ihr ins Gesicht – »*die Dir einen Balg aufhängen und Dich zum Familientrottel machen will.*«

Ruth ließ den Brief ihren Fingern entgleiten und wollte nicht glauben, was sie gelesen hatte. Sie starrte einige Sekunden lang ausdruckslos ins Leere. Endlich nahm sie den Brief wieder auf. Sie mußte alles wissen.

»Die Blonde nehme ich mir«, las sie, »die Dunkle ist für Dich vorgesehen. Wenn Dir Deine Alte auch ihre nie versiegende

Brust gibt, von der Kleinen kannst du das ebenfalls haben, und die ist nicht nur zu allen Spielchen bereit, sondern total wild darauf – eine echte Expertin, kann ich Dir versichern. Die verschlingt Dich bei lebendigem Leibe, und da hast Du Mühe, Dich wieder herauszuarbeiten. Sie zapft in der *Magdala Tavern* und wohnt dicht dabei, in der *Tanza Road* ...«

Die war das also. Die schwarzhaarige Nackte von vielleicht achtzehn Jahren – Davids neue Freundin, vor deren Haus sie sein Auto demoliert hatte!

Ruth Ellis brach in hemmungsloses Schluchzen aus. Sie ergriff den Brief und die Fotos, zerknüllte alles und warf es vor sich auf den Boden. Von Sinnen vor Wut und Enttäuschung trampelte sie es mit den Füßen platt.

Es war ein Gefühl in ihr, das sie bisher nicht gekannt hatte. Von niemandem war sie je so gedemütigt, so in den Dreck gezogen, so betrogen worden. David mußte der Sudelei seines Freundes zugestimmt haben. Er mußte mit ihm einer Meinung sein. Hätte er sich sonst einfach so davongemacht? Wäre er über Nacht bei der Neuen untergekrochen? Was bot die ihm, das sie ihm nicht bieten konnte? Ach ja, achtzehn Jahre – elf Jahre jünger, elf Jahre frischer und lebendiger als sie, mit ihren neunundzwanzig. Und wenn schon! War sie, Ruth Ellis, eine alte, häßliche Frau? Hatte sie David jemals unerfüllt einschlafen lassen? Und was war seine Gegenleistung gewesen? Ein Quentchen halbherzigen Liebesdienstes, reine Gefälligkeiten, derer er sich nicht entziehen zu können glaubte. Viel zu wenig für eine reife, begehrende und anspruchsvolle Frau. Keine Liebe, nicht die Vermittlung eines Gefühls der Geborgenheit. – Der Schuft, der! Ruth schleppte den Korb mit Davids Habseligkeiten in die Küche. Schwer wog die Last, die eigentlich hätte leicht sein müssen. Sie ließ den Korb auf den gefliesten Fußboden fallen und zog sich wieder den Hocker heran. Die Ellbogen auf den Küchentisch gestützt, barg sie ihren Kopf in den Händen und bemühte sich, klare Gedanken zu formen. Doch in ihrem Hirn herrschte Wirrnis, und es flimmerte grellbunt vor ihren Augen.

Es war der 10. April 1955, Ostersonntag seit immerhin bereits drei Stunden. Ruth Ellis war kurz nach Mitternacht zu

Hause in ihrer verwaisten Wohnung angekommen. Und nun saß sie und konnte nichts mehr denken und auch nichts fühlen. Sie saß schlaflos und ratlos, bis der Morgen durch das Küchenfenster hereindämmerte, und bis sich endlich die ersten Sonnenstrahlen nachschoben, ihr die Düsternis in ihrem Herzen jedoch nicht austreiben konnten.

Einige Stunden später raffte sie sich auf. Die Verwirrung war aus ihren Zügen gewichen. Entschlossenheit spiegelte sich nunmehr in ihrem Ausdruck. Ihre Augen, unter denen tiefe Ringe lagen, sprühten vor Unbändigkeit.

Ruth Ellis, die sonst nie ohne sorgfältiges Make-up das Haus verließ, griff ihre Handtasche und warf sich rasch einen Gabardinemantel über. Sie nahm den Wäschekorb auf und eilte die Treppen hinunter. Vor dem Haus parkte ihr alter, klappriger Morris.

Sie fuhr in den *Club*.

Im Büro hinter der Theke, das gleichzeitig als Lagerraum für Spirituosen und Tabakwaren diente, krachte sie den Korb auf den Fußboden und versetzte ihm einen Fußtritt.

Sie ließ sich auf den harten Sitz des Schreibtischsessels fallen und zündete sich eine *Craven A* an. Zwei, drei Minuten lang paffte sie vor sich hin. Die Asche fiel auf die Tischplatte. Ruth Ellis fegte sie nicht herunter. Es störte sie nicht. Überhaupt nichts störte sie heute.

Ihrer Handtasche entnahm sie einen Schlüssel und öffnete einen kleinen, gut gesicherten Wandtresor, in dem sie die Tageseinnahmen aufzubewahren pflegte. Unter einer Stahlplatte lag ein Revolver verborgen, ein Revolver der Marke Smith & Wesson.

Ruth ging davon aus, daß die Waffe ein Revolver sei. Sie kannte nicht den Unterschied zwischen einem Revolver und einer Pistole. Ein betrunkener Kerl, dessen Verstand jedoch noch soweit intakt gewesen war, die Zeche zu prellen, hatte vor etwa zwei Jahren seinen schäbigen Mantel mitsamt diesem Schießeisen in der Kneipe zurückgelassen und war nie wieder aufgetaucht.

Ruth Ellis hatte damals weder die Polizei verständigt noch die Waffe abgeliefert, sondern einfach behalten – für alle Fälle. Und nie in ihrem Leben hatte sie einen Schuß abgefeuert. Wie, weshalb und wo denn auch?

Sie wiegte den schweren Revolver in der Hand und besah ihn sich genau. Sie wußte: Zöge sie an dem gekrümmten Hebelchen, würde es knallen.

»Ich bringe, ich gebe dir den Tod, David Blakely!« knirschte sie, und es war ihr so bitterernst dabei, daß sie ihre Worte wiederholte und wie ein Gelübde klingen ließ: »Ich gebe dir den Tod, David Blakely!«

Sie ließ die Waffe vorsichtig in die rechte Tasche ihres Mantels gleiten, schloß das Lokal ab und setzte sich in ihren bejahrten Morris.

Ruth Ellis quälte das kurzatmige und in seinem Protestiergehabe spuckende und rülpsende Vehikel an *Swiss Cottage* vorbei und die *Fitzjohn's Avenue* nach *Hampstead* hinauf. Die Sonne fiel von schräg rechts ein und machte den Asphalt flirren. Der Innenraum des kleinen Autos heizte sich auf. Anderen Fahrzeugen begegnete sie kaum. Die Menschen mußten bereits gestern, am Sonnabend, London verlassen haben, um ein paar angenehme Ostertage irgendwo auf dem Lande zu verbringen, an der Küste, in den walisischen Tälern vielleicht, von wo sie herkam ...

Als sie *Rosslyn Hill* erreicht hatte, ging es leichter; und wie von selbst und ohne einen Schnaufer rollte der Morris nach rechts die *Pond Street* hinunter. An der Eisenbahnstation *Hampstead Heath* kam er schließlich zur Ruhe. Ruth parkte ihn in einer kurzen Sackgasse.

Sie ging nur wenige Schritte. Ihre Hand umschloß den Revolver wie eine Kostbarkeit. Hinter einer Telefonzelle neben der Eisenbahnstation am Anfang von *South Hill Park* blieb sie stehen.

Sie wartete. Worauf? Auf wen eigentlich? Auf David? Auf die kleine nackte Nutte? Ach, auf das dumme Ding doch nicht. David mußte es sein!

David!

Die Sonne strahlte ungebrochen an diesem Ostersonntagvormittag, es herrschte richtiggehendes Festwetter. Ein Wetter zum Verlieben, zum übermütigen Herumtollen auf der

Heath, zum Picknicken. Andere Leute taten das. Ruth Ellis hatte eine Aufgabe zu erfüllen.

Von der *Heath* herunter rumpelte der Lärm des Rummels, der zu Ostern dort oben immer abgehalten wurde. Kindergeschrei war zu vernehmen. Schrille Orchestrionmelodien obsiegten mit Leichtigkeit über die sonntägliche Stille und den Feierklang der Kirchenglocken von *St. John* am *Keats Grove*, Ecke *Downshire Hill*, die den Ostergottesdienst ausläuteten. Ruth Ellis stand und harrte. Sie hatte die *Magdala Tavern* gut im Blick.

David mußte da drin sein und saufen, das Schwein! Oder er würde bald aus dem Hurenbett angekrochen kommen mit seinem dandyhaften Gang, der kleine Ganove, und sich in der Schenke vollaufen lassen. Wo sonst sollte er sich aufhalten?

Die *Tavern* war ein dreigeschossiger, kastenartiger Bau, dessen nach oben abgerundete Fensterpaare einen Anflug nachgemachter Romanik vermittelten. Unter dem Dach einer Terrasse, die sich an der Frontseite hinzog, blühten rosa Pelargonien in Körben, die an der weißen Hausmauer hingen.

Ruth Ellis wartete. Sie wußte nicht, wie lange sie schon wartete. Vor innerer Anspannung biß sie sich auf die Unterlippe. Immer wieder – bis es unerträglich schmerzte.

Endlich öffnete sich die Eingangstür von innen. David Blakely trat heraus. Er war etwas unsicher auf den Beinen, hob den Kopf und blinzelte irritiert dem ungewohnten und grellen Licht des Tages entgegen. Er rückte sich seine Hose zurecht. Offenbar kam er gerade von der Toilette und gönnte sich eine kurze Trinkpause. Mit eingeübter Handbewegung fuhr er in die linke Hosentasche, förderte ein Feuerzeug zutage und klopfte auf der Suche nach seinen Zigaretten an die rechte.

Ruth Ellis fühlte sich durchfahren von Stichen, die an den Zehen ihren Lauf nahmen und unter der Schädeldecke hämmernd anprallten.

Stich! Stich! Stich! – Stiche der Eifersucht, der Wut, der Scham.

Sie war plötzlich unsicher, hätte davonlaufen mögen und

spürte Schwäche in sich aufsteigen, und eine allmächtige Erschöpfung drohte sie zu lähmen und hinzustrecken.

»Nein! Nein! Nein!« schrie sie in sich hinein.

Sie vergaß die Eifersucht, und sie vergaß die Scham. Nur Zorn, zügelloser Zorn und der Drang der Rache waren noch in ihr. An diesen Drang klammerte sie sich.

Sie tat zwei, drei, vier – sieben Schritte und stand Blakely gegenüber.

Ihre Blicke trafen sich. Fassungslose Ungläubigkeit spiegelte sich in dem seinen. Sie fixierte ihn mit dunklen Augen unter zusammengekniffenen Brauen, und ließ ihn erstarren.

David Blakely öffnete den Mund. »Du? Da-Darling ...?« stammelte er. »Ich ...«

Weiter kam er nicht.

Ruth Ellis zog an dem gekrümmten Hebelchen – einmal, zweimal, immer, immer wieder, so lange, bis es nicht mehr knallte und der Revolverlauf nicht mehr Feuer spie.

David Blakely brach bereits beim ersten Schuß zusammen und sackte rückwärts gegen die Wirtshaustür, die zweiflügelig nach innen aufschlug und nur noch seine gespreizten Beine aus der Kneipe herausragen ließ.

Ruth Ellis machte keine Anstalten, davonzustürzen. Sie stand wie versteinert. Die Gäste traten aus der Schenke. Sie gafften und hielten aus Furcht gehörigen Abstand zu ihr. Leute in den umliegenden Häusern öffneten die Fenster und schauten heraus. Es herrschte Totenstille. Alle schwiegen. Willenlos und emotionslos ließ sich Ruth Ellis schließlich von der Polizei festnehmen und abführen.

Auch im Gerichtssaal des Londoner Obersten Strafgerichtshofes *Old Bailey* blieb sie ohne sichtbare Regung. Die Geschworenen benötigten für ihre Beratung weniger als fünfzehn Minuten. Ihr Spruch lautete: »Schuldig.«

Damit war das Schicksal der Ruth Ellis besiegelt.

Am Mittwoch, dem 13. Juli 1955, drei Monate nach der Bluttat, veröffentlichte das britische Massenblatt *Daily Mirror* einen Kommentar unter dem Pseudonym *Cassandra* mit der dicken Überschrift

DIE FRAU, DIE HEUTE MORGEN HÄNGT

Es ist ein schöner Tag zum Heumachen, ein schöner Tag zum Angeln, ein schöner Tag, um in der Sonne zu liegen. Und wenn Sie so wollen – und es betrübt mich festzustellen, daß Millionen von Ihnen wollen –, ein schöner Tag, um einen Menschen aufzuhängen.

Sollten Sie diese Zeilen heute morgen vor neun Uhr lesen, so bewegen sich die letzten schrecklichen und widerwärtigen Zurüstungen, um Ruth Ellis zu hängen, ihrem grimmigen und ekelhaften Höhepunkt entgegen. Der vom Staat bestallte Henker und sein Gehilfe haben sich gestern nachmittag gegen sechzehn Uhr heimlich ins Gefängnis eingeschlichen.

Von einem »Beobachtungspunkt« aus, wie es groteskerweise heißt, haben sie Ruth Ellis während ihres Hofganges ausspioniert, »um sich von der körperlichen Beschaffenheit der Gefangenen ein Bild zu machen«.

Ein Sack voll Sand, der dem Gewicht der Verurteilten entspricht, wurde vorbereitet und über Nacht hängengelassen, damit er den Strick dehne.

Sollten Sie diese Zeilen um neun Uhr lesen, dann tilgen Sie und ich sowie jeder Mann und jede Frau in unserem Lande, ausgestattet mit einem Kopf, der zu denken vermag und einem Herzen, das zu fühlen fähig ist, in voller Verantwortlichkeit diese Frau aus – wenn nicht ein Wunder geschieht.

Die Hände, die die weiße Kapuze über ihren Kopf ziehen, werden nicht unsere Hände sein. Die Schuld aber – und Schuld spielt bei diesem abscheulichen Vorgang eine Rolle – kommt über uns genau so wie über den erbärmlichen Vollstrecker, der dafür ausgebildet wurde und bezahlt wird, seine Mission im Einklang mit dem grausamen Willen der Öffentlichkeit zu erfüllen.

Sollten Sie diese Zeilen nach neun Uhr lesen, ist die Mörderin Ruth Ellis dahin.

Das eine, das der Menschheit Größe und Würde verleiht und uns über die Geschöpfe der Wildnis erhebt, Mitleid nämlich und die Hoffnung auf schließliches Heil, wurde ihr versagt.

Der Amtsarzt wird sich in die Grube unter der Fallklappe begeben, um festzustellen, daß kein Leben mehr in ihr ist. Sodann wird – in der barbarischen und von nahezu allen zivilisierten Völkern abgelehnten Verderbtheit dieser Zeremonie – der Leichnam eine Stunde hängengelassen.

Sollten Sie diese Worte um die Mittagsstunde lesen, wird das Grab ausgehoben sein, und der Kaplan wird die Trauerandacht vollzogen haben, nachdem er und wir alle uns so dreist hinweggesetzt haben über das Sechste Gebot, das da lautet: »Du sollst nicht töten!«

Die mit all dem verbundene Heimlichtuerei beweist nur: Wenn schon kein Erbarmen in uns ist, so bleibt uns zumindest ein kleiner Rest von Schamgefühl.

Die mittelalterliche Bekanntmachung der Hinrichtung wird an den Gefängnistoren angeschlagen worden sein, und die übliche Handvoll erbärmlicher Herumtreiber und Gaffer ist zu ihrem ganz persönlichen und obszönen Ergötzen gekommen.

Zwei Königliche Ausschüsse haben gegen diese fürchterlichen Veranstaltungen protestiert. Jedweder Innenminister der letzten Jahre hat sich zu der Schrecklichkeit seiner Aufgabe und dem Mißbehagen bei der Ausübung seiner Pflicht bekannt. Niemand hat je behauptet, Hinrichtungen könnten Morde verhindern.

Und dennoch wird weiter hingerichtet, und dem Parlament gereicht es noch immer nicht zu der Entschlußkraft noch der Verpflichtung noch dem Verstand noch dem Anstand, diesem abscheulichen Treiben ein Ende zu setzen.

Wenn ich, wie so oft, über die Todesstrafe schreibe, so ernte ich gewöhnlich mehr Schimpf denn Lob. Was diesen Fall anbetrifft, so werde ich geschmäht, ich sei »auf ein hübsches Gesicht hereingefallen«.

Nun denn, ich bin also auf ein hübsches Gesicht hereingefallen. Und ich falle auf alle menschlichen Gesichter herein; denn ich hoffe, ich falle auf die gesamte Menschheit – sei sie gut oder schlecht – herein. Allerdings bin ich für ein Gesicht, das nicht auf Grund eines richterlich verursachten Genickbruches herabbaumelt.

O ja, es ist ein schöner Tag.

Als Oscar Wilde im Gefängnis zu Reading saß, sprach er von »jenem kleinen Zelt in Blau, von den Gefangenen Himmel genannt.« Das Zelt in Blau müßte angesichts der Tat, die wir heute begangen haben, düster und traurig sein.

Eine Tafel an der Hausmauer erinnert an die Tat von Ruth Ellis: »*Im Jahre 1954* (tatsächlich 1955 – M.R.) *erschoß Ruth Ellis David Blakely und hinterließ diese Einschußlöcher. Ruth Ellis wurde die letzte Frau Großbritanniens, die am Galgen endete*«.

Der Zeitungskommentar im *Daily Mirror* hatte im ganzen Lande Betroffenheit ausgelöst. Die britische Öffentlichkeit hegte starke Sympathien für Ruth Ellis. Vor allem die Männerwelt erkor sie zu ihrer Heldin. »Sie hat gehandelt wie ein Mann«, sagten sie über diese Frau. »Ein Mann muß tun, was ein Mann tun muß!« Das hörten sie doch im Kino, in amerikanischen Filmen.

Ihr spontaner Mord an David Blakely war ununterdrückbaren Gefühlen der Liebe und der Leidenschaft entsprungen. Sie hatte ihr Verbrechen nicht geplant und von langer Hand vorbereitet; sie hatte nicht aus Habgier oder Bereicherungssucht gemordet. Sie hatte sich von Blakely und der Demütigung durch ihn nicht anders zu befreien gewußt, als ihm sein Leben zu nehmen, ihn zu richten. Presse und Rundfunk hatten dafür gesorgt, daß jedermann in Großbritannien Ruth Ellis als eine starke und schöne Frau kannte, als eine, die die Konsequenzen ihrer Tat bewußt auf sich nahm und gefaßt dem Tod entgegensah.

Am 11. Juli 1955, zwei Tage bevor der Kommentar des *Daily Mirror* erschien, hatte Innenminister Lloyd-George eine Begnadigung in letzter Minute mit den Worten abgelehnt, es bestünden »keine ausreichenden Gründe dafür, um in des Gesetzes Lauf einzugreifen.«

An jenem verhängnisvollen Montag war die Verurteilte eben von einem Hofgang in ihre Zelle zurückgekehrt, als ein Bote des Innenministeriums die niederschmetternde Nachricht überbrachte. Die Gefängnisdirektorin, Frau Dr. Charity Taylor, informierte daraufhin Ruth Ellis unverzüglich.

Am Mittwoch, dem 13. Juli 1955, morgens um neun Uhr, schritt die neunundzwanzigjährige Ruth Ellis, begleitet von zwei Wärtern und einer Schließerin, über den hart knirschenden Kies des Frauengefängnisses *Holloway* in der nordlondoner *Parkhurst Road*.

Sie wurde dem Henker überantwortet.

Ruth Ellis starb in aller Stille – zehn Jahre vor der Abschaffung der Todesstrafe.

»Ich gehe gern in den Tod.« Das waren ihre letzten Worte gewesen.

Und so kommen Sie hin:

Schenke Magdala Tavern, 2a, South Hill Park – U-Bahn (Underground) Northern Line bis Station Hampstead.

Dr. Crippen, der Frosch

Tatort: 39, Hilldrop Crescent, London N 7
Montag, 31. Januar 1910

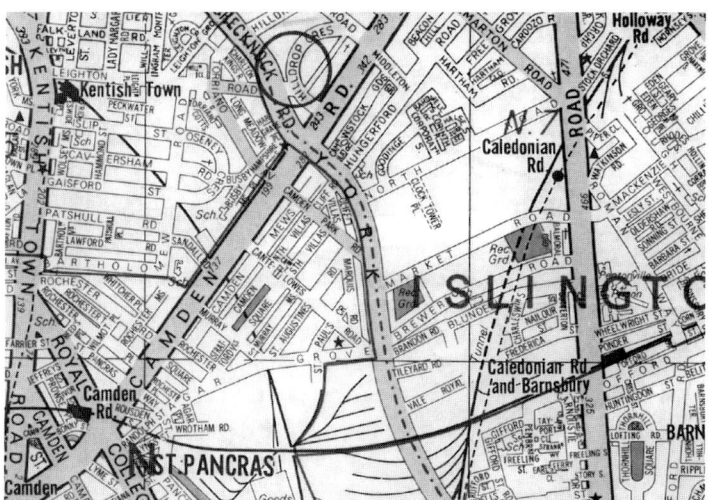

Zu den Nordostgebieten Londons, wo die Reize der Stadt allmählich verblassen und die grauen Straßen und Gassen ineinander verfließenden Vororten zustreben, gehören *Camden
Town* und *Kentish Town*. Es gibt zahlreiche solcher vorstädti-
scher Auswucherungen, die meist einen recht trübsinnigen
Eindruck machen.

Die *Camden Road*, eine der Hauptausfallstraßen, führt in
nordöstlicher Richtung vorbei am Gefängnis *Holloway* in der
Parkhurst Road, weiter hinaus nach *Tottenham* und dann zu
der Landstraße hin, der Autobahn *M 11*, die London mit
Cambridge verbindet.

Ein gutes Stück davor und stadtauswärts zweigt von der sanft
ansteigenden *Camden Road* zwischen der *York Road* und dem
Gefängnis *Holloway* links die Straße *Hilldrop Crescent* ab und
schwingt sich halbkreisförmig zur *Hilldrop Road* hin. Über-
raschenderweise entpuppt sich der *Crescent* als eine wahre
kleine Oase inmitten der grauen Eintönigkeit, und die Nummer 39, *Hilldrop Crescent*, liegt etwa an dem Punkt, wo auf
dem Zifferblatt einer Uhr die 10 steht.

Der düstere, Strenge ausstrahlende Bau von einst überdauerte im Gegensatz zu den meisten Nachbarhäusern, zu deren Eingangstüren acht oder zehn Stufen hinaufführen, den
zweiten Weltkrieg nicht. An seiner Stelle erhebt sich ein
größeres, gesichtsloses Gebäude mit etlichen Wohnungen,
und dieses erhielt zu Ehren der im Jahre 1873 geborenen
Margaret Grace Bondfield, einer Gewerkschaftsführerin, die
1929 Arbeitsministerin wurde und als erste Frau Großbritanniens Kabinettsrang erlangte, den Namen *Margaret Bondfield House*.

Das Haus steht auf leicht hügeligem Grund, abgeschirmt vom
Verkehrstosen der *Camden Road*.

Das Stückchen *Hilldrop Crescent*, wo sich das alte Haus einst
befand, gilt als unheimlich. »Es spukt«, sagen die Leute.

»Er geht um.« Der Geist des Dr. Hawley Harvey Crippen geht
um. »Er erscheint im Dunkeln, um die Mitternachtsstunde«,
sagen die Leute.

»Aus dem Schatten einer Mauer löst sich eine Gestalt – ein
kleiner Mann mit herabhängenden Schnurrbartenden, gold-

gerahmter Brille, hervorquellenden, kalten Froschaugen, und er bringt spürbare Kühle mit sich«, sagen die Leute.

»Der Mann trägt ein Bündel unter dem Arm, und er zieht sich zurück in das Dunkel der Nacht und vergeht darin.« So reden die Leute von *Camden Town* und *Kentish Town*. Denn Crippen beging einst einen heimtückischen Mord, und sein Geist findet keine Ruhe, es treibt ihn zwanghaft zurück an den Tatort: *39, Hilldrop Crescent*.

Trafalgar Square um 1910.

Dr. Crippen stieg aus dem ersten Obergeschoß die schmale Holztreppe herunter. Er schien in Eile zu sein und hob den Saum seines langen, dunkelblauen und abgetragenen Schlafrockes etwas an, um sich mit den in dicken Plüschpantoffeln steckenden Füßen nicht darin zu verfangen. Unter seinem Mantel trug er einen einteiligen Unterhosenanzug. Crippen war, wie jeden Tag, schon früh auf den Beinen. Von der nahen Kirche an der *Camden Road* hatte die achte Stunde noch nicht geschlagen. Es war kalt. Die frostige Luft der Winternacht war durch die Spalten der undichten Schiebefenster und der Außentüren ins Innere des Hauses gekrochen und lag schwer und feucht in allen Zimmern. Crippen beachtete die Kälte nicht. Er huschte leichtfüßig durch den engen Flur, aber nicht, um Feuer im Wohnzimmerkamin zu entfachen. Das konnte warten.

Er hatte andere Arbeit zu verrichten. Im großen Hause Dr.
Crippen gab es keine Bediensteten. Was er nicht tat, das tat
niemand.

»Es ist zum Gotterbarmen«, murmelte er verzweifelt, wie so
oft.

Er öffnete vom Flur her die unverschlossene Küchentür.
Ein einziges, fast blindes Fenster ohne Gardinen schaute hinaus auf einen kleinen, von hohen, modrignassen Mauern umschlossenen Hinterhof, zu dem einige Stufen hinabgingen.
Gerümpel häufte sich da – das jammervolle Skelett eines Fas-
ses, welches ehedem das Regenwasser auffing, ein zweirädri-
ger Handkarren, dem ein Rad fehlte, ein Blumengestell mit
verdorrten Grünpflanzen, einige zersprungene Blumentöp-
fe sowie ein Knäuel nasser Lumpenlappen. Und eine traurig
durchhängende und an vielen Stellen geknotete Wäschelei-
ne zog sich diagonal über die wenigen Meter des Hofes.

»Mein Garten« nannte seine Frau diese schmutzige, ver-
schleimte Müllhalde.

»In der Tat, eine Müllhalde, mehr ist es nicht«, dachte Crippen. »O Gott, o Gott, o Gott!« konnte er nur seufzen. Und
er seufzte so jeden Morgen, weil sich ihm jeden Morgen dieser trostlose Anblick bot. Crippen wendete seinen Blick vom
Hof ab.

Die Küche reichte ihm schon. Die Türme der unabgewaschenen Teller. Achtlos hingeworfene Kleidungsstücke seiner Frau. Zigarettenasche. Leere Ginflaschen. Und auf dem
Boden an der hinteren Tür die Reihe von schlammverkru-
steten Schuhen und Stiefeletten der Logierherren. – Ein Sau-
stall!

Wie jeden Morgen.

»Schleim, Wirrwarr, Chaos!« tobte es Crippen durch den
Kopf. »Wer oder was bin ich noch? Auch nur Schleim, auch
nur Dreck. Ich höre es ja von ihr mehrmals täglich.«

Mit den präzisen und eingeübten Handbewegungen eines
Mannes der praktischen Wissenschaft heizte er flink den
Küchenherd an und stellte den Wasserkessel aufs Feuer.

Gleich würde sie nach ihrem Tee verlangen.

Er bückte sich, nahm sich rasch ein Paar von den schmutzigen Stiefeletten vor und hockte sich auf einen Küchenschemel. Er klemmte einen Schuh zwischen die Beine und schrubbte ihn wie ein Besessener mit grober Bürste. Danach kam die Wichse. Schnell! Er würde eine halbe Stunde, eine Stunde für alle Schuhe brauchen. Mindestens eine Stunde. Die Logiergäste würden einer nach dem anderen aufstehen und herunterkommen. Der Tee hatte dann auch fertig zu sein und das Frühstück für alle und die Stiefel für alle. Und um seinen eigentlichen Broterwerb mußte er sich ja ebenfalls noch kümmern.

Würde sie ihn fortlassen?

Und wann?

»He, Frosch!« kreischte eine heisere, verräucherte Stimme vom Obergeschoß herunter. »Meinen Tee! Wird's bald!«

»Ja, Liebste, ... sofort, ... meine Perle, ... aber, Mr. Harris, ... du weißt doch, ... der muß doch, ... der steht doch immer zuerst auf und braucht seine Stiefeletten.«

»Quassele dich nicht erst lange aus, und her mit meinem Tee, du fauler Sack, aber dalli, auf der Stelle!«

»Gewiß, Liebste.«

Er ließ Schuh und Bürste fallen, eilte zum Herd hin und rief: »Das Feuer ... das Wasser ... gleich kocht es ... eine Minute!« Verzweifelt pustete er in die schwach flackernde Glut, und die Funken stoben auf und sengten noch ein paar mehr stecknadelkopfgroße Brandlöcher in seinen Schlafrock.

»Dir werde ich noch Beine machen, du Nichtsnutz! Elender Versager! Schmieriger Frosch!« vernahm Crippen die wütende Stimme seiner Frau.

Einst hatte er diese Stimme geliebt. Einst war sie nicht verräuchert und auch nicht wütend gewesen. Einst hatte er die Frau geliebt, der diese Stimme gehörte. Und jetzt? Einen Nichtsnutz, einen Versager nannte sie ihn. Und wahrscheinlich hatte sie sogar recht damit.

Jeder Tag begann mit einem solchen Morgen. Doch nicht nur morgens beschimpfte sie ihn. Eigentlich immer, wenn er sich in ihrer Nähe aufhielt.

Dr. Crippen war Nordamerikaner. Er hatte in seiner Heimat Medizin studiert, jedoch als Arzt nicht sofort eine Anstellung nach seinem Geschmack gefunden. Vielleicht war er zu wählerisch gewesen, zu eingebildet. Nach langem Hin und Her sowie zahlreichen Fehlschlägen hatte er schließlich bei der Arzneimittelfirma Munyon's Remedies eine nicht allzu großzügig bezahlte Stellung im Vertrieb angenommen. Wahrscheinlich war das der Beginn seines Weges auf den Abgrund hin gewesen.

Verkehr auf der *Westminster Bridge* um die Jahrhundertwende, als Dr. Crippen von Amerika nach London übersiedelte. Links: Die Parlamentsgebäude mit *Big Ben*. Rechts: *Scotland Yard*.

Dr. Crippen war ein Mann von bescheidenem Wuchs, nur knapp einssechzig groß. Er hatte schütteres Haar, graue, hervorquellende Augen, Froschaugen eben, trug eine dünnrandige Goldbrille und einen Schnurrbart, dessen Enden herabhingen und ihm einen traurigen Gesichtsausdruck verliehen. Und sein Blick wirkte starr und kalt und ließ ihn als Person unsympathisch erscheinen.

Crippen hatte Cora in New York kennengelernt. Sie stammte von einem polnischen Vater und einer deutschen Mutter ab, und in ihr brodelte heißes Temperament, gepaart mit Willensstärke und Durchsetzungskraft. Eigentlich hieß sie ja Kunigunde Mackamotzki. Daß sie aber mit diesem Namen nicht weit kommen würde, hatte sie schon frühzeitig erkannt. Also nannte sie sich »Cora Turner«. Cora war ein

Mädchen für alle Gelegenheiten, erfreute sich einer provozierend üppigen und dabei wohlproportionierten Figur und konnte bereits im Alter von achtzehn Jahren auf eine Vergangenheit als ausgehaltene Geliebte eines begüterten Fabrikanten zurückblicken.

Sie, die extrovertierte, lebensprühende und lustvolle Cora Turner und er, der unattraktive, verklemmte und introvertierte Harvey Crippen hätten nicht unterschiedlicher sein können.

Cora Turner wußte genau, was sie wollte, und war es gewohnt, zu nehmen, anstatt abzuwarten, bis sie genommen wurde. Und darum wollte sie Crippen, den Arzt, den Doktor, den elf Jahre älteren. Durch ihn versprach sie sich eine glanzvolle Karriere, vielleicht als Schauspielerin, Tänzerin, Sängerin ...

Crippen vermochte nicht zu glauben, was ihm geschah. Er begegnete Frauen mit Argwohn. Abgesehen von einigen wenigen enttäuschenden Spielereien mit Mädchen während der Studententage wurde Cora sein erstes großes sexuelles Erlebnis. Er unterwarf sich ihr bedingungslos.

Dr. Hawley Harvey Crippen und Cora Turner heirateten. Dann bot ihm sein Arbeitgeber, Munyon's Remedies, im Jahre 1900 die Vertreterstelle in London an. Seitdem bewohnte das Ehepaar Crippen das Haus Nummer 39 im abgelegenen *Hilldrop Crescent.*

London hatte ihn fasziniert damals, London, diese alte, gewachsene und so fertige Stadt mit ihren zahlreichen stolzen Brücken und großartigen Gebäuden, die Stadt, in der es hektisch zuging, gleichzeitig aber auch zivilisiert, gepflegt und nicht so chaotisch wie in Amerika.

Nie vermochte Dr. Crippen die Wünsche seiner Frau zu befriedigen. Sie besaß Schmuck. Sie besaß Pelze und teure Kleider. Doch sie war maßlos in ihren Ansprüchen. Sein mageres Vertretergehalt reichte weder hinten noch vorn. Um sich über Wasser halten zu können, mußten sie Räume an Logiergäste vermieten. Das Haus war ja groß genug. Doch das brachte wenig ein und bereitete ihm nur zusätzliche Dienstmädchenarbeit.

Obwohl er als Amerikaner in England nicht praktizieren durfte, betätigte er sich in einem gemieteten Hinterzimmer, nicht weit von seinem Haus entfernt, dennoch gelegentlich und illegal als Zahnarzt und spielte den rettenden Engel für Frauen, die in Bedrängnis geraten waren. Er brachte allerlei Quacksalbermittelchen an den Mann und an die Frau und wußte wohl, daß er sich mit all dem schuldig machte.

Cora tat absolut nichts. Sie hielt sich für eine begnadete Künstlerin und meinte, sich an Crippen verschwendet zu haben. Ihre künstlerischen Ambitionen standen jedoch nicht im Einklang mit ihrem kümmerlichen Talent. Nur selten erhielt sie eine kleine Rolle in einem der zahllosen Varietétheater, doch verstand sie es, in Künstlerkreisen zu verkehren. Immerhin brachte sie es zur Schatzmeisterin des »Kränzchens der Damen vom Varieté«.

Mrs. Cora Crippen, die ein regelrechtes Doppelleben führte und sich unter ihresgleichen »Belle Elmore« nannte, war in der Welt des Vergnügens und der Zerstreuung sogar beliebt – und begehrt.

Cora Crippen als Belle Elmore.

Kurz nach ihrer Eheschließung hatte sie sich wegen minderer Beschwerden einem gynäkologischen Eingriff unterzogen. Schwanger konnte sie seitdem nicht mehr werden. Und das nutzte sie zugunsten ihres Lustgewinns weidlich aus. Ob ihrem Ehemann ihre Affären verborgen blieben oder nicht, das war ihr gleichgültig.

Crippen als Wachsfigur bei Madame Tussaud.

Das außereheliche Liebesleben der Belle Elmore schwang sich zu ungeahnten Höhen auf, als Crippen von seinem Arbeitgeber für sechs Monate zurück nach Philadelphia beordert wurde. Sie tat sich während dieser Zeit mit dem amerikanischen Gelegenheits-Kleindarsteller und ehemaligen Preisboxer Bruce Miller zusammen und lebte mit diesem ihr Temperament in aller Heftigkeit aus.

Dr. Crippen, der wegen der überhandnehmenden Hausarbeit nur relativ kurzzeitig in seinem Quacksalber-Hinterstübchen anwesend sein konnte, mußte sich wohl oder übel eine Person leisten, die zumindest da war für den Fall, daß doch einmal jemand anklopfte. Miss Ethel le Neve schien ihm dafür bestens geeignet. Sie ging ihm als Sekretärin und Gehilfin zur Hand. Obwohl Ethel einundzwanzig Jahre jünger als Crippen war, entspann sich doch bald eine wahre und erfüllte Liebesbeziehung zwischen den beiden.

Ethel le Neve bedeutete das einzige Glück im erbärmlichen Leben des Dr. Harvey Crippen.

Crippen kam spät heim an jenem Abend.

Es ging schon auf elf. Als er in den *Hilldrop Crescent* einbog, wurden seine Schritte langsamer. Nur noch widerwillig kehrte er in dieses Haus zurück. Er wußte, was ihn erwartete. Cora würde Gäste haben, würde sich im Kreise ihrer Freundinnen und Freunde sonnen und ihn wie einen Hausdiener herumscheuchen und vor all dem Lotterpack lächerlich machen.

Im Flur hängte er seinen schwarzen Paletot an den Haken und den Hut dazu. Er mochte nicht das Wohnzimmer betreten, sondern unbemerkt gleich nach oben in sein Kämmerchen schleichen.

Da öffnete sich die Tür und die gräßliche Mrs. Bellamy vom Kränzchen trat in den Flur.

»Oh, wen haben wir denn da?« rief sie mit greller Stimme. »Mr. Crippen! So eine Überraschung aber auch! Kommen Sie doch herein und belustigen Sie sich mit uns!«

Und ins Zimmer posaunte sie: »Ladies and gentlemen – ich präsentiere Ihnen den einzigen und einzigartigen Hawley Harvey Crippen, Doktor der Medizin und Tröster aller enttäuschten Jungfrauen!«

Es erhob sich ein schallendes, kreischendes Gelächter.

Er wünschte, daß ihn die Erde aufschluckte und brachte kein Wort heraus.

Im »Salon«, wie seine Frau diesen schäbige, verqualmten Raum großspurig zu bezeichnen beliebte, lümmelten sich acht oder zehn Männer und Frauen. Sie tranken Sherry aus Gläsern und Gin aus der Flasche. Die Damen rauchten lange, dünne Zigaretten und die Herren knüppeldicke Zigarren. Die Asche schnipsten sie achtlos auf den durchgetretenen Teppich. Leere Flaschen standen und lagen überall.

Cora saß auf dem Schoß eines Mannes mit schwarzem Hut, schwarzem Haar und schwarzem Vollbart. Ihr Dekolleté verhüllte nichts mehr. Der Schwarze nahm keine Notiz von dem gehörnten Ehemann und konzentrierte sich auf Cora. Er beugte sich über sie, küßte und knutschte sie ausdauernd am Hals und schlabberte sich busenwärts weiter. Cora kicherte genüßlich in sich hinein, wand sich in wachsender, lustvoller Erregung, löste sich endlich und lachte ihrem Mann spöttisch entgegen.

Sie erhob sich, schwankte und drohte zusammenzusacken. Cora war hoffnungslos betrunken – wie jeden Tag.

»He, Alter, g-guuut, daß du da bist. Mach glleich mal sta-starken Kaffee für uns alle! Los, beweg dein' faulen Arsch! – Un' guckt mal, wie der guckt«, wendete sie sich schrill aufkreischend an ihre Gäste, »der dämliche Knallfrosch mit seinen gllupschigen Frroschaugen! Ach, w–wenn der könnte ..., der w–würde m–mich ... aber der k-kann doch nicht.« Und dazu machte sie eine wegwerfende Handbewegung.

Harvey Crippen huschte, wie ihn geheißen, in die Küche und bereitete Kaffee, starken Kaffee, wie Cora ihn wollte.

»Vergiften müßte man sie und die ganze Bande dazu«, ging es ihm durch den Kopf.

Er erschrak. Ein solcher Gedanke hatte sich in derartiger Deutlichkeit in seinem Hirn noch nie geformt. Er trug den Kaffee in das von Lärm erfüllte Wohnzimmer, rannte noch dreimal, brachte die Tassen und floh in seine Kammer. Crippen wühlte sich in seine Kissen. Er fühlte sich am Ende. Er konnte nicht mehr. Nein, es ging so nicht weiter. Der erlösende Schlaf versagte sich ihm lange.

Seine Ethel, das liebe Mädchen Ethel le Neve erschien tröstend und ablenkend vor seinen Augen und streichelte ihm übers Gesicht. Mit Ethel wollte er, mußte er leben und endlich sein Glück finden.

Das furchtbare Dreifaltigkeitsgeschöpf Kunigunde-Cora-Belle mußte weg! War dieser Gedanke lästerlich?

Er haßte sie. Zum erstenmal gestand er sich selbst ein, daß er sie abgrundtief haßte. Sie mußte weg, weg, weg! Verschwinden mußte sie!

»Man müßte sie vergiften, ja, vergiften!«

Mit diesem Gedanken kam endlich der Schlaf über ihn.

Der folgende Morgen war seinem Ablauf nach so wie jeder bisherige. Und doch unterschied er sich. Denn Dr. Crippen wußte nunmehr, daß er seine Frau haßte, daß er sie beseitigen wollte, vergiften wollte, vergiften mußte!

Er machte sich wieder über den Herd, die Stiefel, den Tee.

Er servierte den Tee am Bett seiner Frau und fragte sich, wie er das aufgeschwemmte, fleischige Wesen in seinen dicken Pfühlen so lange zu ertragen vermochte.

Crippen fühlte sich ihr an diesem Morgen nicht mehr schutzlos ausgeliefert. Er spürte ungekannte Kraft in sich. Gleich würde sie wieder auf ihn einhacken, ihn scheuchen, ihn mit ihren groben Reden peinigen.

Sollte sie doch. Er schaute ihr in die Augen, um ihr etwas zu sagen, und er wußte, was er ihr sagen würde.

»Sollst mich nicht so anstarren, du Witzfigur!« raunzte sie, und eine Wolke gemischt aus Gindunst und fauligem Magengeruch stieg auf von ihr.

»Ich starre dich nicht an, Cora, ich schaue dir ins Gesicht, und ich sage dir jetzt etwas.«

»Was höre ich da? Aufmucken, wie?«

»Höre und denke, was du willst, und nenne es, wie du willst, doch höre gut zu.«

Die Frau blieb stumm. So war ihr Crippen noch nie entgegengetreten. Der Frosch!

Die überraschende Wirkung seiner wenigen Worte verunsicherte ihn selbst eine Sekunde lang. Er wußte jedoch genau, was er sagen wollte. Und er nahm seinen ganzen Mut zusammen.

»Ich habe eine Geliebte«, erklärte er ohne Vorrede und frei heraus und bat sie nicht um Verzeihung dafür. »Ja, ich liebe eine junge Frau, eine andere. Du hast mich in ihre Arme getrieben. Und das ist die Wahrheit, die ich dir sagen wollte.«

Cora verschlug es die Sprache. Sie sackte in ihre Kissen zurück. So hatte er sie noch nie gesehen. Fast tat sie ihm ein bißchen leid.

»Du?« fragte sie endlich ungläubig und gedehnt. »Du? Du Nichtsnutz? Du Versager?« Allmählich fand sie wieder zu sich selbst.

»Und was machst du mit der Hure? Haltet ihr Händchen, oder klebt ihr zusammen gar Abziehbildchen auf? Was anderes kannst du doch nicht!«

Sie erhob ihre Stimme. »Du hast eine andere! Du betrügst mich, mich, mich, die ich mich dir hinopferte, die ich dich spüren ließ, was ein Weib ist. Und nun betrügst du mich. Ein Hurenknecht bist du!«

»Sie ist keine Hure, sondern eine anständige Frau«, hatte Crippen den Mut, doch auch Mühe, dazwischenzurufen.

»Keine Hure, keine Hure! Natürlich ist sie eine! Was denn sonst?«

»Ach, arme Cora, du bist von Sinnen«, resignierte er mitleidig. »Doch deine Ausbrüche sind mir vertraut. Und jetzt gehe ich zur Arbeit.«

»Mach dich davon, du! Und sei stolz darauf, ein Hurendiener zu sein, doch ein Hahnrei bist du außerdem, ein erbärmlicher Hahnrei, und vergiß das nie!«

Dr. Harvey Crippen arbeitete nunmehr Punkt für Punkt seines Planes ab, Cora aus der Welt zu schaffen.

Am Morgen des 31. Januar 1910, einem frostigen Montag, begab er sich zunächst in die ein paar Meilen entfernte *New Oxford Street*. Normalerweise hätte er dafür die Untergrund-Eisenbahn benutzt. An diesem Tage aber winkte er eines jener neumodischen, doch immerhin seit einigen Jahren zum Londoner Stadtbild gehörenden Motortaxis herbei. Ein besonderer Anlaß erforderte besonderen Einsatz, sagte er sich. Außerdem hätte er auf der Unterirdischen zufällig Bekannten begegnen können. In dem Automobil aber saß er allein. Der an meist kurze Strecken gewohnte Chauffeur freute sich über die gute Fuhre, die für ihn fast schon eine kleine, ertragreiche Reise darstellte. Er schaltete sein Taxameter und damit das Besetztzeichen ein und fuhr zunächst die lange *Camden Road* hinunter.

In *Camden Town*, wo der Fahrer an der großen Kreuzung anhalten mußte, klatschte ein Zeitungsjunge das Morgenblatt gegen die Fensterscheibe. »Das Neueste, Sir«, rief er eifernd und geschäftstüchtig. »Zwei Züge bei Newcastle zusammengestoßen. Verdammt viele Tote!«

Crippen wandte mürrisch seinen Kopf zur Seite. Dann ging die Fahrt weiter, nach links in die *Camden High Street* und schließlich sanft nach rechts in die *Hampstead Road*. Als sie die mit Fahrzeugen vollgestopfte *Euston Road* in der Nähe des *Regent's Park* überquert hatten, begann in der *Tottenham Court Road* das regellose und richtig durcheinanderwuselnde Verkehrsgewühle, und es zählte nur noch das Geschick des Chauffeurs.

Ein humpelnder, zerlumpter Bettler mit aufdringlich stampfendem Holzbein versuchte, mit dem langsam fahrenden Auto Schritt zu halten und flehte: »Einen Penny, guter Sir, nur einen Penny, bitter kalt, Sir ...«

Der Fahrer drohte ihm, griff nach draußen und hupte laut, und der Alte gab auf.

Überall schrien Straßenverkäufer ihre Waren aus – Lavendelsträußchen, Duftwässerchen, Süßigkeiten und Bürsten und Besen und Krimskrams jeglicher Art. An der Ecke *Charing Cross Road* und *New Oxford Street* ließ Crippen anhalten. Er gebot dem Fahrer, für die Rücktour auf ihn zu warten, und begab sich zu Fuß ein paar Schritt in die *New Oxford Street* hinein.

In dieser Gegend, unweit des *British Museum*, bewegte er sich selten, und niemand kannte ihn. Er wußte dort aber den Laden eines Apothekers, bei dem er gelegentlich Salben, Pulver, Tropfen und Tinkturen einkaufte. Als Mediziner bereitete es ihm keinerlei Schwierigkeiten, auch fünf Gran Hyoscynaminhydrobromid, eine kristalline, leicht wasserlösliche, äußerst giftige und in winzigster Dosierung schon tödlich wirkende Substanz zu erstehen. Für den Apotheker bedeutete das nichts Außergewöhnliches.

Crippen ließ sich unverzüglich zurückfahren und entlohnte den Taxichauffeur in der hinter dem *Hilldrop Crescent* gelegenen, ruhigen *Leighton Road*. Dort, gleich neben dem *St. Margaret's Hospital*, machte er seine Aufwartung im Hause von Mr. und Mrs. Martinetti, einem ausnahmsweise auch mit ihm befreundeten Ehepaar.

Die Martinettis wurden am Abend zum Essen in 39, *Hilldrop Crescent* erwartet. Crippen überbrachte die freundlichsten Grüße seiner Frau und wollte sich nur vergewissern, ob die Gäste auch wirklich kämen, wie er sagte.

Mr. Martinetti hätte sich am liebsten entschuldigt; denn er litt an einer Erkältung. Dr. Crippen aber wollte davon nichts wissen und versprach, persönlich sogleich ein linderndes Mittelchen zu bringen.

Und so erschienen die Martinettis bei den Crippens, wie es des Doktors Konzept vorsah. Sie aßen und tranken und rauchten und ließen es sich wohl sein und redeten über dies und das und alles und nichts.

Schließlich zog Mr. Martinetti wie unversehens seine Uhr aus der Westentasche.

»Guter Gott, mein Mädchen«, sprach er zu seiner Frau, »es ist nach Mitternacht. Ich fürchte, wir mißbrauchen Coras und Crippens Gastfreundschaft.«

»In der Tat, der neue Tag ist bereits angebrochen, Martinetti. Also sollten wir uns schleunigst verabschieden.«

»Nun, ssooo müssen Ssie ssich nicht ... beeilen«, lallte Cora Crippen und tat so, als ob in ihrer Ehe alles zum besten stünde, indem sie die Rolle der vollkommenen Gastgeberin und Gattin spielte.

»Nein, gewiß nicht«, stimmte Dr. Crippen ihr zu.

Es lief alles wie geplant ab. Und die Martinettis hielt nichts mehr. Crippen half ihnen in die Mäntel, entriegelte die Haustür und wünschte ihnen eine gute Nacht.

»Sie haben ja zum Glück nur drei, vier Minuten zu gehen. Ich komme morgen vorbei, um bei Ihnen nach dem Rechten zu sehen, Martinetti«, rief er ihnen nach.

»Äh, danke, Crippen«, kollerte Martinetti zurück. »Gehen Sie ins Haus, sonst erkälten *Sie* sich noch!«

Und Cora winkte mit weitausgreifenden Armbewegungen ihren Gästen von einem Fenster aus dem Obergeschoß hinterher.

»Bring mir noch meinen – Dschschinn ans Bett, los!« schrie sie, kaum daß Sie unten die Haustür hatte ins Schloß fallen hören.

Hatte er ihr nicht alles deutlich genug gesagt? Hatte sie nichts begriffen? War sie in ihrem Dauerrausch nicht mehr bei Sinnen? Jedenfalls konnte sie es nicht lassen. Sie mußte ihn herumscheuchen.

Doch andererseits paßte ihr Verhalten zu seinem Plan. Sie sollte ihren Gin haben.

»Gewiß!« rief er hinauf. »Sofort. Es ist aber nur noch ein kleiner Rest in der Flasche.«

»Dann gefälligst her mit dem – Rrrest, aber dalli, Frosch!«

Crippen atmete tief durch und öffnete die Flasche. Er nahm das gefaltete Briefchen mit dem Gift aus der Westentasche und ließ das staubfeine Pülverchen in den Gin rinnen. Sauber. Kein Stäubchen daneben. Er wischte die Flasche dennoch ab und schüttelte sie. Dann warf er das leere Papierblättchen in das Kaminfeuer und sah es verglimmen.

»Wie llange dauert ... das noch, du?« zeterte Cora von oben.

»Komme ja schon ... bin ja schon da«, sagte er beschwichtigend und stellte die Flasche zusammen mit einem Glas auf den Nachttisch.

Wortlos und ohne ihr noch einen Blick zu schenken verließ er den Raum. Er ging ins Wohnzimmer hinunter, rückte sich einen Sessel zurecht und schickte sich an, die Nacht vor dem Feuer zu verbringen. Ruhig, still und mit sich im reinen starrte er in die Glut.

Solange die Flammen noch züngelten, sah er Coras Antlitz vor sich, vermeinte er zu hören, wie sie auf ihn einschrie. Dann, als die Glut in den verkohlten Holzscheiten erstarb, verging Cora vor seinen Augen und wich aus seinem Leben. So sollte es sein. Nun war er frei.

Er war stocknüchtern und sich durchaus bewußt, was er getan hatte.

Am Dienstag ließ er um die Mittagsstunde bei den Martinettis den schweren Bronzeklopfer an die Haustür wummern. Mrs. Martinetti öffnete.

»Ach, Mr. Crippen – bitte, kommen Sie doch herein.«

»Nur auf einen Sprung, Mrs. Martinetti, nur auf einen Sprung.« Crippen hatte es offensichtlich eilig und folgte der Frau in das kleine, behaglich eingerichtete und auf die Straße hinausschauende Zimmer. »Wie geht es denn Ihrem Gatten?«

»Hallo, hallo, Crippen!« begrüßte ihn Martinetti laut und fröhlich und erhob sich aus einem ledernen Ohrensessel.

»Gut geht's, Crippen, bin wieder an Deck, könnte Bäume ausreißen, ja, jünger müßte man sein ... Ihr Mittelchen, also, Respekt! Und besten Dank auch.«

»Freut mich, Martinetti, und nichts zu danken. Wollte nur sehen, ob Sie übern Berg sind; das ist der eigentliche Zweck meines Kommens.«

»Gut geht's ihm, Sie sehen's ja, Mr. Crippen«, meldete sich Mrs. Martinetti zu Wort. »Und schön war's bei Ihnen gestern abend. Dank dafür. Wir haben uns selten so nett unterhalten.«

»Von Cora soll ich Ihnen auch alles Liebe und Gute wünschen«, sagte Crippen mit Wärme in der Stimme. »Sie waren in der Tat angenehme Gäste.«

Cora Crippen alias Belle Elmore wurde nicht mehr gesehen. Dafür bemerkten die Nachbarn, wie Ethel le Neve in Nummer 39, *Hilldrop Crescent* ein und aus ging.

Ein mit Belle Elmore unterzeichneter Brief erreichte die Varietédamen. Sie erklärte in dem Schreiben ihren Austritt aus dem Kränzchen, weil sie sich wegen eines Unglücksfalls in der Familie ohne Verzug nach Amerika begeben müsse.

Crippen setzte die Geschichte in die Welt, Cora sei in den USA an Lungenentzündung erkrankt, und die Martinettis ließ er schließlich am 24. März von einer Reise mit Ethel aus Frankreich per Kabel wissen, seine Frau sei im Schoße ihrer Familie in Los Angeles sanft entschlafen. Die Urne mit ihrer Asche befinde sich bereits auf dem Wege nach London.

Ethel le Neve trug arglos Cora Crippens Schmuck und Pelze zur Schau und hatte in 39, *Hilldrop Crescent* ständiges Quartier bezogen.

Den Kränzchenschwestern schien manches nicht mit rechten Dingen zuzugehen. Sie witterten einen gesellschaftlichen Skandal und wetzten in kribbelnder Vorfreude die Zungen. Als ihre emsigen Nachforschungen dann ergaben, daß weder Cora Crippen noch Belle Elmore in Los Angeles aufgetaucht und eine sich so nennende Dame weder als Lebende noch als Tote dort aktenkundig geworden war, verständigten sie *Scotland Yard*.

Am Freitag, dem 8. Juli, klopfte Chief Inspector Walter Dew an die Tür der Nummer 39, *Hilldrop Crescent*, und Ethel le Neve öffnete ihm.

»Good morning, Madam, Chief Inspector Dew, *Scotland Yard*«, stellte er sich vor. – »Mrs. Crippen?« fragte er, obwohl er es bereits besser wußte.

»Aber nein, ich bin Ethel le Neve, eine Freundin des Hauses«, berichtigte ihn die junge Frau, und ihr Gesicht lief rot an.

»Oh, Verzeihung, Madam. – Darf ich wohl eintreten? Und ist Mr. Crippen zu Hause?«

»Selbstverständlich, bitte, ja, er ist zu Hause.« Sie öffnete die Tür weit und ließ Dew in den Flur.

»Harvey!« rief sie.

Crippen kam flink die Treppe herunter. Ethel huschte wortlos nach oben. Dew stellte sich ihm vor.

»Was kann ich für Sie tun, Chief Inspector?« fragte Crippen höflich und wies mit einer Handbewegung in die Wohnstube. »Bitte, nehmen Sie doch Platz, Chief Inspector.«

»Danke, Sir.«

Sie saßen sich in zwei Sesseln vor dem Kamin, in dem jetzt, im Juli, kein Feuer züngelte, gegenüber.

»Nun, Sir, Sie können sich gewiß denken, weshalb ich hier bin. Es hat doch den Anschein, als ob Mrs. Crippen verschwunden sei, nicht wahr, Sir? Nicht allein das, sie soll inzwischen verstorben sein. In Amerika. Stimmt das?«

»Ja, leider, das ist die Wahrheit«, antwortete Crippen und senkte den Kopf. »Meine arme Frau ...«

»Bevor ich Ihnen mein Beileid ausspreche, sollten Sie sich

Ihre Aussagen genau überlegen, Sir«, ermahnte ihn Dew und holte sein Notizheft aus der Tasche. »Unsere Ermittlungen haben nämlich eindeutig ergeben, daß Ihre Gattin nie in den Vereinigten Staaten angekommen ist.«

»Oh!« entfuhr es Crippen, und er schaute kurz auf, wich aber dem prüfenden Blick des Polizisten aus und legte seine Hand an die Stirn, als ob er seine Gedanken ordnen müsse.

»Wo ist Mrs. Crippen, Sir, wo?« fragte der Chief Inspector eindringlich. »Nur Sie können die Frage beantworten.«

Crippen schwieg und starrte zu Boden.

»Sie sollten reden, Sir«, forderte Dew ihn auf. »Haben Sie sich etwas vorzuwerfen? Haben Sie etwas zu gestehen? Sprechen sie jetzt. Je länger sie zögern, desto schlimmer kann es nur werden.«

Er schlug sein Heft auf und hielt den Bleistift schreibbereit in der Hand.

»Ja, ... Chief Inspector ... das ist ...«, stammelte Crippen, und mit verängstigten und weit aufgerissenen Augen schaute er durch seine dicken Brillengläser – »so ist das ... nämlich ...«

»Ja, und wie?« fragte Dew und erwartete eine Erklärung seines Gegenübers.

Er begann ihm leid zu tun, der kleine Mann.

»Sie hat mich verlassen. Mit einem Geliebten, Mr. Bruce Miller, denke ich, einem Amerikaner«, sprudelte es unerwartet klar und befreiend aus Crippen heraus. »Sie hat mir Hörner aufgesetzt, schon seit langem. Sie hat mich gequält und vor allen lächerlich gemacht. Und nun ist sie fort, vielleicht für immer. Wer weiß? Und ich schäme mich so – diese Schande!«

Crippen barg sein Gesicht in den Händen und zog die Luft hörbar tief ein, so daß es wie ein Schluchzen klang.

»Tut mir leid, Sir«, sagte Dew in beruhigendem und dennoch amtlichen Ton. »Warum haben Sie dann aber das Gerücht ausgestreut, Ihre Frau sei verstorben? Wenn sie nicht verstorben ist, und wenn sich alles so verhält, wie Sie mir eben erklärten, dann ist das kein Fall für *Scotland Yard*.«

Er klappte sein Notizheft wieder zu und steckte den Bleistift ein.

»Diese Schande!« stöhnte Crippen erneut auf, nahm die Brille ab und wischte sich die Augen. »Mit dieser Schande kann ich nicht leben.«

Dew blickte in große, glupschige Froschaugen.

»Diese Schande und das Gerede in der Nachbarschaft. Ich wollte das nicht. Ich halte das nicht aus!« Er sprang von seinem Sessel auf und ging erregt hin und her.

»Also, Mr. Crippen, Sir, fassen Sie sich doch bitte. Hier müssen Sie durch, und mein Besuch hat sich damit, glaube ich, auch schon erledigt. Aber das hätten Sie dennoch nicht tun sollen! Nur noch eines: Schicken Sie mir doch bis morgen, Sonnabend, eine kurze Beschreibung und eine Fotografie von Mrs. Crippen. Wir sollten das trotz allem in einigen Zeitungen der Vereinigten Staaten veröffentlichen lassen. Vielleicht finden wir Madam für Sie und wissen zumindest, wo sie sich aufhält. – Ach, und doch noch eine Frage, da Miss oder Mrs. le Neve nicht anwesend ist: Wie ist Ihr Verhältnis zu der jungen Dame?«

»Oh«, antwortete Crippen etwas erstaunt und leichthin, »Ethel – Miss le Neve – ist meine Sekretärin und eine Freundin von meiner Frau und mir.«

»Und das ist alles? Keine, äh, intimen Beziehungen?«

»Absolut nicht, Chief Inspector«, entgegnete Crippen mit einer Spur Entrüstung und Bestimmtheit im Ton.

»Dann will ich Sie nicht länger belästigen. Leben Sie wohl, Sir, und meine Empfehlung an Miss le Neve.«

Wortlos geleitete Crippen seinen Besucher hinaus. Sie nickten einander verbindlich zu. Crippen schlug die Tür zu und schob den Riegel vor.

Am Montag nachmittag war die Beschreibung mit dem Foto von Cora Crippen, wie von ihrem Ehemann versprochen, noch immer nicht bei Walter Dew in *Scotland Yard* eingegangen. Verärgert ließ er sich von *Westminster* aus zum *Hilldrop Crescent* hinausfahren. Als er am Haus Nummer 39 anlangte, bemerkte er als erfahrener Polizist noch im Wagen sitzend mit einem Blick, daß die Tür nur angelehnt war. Er klopfte – einmal – und noch einmal etwas eindringlicher. Nichts regte sich.

Dew drückte die Tür nach innen auf und fand seine soeben in ihm aufgestiegene Befürchtung bestätigt.

Er ging durch das ganze Haus. Keine Tür war verschlossen. Er inspizierte alle Räume. Es sah aus, als ob Einbrecher gehaust und geplündert hätten. Nur in den anscheinend von Untermietern bewohnten Zimmern, war nichts angetastet worden. Ansonsten standen alle Schränke offen. Kommodenkästen lagen auf dem Boden, Kleidungsstücke waren überall verstreut. Wäsche lag in Knäueln herum. In den wenigen Schubladen eines kleinen Schreibsekretärs fand sich absolut nichts mehr.

Dr. Crippens Haus, 39, *Hilldrop Crescent*, stand an der Stelle des heutigen *Margaret Bondfield House*.

Das Haus war voller Mobiliar, und nichts schien davon zu fehlen. Doch Dew entdeckte keinen einzigen Reisekoffer. Dew wußte, hier waren keine Einbrecher am Werke. Vielmehr hat sich der Hausherr, Dr. Crippen, in überstürzter Eile davongemacht und Miss le Neve wahrscheinlich mit ihm.

Nunmehr setzte sich die mächtige Maschinerie von *Scotland Yard* in Bewegung. Die Presse erhielt Fotos und Beschreibungen Crippens und seiner Sekretärin – oder Geliebten?

»Wo ist Dr. Crippen?« schrien am Dienstag morgen die

Schlagzeilen der Zeitungen, »Wo ist Cora Crippen alias Belle Elmore?«, »Ist Dr. Crippen ein Mörder?«.

Endlich, am Mittwoch, dem 13. Juli, bekam Chief Inspector Dew die Erlaubnis zur Durchsuchung des Hauses 39, *Hilldrop Crescent.*

Er und seine Leute krempelten das Gebäude systematisch von oben nach unten um. Als sie schließlich bis zum Keller vorgestoßen waren, traf der Chief Inspector die Entscheidung, zu graben. An einer Stelle im Kellerboden fielen ihm einige lose Steinplatten auf. Die hebelte sie heraus – und wurde fündig.

Ein Paket lag da. Etwas war in eine Schlafanzugjacke gehüllt und flach unter dem Fußboden vergraben worden.

Behutsam lösten die Polizisten die Umwickelung an Ort und Stelle, und im Scheine der schwachen Kellerbeleuchtung legten sie einen menschlichen Körper frei, einen Torso, ohne Kopf, ohne Arme und Beine.

Unverzüglich wurde der grausige Fund in den Leichenkeller von *Scotland Yard* überführt und gründlich untersucht.

Die Jacke, die den Torso umhüllt hatte, konnte schnell der in Crippens Schlafzimmer gefundenen Schlafanzughose aus Baumwollflanell zugeordnet werden. Festgestellt wurde auch, daß das Opfer auf Grund eines gynäkologischen Eingriffs kinderlos geblieben war. Das traf auf Mrs. Crippen zu.

Die Analyse der inneren Organe ergab Spuren von Hyoscynaminhydrobromid, und damit war der Tatbestand einer Tötung zweifelsfrei erwiesen.

Und die Zeitungen des Landes gellten: »Wo ist Dr. Crippen, der Mörder?«

Der Captain des britischen Dampfschiffes »H.M.S. Montrose«, Henry Kendall, war von Natur aus ein etwas neugieriger Mensch; auf seinen kriminalistischen Spürsinn hielt er sich viel zugute.

Das Schiff durchpflügte die Wogen des Atlantischen Ozeans und befand sich auf dem Wege vom belgischen Antwerpen nach dem kanadischen Montreal. Die Überfahrt verlief ohne besondere Ereignisse. Die Mannschaft bestand aus erfahrenen Seeleuten. Darauf legte Captain Kendall stets besonderen Wert. Bei den Passagieren traten, abgesehen von einigen üblichen Fällen leichter Seekrankheit, keinerlei gesundheitliche Probleme auf. Die Stimmung an Bord war ausgezeichnet.

Lediglich zwei Passagiere, die sich in Antwerpen eingeschifft hatten, paßten nicht in dieses Bild und verhielten sich nach Kendalls Ansicht seltsam.

Dies waren Mr. John Robinson und sein Sohn. Der Jüngling hatte zwar ein knabenhaftes Antlitz, war aber mit Sicherheit kein Kind mehr. Er war altersmäßig etwas schwierig einzuordnen; Kendall hielt ihn für mindestens zwanzig, wahrscheinlich darüber. Die beiden teilten sich eine Kabine und verließen diese kaum. Selbst die Mahlzeiten nahmen sie in ihrer Zurückgezogenheit dort ein. Captain Kendall grübelte über die Robinsons nach. Sie schienen ihm einfach nicht geheuer.

Er stand auf der Brücke und winkte einen Matrosen herbei.

»Jefferson, klopfen Sie doch bei den Robinsons an und sagen Sie, der Captain gibt sich die Ehre und würde beide gern auf der Brücke empfangen. Sie wissen schon – allen Passagieren ist das eine Ehre und so weiter ... Und, Jefferson, lassen Sie sich nicht abwimmeln! Ich will die Robinsons hier sehen!«

»Jawohl, Sir!«

Der Matrose ging los, stand nach wenigen Augenblicken vor der Kabine und klopfte an die Tür.

»Ja, was ist denn?« meldete sich unwirsch eine männliche Stimme von drinnen.

»Mr. Robinson, Sir, eine Mitteilung von Captain Kendall«, meldete der Matrose. »Würden Sie bitte für einen Augenblick aufmachen?«

Robinson öffnete, ließ die Tür nicht aus der Hand und blieb in deren Rahmen stehen.

»Ja?« fragte er knapp.

»Der Captain, Sir, möchte sich beehren und Sie wie Ihren Herrn Sohn zu einem Besuch auf der Brücke empfangen. Wenn ich Sie führen dürfte ... «

»Ach nein«, wehrte Robinson ab. »Danken Sie dem Captain, wir möchten aber doch lieber ... «

Er trat einen Schritt zurück, um die Tür zu schließen.

»Aber Sir«, beharrte der Matrose, »bitte, alle Passagiere fühlen sich privilegiert, wenn der Captain einlädt. Sie sollten seine Geste nicht unterschätzen oder ausschlagen.«

»Na schön«, meinte Robinson, der augenblicklich zu dem Schluß kam, daß es nicht gut wäre, unnötigerweise aufzufallen. »Gehen wir, wenn es sich nicht vermeiden läßt. – Komm, William.«

Captain Kendall empfing die beiden Robinsons mit Herzlichkeit und streckte ihnen seine Hand zur Begrüßung entgegen.

»Ich danke Ihnen, daß Sie mir hier oben die Ehre erweisen. Wissen Sie, es gehört zu meinen Prinzipien, meine Passagiere der Reihe nach hier zu empfangen. Man kommt sich doch menschlich viel näher. – Ist das Ihre erste Überfahrt?«

»Nein«, antwortete Robinson einsilbig.

Der Sohn blieb stumm.

»Es scheint, das Wetter wird stabil, also schön bleiben, zumindest bis wir den Hafen erreichen. Danach soll es uns egal sein, nicht wahr?«

»Ja«, war von Robinson zu vernehmen.

»Nun, wenn Sie Fragen oder ein Anliegen haben ...«, Kendall gab sich gnädig, »Sie wissen jetzt, wo Sie mich finden können. Ich stehe Ihnen jederzeit zur Verfügung.«

»Danke«, sagte Robinson und wandte sich mit seinem Sohn zu gehen.

»Passen Sie auf, die Niedergänge sind schmal und steil!« gab der Captain Vater und Sohn mit auf den Weg.

Er kratzte sich am Kinn. Was fiel ihm an den beiden auf?

Daß Robinson einen Revolver unter dem Rock trug, war nicht zu übersehen. Wozu brauchte er einen Revolver? Was bezweckte er damit? Dann hatte er eine tiefe, gerötete Furche quer über seiner Nasenwurzel bemerkt. Kein Zweifel – der Mann war Brillenträger. Das verrieten auch die vorstehenden Augen – ja, richtige Froschaugen – und deren etwas unsteter, unsicherer Blick. Warum trug er dann keine Brille?

Und der Sohn? Mindestens zwanzig Jahre, und die Wangen kahl und haarlos wie ein Ei! Trotz der losen Jacke, die Robinson junior trug, saßen die leichten Rundungen doch genau an den richtigen Stellen, und junge Burschen hatten gewöhnlich auch andere Hüften als dieser angebliche Sohn.

»Wenn dieses Ding ein Junge ist, dann bin ich der Fliegende Holländer«, sagte sich Kendall und rückte die Mütze zurecht. Nein, hier handelte es sich nicht um Vater und Sohn, bestenfalls um Vater und Tochter – oder Mann und Frau? Captain Kendall kam blitzartig eine Eingebung. Mit der flachen Hand klatschte er sich an die Stirn. Nein, sollte das etwa ... ausgeschlossen!

Er trat an den Kartentisch, öffnete eine Schublade und brachte ein wochenaltes Exemplar des *Manchester Guardian* zum Vorschein. Er hatte die Zeitung seit Antwerpen aufbewahrt. »Mörder Crippen auf der Flucht« – das war die balkendicke Hauptüberschrift. Und darunter: »Dr. Harvey Crippen vergiftete und zerstückelte seine Ehefrau – *Scotland Yard* fahndet nach ihm und seiner Geliebten, Ethel le Neve«.

War dieser Crippen auf seinem Schiff? Er, Henry Kendall, sollte derjenige sein, der Crippen erkannte, fand?

Einmalig! Unglaublich!

Fiebernd las er die Veröffentlichung der Personenbeschreibung von *Scotland Yard*: »Hawley Harvey Crippen: etwa 50 Jahre, 155 – 160 cm groß, frische Gesichtsfarbe, schütteres, mittelblondes Haar, Ansatz zur Glatze, Brille mit starken Gläsern, langer, dünner Schnurrbart, graue Augen, künstliches Gebiß ...«

»Kein Zweifel«, sagte sich Captain Kendall, »das ist er!« Er mußte das *Scotland Yard* mitteilen! Also verpflichtete er den für den Funkverkehr zuständigen Offizier zu absolutem Stillschweigen und setzte folgende Botschaft ab: »An *Scotland Yard*, London, England. – Dr. Harvey Crippen und Miss Ethel le Neve als Mr. und Master Robinson mit allergrößter Wahrscheinlichkeit an Bord meines Dampfschiffes ›H.M.S. Montrose‹ auf Überfahrt von Antwerpen nach Montreal. Erbitte Instruktionen. Meine derzeitige Position ... – Captain Henry Kendall.«[*]

Captain Kendall wartete die folgenden Tage vergebens auf Instruktionen. Keinem Menschen, außer dem Funkoffizier, hatte er sein Geheimnis offenbart. Um nichts in der Welt durften die Passagiere erfahren, daß ein Mörder unter ihnen an Bord weilte. Und Crippen selbst mußte sich weiterhin in Sicherheit wiegen.

Bei *Scotland Yard* war Kendalls Nachricht wie der Blitz eingeschlagen. Die Führung der berühmten Londoner Polizeitruppe fragte sich, wie Crippen mitten auf dem Atlantik zu greifen sei. Chief Inspector Dew faßte einen Entschluß und setzte diesen gegenüber seinen Vorgesetzten durch: Er begab sich unverzüglich nach Liverpool und ging an Bord eines Schiffes, das ebenfalls nach Montreal auslief und schneller war als die »Montrose«. Es mußte schneller sein!

Das Dampfschiff »H.M.S. Montrose« hatte längst den St.-Lorenz-Strom erreicht und befand sich wenige Seemeilen vor Montreal. Eine Barkasse kam längsseits und brachte den Hafenlotsen.

»Neue Moden«, sagte sich der Captain. »Seit wann brauchen wir hier denn einen Hafenlotsen? Aber wenn die das eben so wollen ...«

Der Lotse meldete sich bei Kendall auf der Brücke und stellte sich vor als Chief Inspector Walter Dew von *Scotland Yard*. Unverzüglich begab sich Dew zur Kabine von Robinson und klopfte an.

Robinson trat vor die Tür. »Was ist?« fragte er unwirsch.

»Good morning, Mr. Crippen, Sir«, sagte Dew.

Robinson zuckte kaum merklich zusammen, warf seinerseits ein kurzes »Good morning« hin und schaute verständnislos drein. Ohne seine Brille war er blind wie ein Maulwurf. Er erkannte den Chief Inspector in der Lotsenuniform nicht.

»Chief Inspector Dew, *Scotland Yard*. Ich möchte eintreten. Bitte.«

Maßloses und ungläubiges Erstaunen spiegelte sich in Crippens unsichtigem Blick. Er bemühte sich, Haltung zu bewahren. Ethel le Neve brach ohnmächtig zusammen.

Es war aus.

Der Crippen-Prozeß vor dem Londoner Obersten Strafgerichtshof *Old Bailey* währte nicht länger als fünf Tage. Am 22. Oktober 1910 verkündeten die Geschworenen den einstimmigen Spruch: »Ethel le Neve – unschuldig. Hawley Harvey Crippen – schuldig.«

»Tod durch den Strang« lautete das Urteil.

Crippen verbrachte seine letzten Tage im Gefängnis *Pentonville Prison* in der *Caledonian Road*, London N 7, nur eine Meile von seinem Haus im *Hilldrop Crescent* entfernt.

Am frühen Morgen des trübseligen 23. November 1910 öffnete sich die Zellentür des zum Tode Verurteilten.

Der Henker erwartete ihn.

Ruhig, gefaßt und wortlos legte Hawley Harvey Crippen seinen Kopf in die Schlinge und fand sein Ende.

Ein Gespenst geht um im *Hilldrop Crescent* auf dem Hügel.

»Es spukt«, sagen die Leute.

»Er geht um.«

Der Geist des Dr. Hawley Harvey Crippen geht um.

»Er erscheint im Dunkeln, um die Mitternachtsstunde«, sagen die Leute.

<u>Und so kommen Sie hin:</u>

Hilldrop Crescent - U-Bahn (Underground) Northern Line bis Station Kentish Town oder U-Bahn Piccadilly Line bis Station Caledonian Road.

---

* Bei dem Funkspruch »Dr. Crippen an Bord …« soll es sich um der Welt erste erfolgreiche Anwendung der drahtlosen Telegrafie in der Verbrechensermittlung handeln.

Das Gespenst und sein Mörder

Tatort: Der Kirchhof an der Black Lion Lane,
Hammersmith, London W 6
Dienstag, 3. Januar 1804

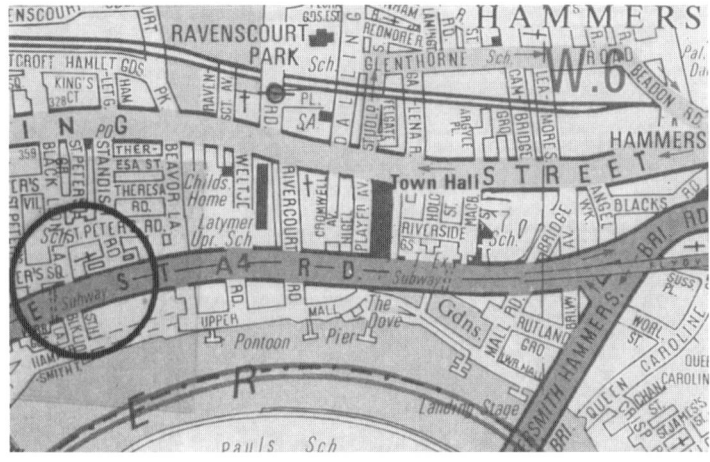

Bis weit in unser Jahrhundert hinein galt London als die größte Stadt der Welt. Jetzt rangiert es nicht einmal mehr unter den ersten zehn internationalen Großstädten. Metropolen wie Buenos Aires, Mexiko City, Tokio oder Peking sind inzwischen zu gigantischen Ballungszentren ausgewuchert und lassen Londons ehrlichen großstädtischen Charme beinahe provinziell erscheinen.

Auf einem Gebiet aber ist London unübertroffen: Die Londoner hängen an ihren Geistern und Gespenstern und sonstigen mysteriösen Erscheinungen und stehen mit jenen offensichtlich auf derart vertrautem Fuße, daß es eine Art hat. Samuel Pepys (1633–1703), zum Beispiel, der großartige Chronist, dessen Tagebücher ein so plastisches Bild vom Londoner Leben seiner Zeit vermitteln, wohnte einige Jahre im Haus Nummer 12, *Buckingham Gate*, einer Straße, die an der Südseite des *Buckingham Palace* entlangführt. Jetzt sitzt der Olympiaverband in dem Gebäude, und die Offiziellen sind stolz darauf, daß der Geist des Pepys sich hin und wieder zeigt. Er soll aber – und darüber wundern sich die Olympier – ein hübsches weibliches Gespensterchen, »ein ganz entzückendes Wesen«, das Wand an Wand mit ihnen, in der benachbarten Nummer 14 umgeht, nicht einmal zur Kenntnis nehmen. Dabei sei der Pepys doch beileibe kein Verächter gewesen!

Eine altehrwürdige und wohletablierte Institution wie die *Bank von England* rühmt sich selbstverständlich eines Gespenstes, das als »die schwarze Nonne« die Bank heimsucht. Dabei handelt es sich um die Schwester eines jungen Bankbediensteten, der im Jahre 1811 wegen schweren Betrugs gehängt wurde. Der Schock darüber trieb sie in den hellen Wahnsinn, und ab und zu geschieht es, daß eine trauerschwarzgekleidete und grellbuntgeschminkte Frau bei der Bank auftaucht und stets die gleiche Frage stellt: »War denn mein Bruder heute schon da?«

Eine der britischen Geistesgrößen und gleichzeitig ein komischer Kauz war Jeremy Bentham (1748–1832), der Vater des Utilitarismus. Bentham jedenfalls bestand darauf, daß nach seinem Hinscheiden sein Leichnam einbalsamiert und im *University College*, welches er selbst mitbegründet hatte, bewahrt werde. Er ist heutigentags noch im Eingangsbereich in einer gläsernen Vitrine zur Schau gestellt und sitzt auf einem Stuhl, trägt weiße Handschuhe und ist mit einem Spazierstöckchen bewehrt.

Vor der Einbalsamierung aber sezierten die Schüler den Leichnam ihres verehrten Meisters, um sein tiefstes Inneres zu ergründen, und zufällig prasselte dabei ein unheilvolles Gewitter über London nieder.

Es scheint, Bentham verdroß die Öffnung seiner Leiche wie auch der Aufruhr der Elemente. So passierte Jahre später folgendes: Ein Mathematikprofessor, der nächtens über seiner Arbeit brütete, vernahm irritiert die Geräusche eines aufstoßenden Stockes auf dem Flur. Er ging nachsehen und mußte zu seinem maßlosen Entsetzen feststellen, daß der Einbalsamierte seine Vitrine verlassen hatte und durch die Korridore des *College* wandelte.

Noch immer zeigt sich der Geist des Jeremy Bentham zuweilen, wie beobachtet wurde, und in der Bibliothek geraten Bücher in Unordnung; sie liegen aufgeschlagen herum, als ob der Gelehrte nach etwas Bestimmtem gesucht habe, auf daß seine Seele endlich Frieden finden möchte.

Das bewegt die Wissenschaftler vom *University College* schon. Doch auch an gänzlich unspektakulären und geradezu tristen Orten pflegt es in London zu spuken. Im Stadtteil *Nordkensington* werden die Menschen vor einem Phantombus – einem roten Londoner Doppelstockbus ohne Fahrer und ohne Insassen! – gewarnt, der, alle Regeln mißachtend, von *Cambridge Gardens* aus durch das Verkehrstosen pflügt und erst eine gute Strecke weiter, an der Kreuzung *St. Mark's Road* zum Stehen kommt und sich endlich und gnädiglich in Luft auflöst.

Ja, so gehen die Geschichten.

Hammersmith, im Londoner Westen, wirkt auf den ersten Blick auch nicht gerade romantisch, genausowenig wie *Nordkensington*, und doch geisterte es dort Anfang des vorigen Jahrhunderts mit entsetzlichen Folgen.

Einst war der Stadtteil *Hammersmith* ein eigenständiges Dorf vor den Toren der großen Stadt. Heute ist es vornehmlich geprägt von der mehrspurigen *Great West Road*, die sich wenige Meilen weiter nach dem Westen hin in die Autobahn *M 4* verwandelt.

In stadtauswärtiger Richtung führt die Straße zum Londoner Flughafen *Heathrow* mit seinen vier Terminals und weiter nach Bristol und Wales.

Vor zweihundert Jahren verlief das Leben daselbst noch in beschaulicheren Bahnen. Auch damals schon wurde *Hammersmith* von zwei Straßen dominiert, der einen, die von *Kensington* nach *Brentford* führte – die heutige *King Street*, und der anderen, die von *Bayswater* kam und nach *Uxbridge* hinausging – die *Great West Road*.

Und ebenfalls in jenen Tagen bereits verband die *Black Lion Lane* – die »Gasse des schwarzen Löwen« – beide große Straßenzüge miteinander, und in südlicher Richtung endete sie an den *Themseterrassen*. Etwa in der Mitte der *Black Lion Lane* ging die *St. Peter's Road* ab.

Und daneben lag die Kirche *St. Peter* – nebst einem kleinen Friedhof.

Ein großmächtiges, weißes Gespenst treibe sein Unwesen auf dem Gottesacker, hieß es in der *Black Lion Lane* und um sie herum. Es versetze die Leute in Angst und Schrecken, und einigen Weibern sei es sogar aufgehüpft! Und – hinter vorgehaltener Hand – in der *Theresa Road* sei eine Maid mit einem mißgebildeten Knaben niedergekommen, und sie gäbe nicht preis, wer der Kindsvater sei. Ihrer Mutter hätte sie lediglich schluchzend gebeichtet, des Nachts, auf dem Friedhofe, habe es sie unversehens überkommen.

Was hatte sie überkommen?

Wenn da nur nicht das großmächtige, weiße … Stille doch! So redeten die Leute im Kichspiel.

Allein, die wackeren Bürger zu *Hammersmith* zeichneten sich dennoch nicht durch übertriebene Furchtsamkeit aus. Sie lebten am Flusse, auf dem zahlreiche Schiffe verkehrten und waren den Umgang mit allerlei Gelichter gewöhnt.

Polly Allsop, ein junges Ding von siebzehn, achtzehn Jahren, mit kecken braunen Augen und üppigem Schwarzhaar,

Der Kirchhof an der *Black Lion Lane,* auf dem Anfang des 19. Jahrhunderts »Das Gespenst« umging.

gehörte auch zu jenen, die den vermeintlichen Spuk einfach weglachten.

Eines Nachts im November des Jahres 1803 nach der Arbeit und in der elften Stunde nahm Polly ihren Weg über den Kirchhof, um abzukürzen und ein paar Minuten eher daheim zu sein.

Sie hatte eben das überdachte Friedhofstor, unter dem auch am Tage Dunkelheit herrschte, hinter sich gelassen und lenkte ihre Schritte über den Kiespfad und den wintertoten Rasen, wie unzählige Male zuvor. Es hätte stockfinster sein mögen, Polly wäre nicht fehlgegangen. Doch Wolken jagten über den Himmel in jener Nacht; sie zogen von West nach Ost, so wie die *Themse* floß. Und die Wolken ließen Lücken für den Mond, sein kaltes Licht hin und wieder zur Erde zu schicken. Polly zog ihr schwarzes, wollenes Umschlagtuch bis unters Kinn und lächelte freundlich zu ihm auf.

»Schön von dir, daß du mir scheinst, lieber, alter Mond«, sagte sie in Gedanken. »Wie töricht die Leut doch reden. Hier soll es umgehen? Die da unten in ihren Gruben schlafen, tun doch gewißlich keinem etwas zuleid.«

Der Ort war ihr vertraut wie der kleine Garten an der Hinterseite des Hauses ihrer Eltern und hatte für sie überhaupt nichts Unheimliches an sich. Sie wußte sogar, wer in diesem, in dem anderen und in jenem Grabe ruhte. Einige davon hatte sie noch gekannt, wie die alte Mutter Crabbe, den Nachtwächter Bill, den Bierbrauer George Updike ... und die kleine Thelma. Als Neunjährige war sie erst kürzlich gestorben, die Thelma, dahingerafft von der Schwindsucht. Auf ihrem Grabe stand selbst im Winter frisches Grün.

Polly wurde traurig bei dem Gedanken an das Kind.

Um sich aufzuheitern, summte sie leise ein Liedchen vor sich hin. Schon näherte sie sich dem gegenüberliegenden Tor. Sie konnte seine Umrisse deutlich erkennen im matten Schimmer des Mondes, und von den Häusern her blinkte das freundliche Licht der Geborgenheit hinter den Fensterscheiben. Nur noch ein paar Schritte bis zur *Black Lion Lane*.

Da vernahm Polly ein Geräusch.

Rechts vor ihr erhob sich etwas, ganz sacht, doch stetig und es wuchs empor, immer, immer höher. Pollys Gesums erstarb.

Etwas Weißes tauchte auf zwischen den Steinen des Gräberfeldes, eine Erscheinung, die zu unheimlicher Größe anzuwachsen schien. Polly erschauerte.

»O-Gott-o-Gott-o-Gott!« entfuhr es ihr. Sie schlug die Hände über der Brust zusammen. Das Gespenst suchte sie heim! Ausgerechnet sie! Warum sie? – Weil sie nie daran geglaubt und darüber gelacht hatte? Zur Strafe? »Herrgott, hilf!«

Das Mädchen rannte. Es versuchte zu rennen. Es wollte schreien, doch es konnte nicht.

Der weiße, schreckliche Geist kam auf Polly zu. Als ob er schwebe, so bewegte er sich auf das Mädchen zu und breitete seine Arme aus. Jetzt rannte Polly. Sie spürte das Gespenst hinter sich. Es kam näher. Es streckte seine langen Arme nach vorn, nach ihr, um sie zu fassen. Es umfing sie ...

Polly Allsop brach ohnmächtig nieder.

Der Vater und Stan, ihr ältester Bruder, die sich auf die Suche begeben hatten, entdeckten Polly nach Mitternacht. Unversehrt lag sie, so wie sie zusammengebrochen war, im welken Grase des Kirchhofes.

»Schwester, was ist dir?« sprach der Bruder und rüttelte sie an den Schultern.

»Mein Kind!« jammerte der Vater auf.

Das Mädchen blieb reglos und gab keinen Laut von sich. Sie trugen Polly eiligst nach Hause und legten sie zu Bette. Polly Allsop erlangte noch in selbiger Nacht ihre Besinnung halbwegs zurück. Doch eine Schwäche überkam sie und mochte fortan nicht mehr von ihr weichen und zehrte sie aus. Das Mädchen siechte dahin und sollte sich nie wieder von ihrem Lager erheben.

»Ein großes ... weißes ... Gespenst ...« Das waren die letzten, gebrochenen Worte der Polly Allsop gewesen.

Sie fand ihre Ruhestätte neben dem Grabe der kleinen Thelma auf dem Kirchhof an der *Black Lion Lane*.

Die traurige Kunde von der Geistererscheinung auf dem Friedhofe, von der Heimsuchung der Jungfer Polly und ihrem schließlichen Tod ging im Nu durch *Hammersmith* und bewegte die Gemüter der Menschen.

Also waren es doch keine Hirngespinste! Also trieb sich doch ein Geist auf dem Totenacker herum! Wenn das Gespenst die stets fröhliche und furchtlose Polly Allsop nicht nur angefallen, sondern sogar um ihr Leben gebracht hatte, dann waren alle die Geistergeschichten ernstzunehmen.

Das entsetzliche Begebnis rüttelte die Leute zu *Hammersmith* auf. Es reute sie alle, nicht schon längst etwas unternommen zu haben, und sie schämten sich dessen. Also fanden sich Männer und Burschen vom sechzehnten Jahre an und bis zum fünfzigsten hinauf im Wirtshause *The Black Lion* zusammen. Es herrschte ein solcher Andrang, daß das Hinterstübchen das herbeigeeilte Mannsvolk nicht aufzunehmen vermochte und auch der vordere, große Schankraum noch mit genutzt werden mußte.

Die Männer formierten sich schleunig zu einer Bürgerwehr. Der Kirchhof mußte des Nachts scharf bewacht werden. Kein wie auch immer geartete Spuk sollte ungestraft davonkommen. Ihm war der Garaus zu machen. Dafür, so gelobten sie, wollten sie einstehen.

Vergeltung für Polly Allsop! Kaum hatten sie sich das vorgenommen und das letzte halbe Pint Bier geleert, holte William Fowler, der Schmied, einen langstieligen Hammer aus der Werkstatt und zog so bewaffnet auf seinen Wachtdienst. Am Morgen hieb er beim Reifenaufziehen mit dem Hammer wieder auf die ungefügen Wagenräder ein. Das Gespenst hatte ihn nicht zu spüren bekommen. Es war ihm nicht erschienen.

Nach einigen Tagen, in der Nacht von Dienstag, dem 3. auf Mittwoch, dem 4. Januar 1804, kam die Reihe an Francis Smith, seines Zeichens Steuereintreiber und ansässig in der *Standish Road* zu *Hammersmith*.

Er war alles andere denn ein Kampfhahn oder Raufbruder, eher ein schüchterner, stiller Mann war er – sechsundzwanzig und noch unbeweibt. Bevor er auf Wacht zog, gestand er sich ein, daß er sich unbehaglich fühlte in seiner Haut. Doch, was sein mußte, mußte sein. Noch einen Krug Schwarzbier. Eine lange Nacht stand ihm bevor.

In seiner Schlafkammer öffnete er die alte Familienlade und entnahm ihr aus einem Seitenfach eine Schrotbüchse. Er lud sie mit aller Sorgfalt und hängte sie sich über die Schulter. Sein Vater hatte die Waffe irgendwann mit ins Haus gebracht. Er selbst, Francis Smith, hatte sie nie jemals mit sich geführt noch genutzt.

Am Himmel hingen dichte Wolken. Es nieselte leicht, und kein Lüftchen regte sich. Francis Smith schritt den an der Kirche vorüberführenden Kiesweg ab – hin und zurück, hin und zurück, hin und zurück.

Vom Kirchturme herab ertönten zehn durchdringende Stundenschläge.

Smith war unwillkürlich zusammengeschreckt. Darüber mußte er lächeln. Er suchte sich einen Platz hinter einer etwas größeren Grabplatte und hockte sich hin. Kalt war es in dieser Nacht. Er blies in die Hände und rieb sie aneinander. Nichts regte sich. Seit Polly Allsops unglückseligem Ende mieden die Leute zur Nachtzeit den unheimlichen Ort.

Was würde er tun, fragte er sich, erschiene ihm das Gespenst? Versuchen zu entkommen? Die Büchse abfeuern?

Da! Im Nieseldunst zeichneten sich die schemenhaften Konturen von etwas Farblosem ab. Das war kein Mensch! Das konnte kein Mensch sein! Francis Smith bebte. Sein Herz schlug ihm fast hörbar. Er duckte sich hinter seinen Grabstein und starrte angestrengt in den Niesel.

Die Erscheinung, das Ding kam in seltsam wippendem, wiegendem Gang daher, als ob es schwebe, den Kiesweg entlang, ihm entgegen! Und farblos war es, keinesfalls dunkel, eher hell. Weiß!

Francis Smith legte den Lauf seiner Flinte auf der Oberkante der Grabplatte auf, zielte, zielte sorgfältig – und drückte ab. Ein Feuerstrahl fuhr aus seiner Büchse, ein peitschenscharfer Knall zerriß die Grabesstille, und Francis Smith stieg Pulverdampf in die Nase.

Sekundenlang verharrte er mit geschlossenen Augen – wie gelähmt. Endlich wagte er zu schauen. Vor ihm – drei, vier Schritt von ihm entfernt – lag etwas Unförmiges, Farbloses, Fahles auf dem Kies des Weges.

Francis Smith stieß einen Angstschrei aus und rannte, rannte in die Richtung, aus der das Gespenst gekommen war, auf das Tor zur *Standish Road* zu.

Er passierte das Tor, erreichte wild keuchend das Haus seines Nachbarn John Locke und wummerte mit dem schweren Klopfer an die Tür.

»Herauskommen, John!« stieß Smith atemlos hervor. Und sein Gesicht verzweifelt an die Tür pressend, flüsterte er: »Hilfe! Hilf mir!«

»Was ist denn? Ist dir etwas zugestoßen, Francis?« fragte Locke, noch ehe er die Tür ganz geöffnet hatte. »Tritt doch erst mal ein, und nimm mir nicht den Haussegen.« Er zog Francis Smith in den Flur.

»Siehst ja aus wie ein Geist«, sagte er und unterdrückte ein Lächeln. »Hast du heute nicht Wache? Ist dir etwa –«

»Mich deucht, so mich nicht alle guten Geister verlassen haben, ich hab' das Gespenst totgeschossen!« sprudelte es aus Smith heraus.

»Was? Du? Stinkst ja nach Bier, als hättst du ein ganzes Faß ausgesoffen, Gevatter. Bestimmt gaukelt's dir was vor.«

»Tot! Tot! Es ist tot. Niedergestreckt. Es muß tot sein, das ...
Ding, ... das weiße ... Gespensterding.«
»Herrgott, Allmächtiger!« entfuhr es John Locke dann doch
mit entsetzter Stimme.
»Komm mit, John, nachsehen! Ich mag nicht, ich kann nicht
... allein, weißt du ...«
John Locke zog eilends die Stiefel an, warf sich die dicke Woll-
joppe über und entzündete eine Sturmlaterne. Zusammen
eilten sie zum Friedhof.
Auch Locke war unheimlich zumute. Einen Toten aufzusuchen, das war immer beängstigend; einen toten Dämonen
aber erst ...!
Auf dem Weg lag tatsächlich das Gespenst – eine unge-
wöhnlich große Gestalt in Weiß. Die beiden Männer grusel-
te es. Sie mochten nicht näher treten, und sie mochten nicht
hinschauen.
»Francis, laufe du auf die Straße, und hole einen Schutzmann
herbei!« forderte Locke seinen Freund auf. »Ich will derweilen das Tor hüten und niemanden einlassen.«
Francis Smith war froh, den grausigen Ort fliehen zu können. Bereits nach einer kleinen Weile aber kam er mit zwei
Wachtleuten zurück.
Zu viert näherten sie sich dem Gespenste mit aller geboten-
en Vorsicht.
Mitten auf dem Pfade lag der in Weiß gekleidete Leichnam
eines großgewachsenen, kräftigen Mannes. Smiths Schrot
war ihm vor dem linken Ohr in den Kopf gedrungen, hatte
ein gräßliches Loch gerissen, und eine breite Blutlache umgab den Mann.
Smith und Locke kannten den Toten.
Er hieß John Millwood, war groß und kräftig gebaut, hatte
das Handwerk eines Maurers ausgeübt und als solcher stets
und zunftgemäß weiße Arbeitsgewandung getragen – weiße
Hose, weiße Jacke und lange, weiße Schürze.
Noch wenige Tage vor seinem tragischen Tode hatte er daheim erzählt, wie sich unten am Flusse in der Dunkelheit
zwei Damen und ein Herr vor ihm erschreckt hätten. Seine
Schwiegermutter hatte ihm dieserhalb Vorhaltungen ge-

macht und anempfohlen, sich doch um Himmels willen einen dunklen Mantel überzuziehen. Doch Millwood war einfach zu stolz gewesen auf seine Maurerkluft und hatte von einem Überrock nichts wissen wollen. Und seine Eitelkeit war ihm zum Verhängnis geworden.

Dahin war es im Kirchspiele mit dem Getuschel um das »großmächtige, weiße Gespenst«. Nichts ward mehr gewispert vom »Aufhüpfen« und dem mißgebildeten Knaben einer Maid, die »es überkommen« habe. Nein, einzig der Fleischeslust hatte sie sich hingegeben, die nichtswürdige Satanstochter, zwischen den Gräbern auf dem Gottesacker des Nachts.

Die Leute nahmen Anteil am Schicksal des John Millwood, dessen Stolz auf seine Zunft ihm den Tod gebracht hatte. Und sie bedauerten und betrauerten Polly Allsop, der ein biederer Maurersmann und nicht das Gespenst erschienen war.

Francis Smith wurde des Mordes an John Millwood beschuldigt und vor Gericht gestellt.

Er beteuerte glaubwürdig, es habe nicht in seiner Absicht gelegen, John Millwood, den er überdies gut gekannt habe, etwas zuleide zu tun. Nur hätte er ihn für das Gespenst gehalten und vermeint, mit dem Schusse seine Pflicht zu erfüllen und der Bürgerschaft einen Dienst zu erweisen. Die Geschworenen waren von der Ehrlichkeit Smiths überzeugt, der Richter aber nicht.

»Gesetzt«, hielt er dem Angeklagten entgegen, »fremde Wesen möchten von einem anderen Gestirne zu uns herabsteigen, allwie uns manche Ketzer, manche Schwarmgeister in nimmer ermüdendem und blindem Eifer glauben machen wollen, hättet Ihr dann geschossen?«

Francis Smith schwieg, zermarterte sich das Hirn vor Ratlosigkeit und ließ den Kopf hängen.

»Und gesetzt«, bedrängte ihn der gelehrte Richter weiter, »solcherart Wesen wären Engel des Himmels, würdet Ihr auch auf Engel Eure Büchse abgefeuert haben?«

Smith wußte noch immer keine Antwort.

»Und wer sagte Euch eigentlich, die Erscheinung hätte schlechterdings kein Engel sein können?«

»Eine Erscheinung hat die Jungfer Polly Allsop zu Tode gebracht«, wagte Francis Smith zu entgegnen.

»Schweigt!« donnerte der Richter. »Woher wollt Ihr, ein kümmerlicher Steuerbüttel, wissen, wie besagte Jungfer wahrhaftig zu Tode kam?«

Der Angeklagte senkte den Kopf.

»Euch muß endlich innewerden, Angeklagter«, setzte ihm der Richter zu, »daß es gilt, Leben zu ästimieren! Und wer Leben nicht ästimiert, wer Leben nimmt, wer mordet, dem werde sein eigen Leben genommen!«

Der Richter wandte sich an die Geschworenen, legte ihnen auseinander, wie der Angeklagte vorsätzlich gehandelt habe, wie er mit einer Flinte bewaffnet und es seine Intention gewesen wäre, die Flinte abzufeuern. Er habe einen Schuß getan und damit einen Mord begangen, den Mord an John Millwood, einem unbescholtnen Maurer, der sich nichts andres habe zuschulden kommen lassen, als des Nachts in seiner Arbeitsgewandung über den Kirchhof zu gehen. Also könne der Spruch der Geschworenen einzig lauten: »Schuldig des Mordes.«

Das Gericht zog sich zur Beratung zurück. Nach einer kurzen Weile verkündeten die Geschworenen ihre Entscheidung: »Schuldig des Totschlages.«

Dem Richter aber mißfiel diese Entscheidung höchlichst. Er warnte die Geschworenen und erinnerte sie an ihr Gewissen. Um Totschlag habe es sich mitnichten gehandelt. Er insistierte nochmals darauf, die Tat sei vorsätzlich begangen worden und deshalb nunmehr als Mord zu erkennen.

Also lautete das letzte Wort der Geschworenen: »Schuldig des Mordes.«

Und der »Mörder« Francis Smith, der das »Gespenst« des *Black Lion Lane,* John Millwood erschossen hatte, wurde verurteilt zu hängen.

Smith verbrachte seine Tage und Wochen im Kerker ohnehin eher tot denn lebendig. Reue, Scham und Schmerz drohten ihn umzubringen.

Doch soweit sollte es nicht kommen.

Einen Tag und eine Nacht vor der Hängestunde erfuhr er Begnadigung, und ein neues Urteil wurde gefällt: »Ein Jahr Gefängnis.«

Also fand die tragische Geschichte um das Gespenst zu *Hammersmith* noch ein barmherziges Ende.

Nur wenige Minuten dauert es, durch die halbwegs abgeschieden dahinlebende *Black Lion Lane* zu schlendern. Von der *King Street* her ziehen sich längs ihrer Ostseite altersgraue, zweihundertjährige Reihenhäuser hin. Linker Hand zweigt die *St. Peter's Road* ab, und der achteckige Turm der neuen, im Jahre 1829 gebauten Gemeindekirche *St. Peter* mit ihrem von vier griechischen Säulen getragenen hohen Portal beherrscht das Blickfeld. Neben der Kirche versteckt sich der winzige Kirchhof, seit 1958 nur mehr ein gepflegter »Ruhegarten«, ein Ort der Stille und Besinnung. Lediglich einige wenige alte und verwitterte Grabsteine lehnen an der hinteren Umfriedungsmauer.

Durch einen Fußgängertunnel unter der brüllenden *Great West Road* sind es ein paar Schritte zum Ufer der *Themse*. Vorher aber winkt der altertümliche Pub *The Black Lion*. Eine Gedenktafel ist an der Außenwand angebracht, und darauf steht:

Der Pub *The Black Lion* am unteren Ende der *Black Lion Lane*.

An dieser Stelle steht seit über zweihundert Jahren eine Schenke. Ursprünglich war das Gebäude ein Schweinehof, bis der Bauer für sich und seine Freunde Bier zu brauen begann. Er war damit so erfolgreich, daß die Brauerei über seine landwirtschaftliche Tätigkeit obsiegte. Im Jahre 1804 trieb das Gespenst von *Hammersmith* sein Unwesen in der *Black Lion Lane*. Eines Nachts füllte der Steuereintreiber Francis Smith seine Donnerbüchse mit Schrot und sich selbst mit Bier und tötete anschließend den unglückseligen, weißgekleideten Maurer Thomas Millwood, den er für das Gespenst gehalten hatte. Hierher, in den *Black Lion* wurde der Leichnam gebracht, und später fand auch die Leichenschau hier statt.

The Black Lion – welch angenehmes Informationszentrum über das Gespenst von *Hammersmith*.

Doch noch eine weitere Schenke am Ufer der *Themse* lädt zur Einkehr: Das Wirtshaus »Zur Taube«, die *Dove Inn*, Nummer 19, *Upper Mall*, nur durch die dem Fluß abgewandte Hintertür zu betreten und lediglich von Eingeweihten beim ersten Anlauf zu finden. Doch Anwohner sowie Spaziergänger wissen alle trefflich Bescheid und helfen gern.

Und es ist gut sein in der nur zweistöckigen, geduckten *Dove Inn*, einem der beliebtesten und berühmtesten Londoner Gasthäuser aus dem 17. Jahrhundert, am Strand der *Themse*, wo der Wirt ein gepflegtes Bier noch mit der Handpumpe zu zapfen versteht und einen trefflichen *Ploughman's Lunch* – »Pflügermahl«, bestehend aus Brot, Butter, Käse und Salat – zum kleinen Preis serviert.

Bald erzählte er unaufgefordert, daß König Charles II. (1630–1685) bereits in seinem Hause Einkehr hielt, als habe er ihm damals selbst schon aufgewartet.

»Er redete nie etwas Törichtes und tat nie etwas Gescheites«, sage man ihm nach. Und ein schwacher König solle er gewesen sein, der Charlie, ständig in Geldnot. Das sei erst anders geworden, als er anno 1662 die portugiesische Prinzessin Catherine von Braganza geehelicht habe und eine Mitgift von dreihunderttausend Pfund Sterling sowie das indische Bombay aus den Händen der Portugiesen hätte einheimsen können. Dennoch habe er sich überdies derer dreizehn Konku-

The Dove an der Themse. Schon Charles II. ließ sich vor über dreihundert Jahren in dieser Schenke bewirten.

binen erfreut – dreizehn! –, der Charlie; die bekannteste von ihnen, Nell Gwynne, sei zwar vor ihm bereits durch viele Hände gegangen, dem Charlie jedoch treu geblieben.

Mit jener Nell Gwynne habe der König die *Dove Inn* eben gelegentlich beehrt und den grandiosen Ausblick auf den Fluß genossen.

Charles II. – ein »schwacher König«? Nun, so schwach wohl nicht – mit einer Gemahlin und dreizehn Geliebten!

Wieso eigentlich gehe Charles – mit oder ohne Nell – nicht um in der *Dove Inn*, habe er doch dort sein Glück genossen?

»Jetzt, da Sie es sagen«, meinte der Wirt nachdenklich, und kratzte sich am Kopf, als ob er bedächte, sich bei der nächsten Fuhre Bier seiner Hausmarke Smith & Turner ein bißchen Spezialspuk gleich mitliefern zu lassen, »für den Ruf der *Inn* wär's schon gut.«

Und Londons Gespenster bekämen willkommenen Zuwachs. Das möcht' ja wohl so mißlich auch nicht sein.

<u>Und so kommen Sie hin:</u>

Black Lion Lane / Wirtshaus The Black Lion – U-Bahn (Underground) District Line bis Station Stamford Brook. Wirtshaus Dove Inn, 19, Upper Mall – U-Bahn District Line bis Station Ravenscourt Park oder District Line, Hammersmith & City Line oder Piccadilly Line bis Station Hammersmith.

Des Würgers Beichte zur Nacht

Tatort: 10, Rillington Place*
London W 11
1943–1953

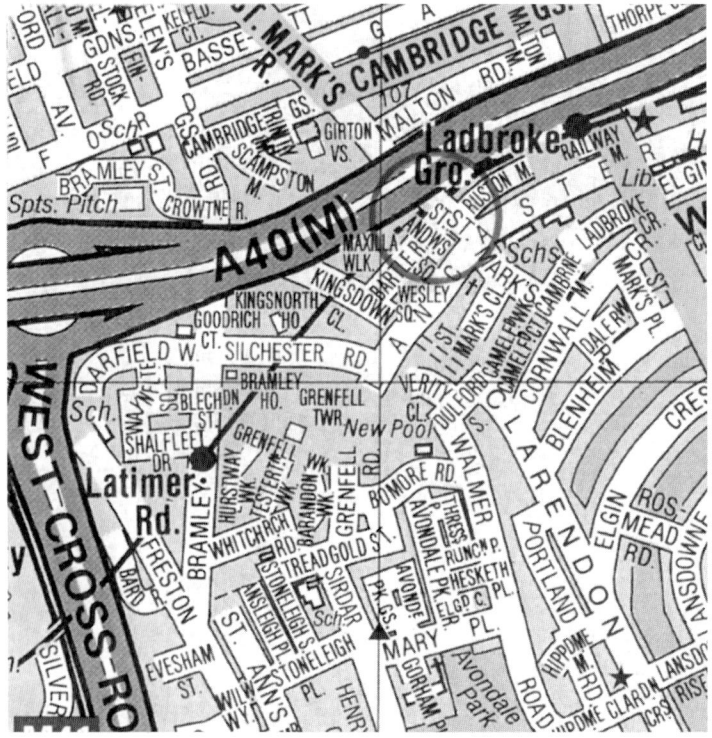

Durch die *New King's Road* im westlichen Stadtteil *Fulham* ging ein Mann. Er hatte den älteren, eleganteren Teil der Straße mit ihren zahlreichen Kramläden, Bekleidungshäusern, Antiquitätenhandlungen und Restaurants längst hinter sich gelassen und passierte eben den kleinen, dreieckförmigen und wohlgepflegten Park *Parson's Green* zu seiner Rechten.

Üppiger Rasen zierte die Anlage. Magnolienbüsche blühten verschwenderisch und ließen auf einen erfüllten und satten Sommer hoffen.

Der Mann hatte dafür keinen Blick und keinen Sinn. Er empfand nichts mehr, nur noch unendliche Leere war in ihm.

Er war schäbig gekleidet. Seinen zerknitterten und speckigen Regenmantel, der verriet, daß er mehr als einmal als Decke zur Nacht genutzt worden war, hielt er mit der einen Hand am Hals fest geschlossen. Ihn fröstelte trotz der Frühjahrsmilde. Das Gesicht des Mannes war hager und unrasiert. Die hohe Stirn wuchs zu einer glatten Glatze empor, nur an den Seiten des Kopfes, über den Ohren, wucherte Stoppelhaar. Hinter einer dickglasigen, horngefaßten Brille flackerten stechende, unstete Augen. Alles in allem wirkte die Gestalt ungepflegt, müde und hungrig, krank gar.

Er wechselte wie ein Nachtwandler, den Verkehr nicht achtend, von der einen Seite der Straße auf die andere. Autos hielten an. Die Fahrer schauten verwundert, keiner hupte. Verirrte und Verwirrte gingen schon immer in London umher. Am Ende der *New King's Road* bog der Mann nach links ab und schleppte sich schweren Schrittes auf die *Putney Bridge* zu.

Der Mann hieß John Reginald Halliday Christie. Er ging bis zum Scheitelpunkt der Brücke, packte das Geländer mit beiden Händen und lehnte sich, sacht vor und zurück schwankend, dagegen. Endlich hörte sein Blick auf zu flackern. Die Fluten der träge dahinwogenden *Themse* schienen eine beruhigende Wirkung auf ihn zu haben.

Eine Meile stromabwärts spannte sich die *Wandsworth Bridge* über den Fluß. Dahinter erhoben sich die mächtigen Schornsteine des Kraftwerkes *Battersea* und verunreinigten den heiteren Londoner Himmel mit dicken, dunklen und bedrohlich wirkenden Qualmwolken.

Christie starrte unentwegt auf die milchkaffeegrauen Wasserfluten, die unter der Brücke hervorquollen und weiterwogten – nach London hinein, aus London hinaus, in die Nordsee.

Schluß machen! Einen Endpunkt setzen! Springen! Sich fallen lassen, sich dem Fluß anvertrauen und mit ihm treiben – an einen Ort ohne Wiederkehr ...

Doch Reginald Christie war kein mutiger Mann. Im Gegenteil. Von früh an war er ein kleiner Feigling gewesen und im Laufe seines Lebens ein grausamer, unbarmherziger Feigling geworden.

Das Gelächter der Mädchen von damals, in der Jugendzeit, hatte nie aufgehört, ihn zu verfolgen; ihr unerträgliches Gekicher stichelte und stachelte noch immer in ihm.

»Reggie ist zu kurz gekommen!«

»Reggie hat keinen!«

»Reggie kann nicht!«

Das Gespött der Mädchen gellte in seinen Ohren und saß ihm noch immer blechklirrend und schmerzhaft in den Gehörgängen. Er war davon liebesunfähig, kalt und gefühllos geworden. In seinem Innern wurzelte etwas, das ihn alles Weibliche hassen ließ, und der Schrei nach Vergeltung für das, was die Mädchen ihm angetan hatten, war nie verstummt.

Rache an den Frauen! Ewige Rache hatte er zu seinem Lebensinhalt erkoren – und vollzogen.

Legen, stechen, würgen, aus der Welt schaffen! Büßen mußten sie!

Reginald Christie war zeit seines Lebens unerfüllt und unglücklich gewesen. In sich selbst saß er fest und lebenslänglich gefangen. Für ihn konnte die endgültige, vollkommene Befreiung nur noch darin bestehen, ergriffen zu werden, sich bereitwillig dem Tode zu weihen. John Reginald Halliday Christie stand auf der *Putney Bridge* und starrte in die *Themse* am späten Nachmittag des 31. März, einem Dienstag, im Jahre 1953.

Die U-Bahn und die nach *Oxford* führende Schnellstraße

A 40, Westway genannt, bilden den unmittelbaren und nicht gerade anheimelnden Hintergrund eines zum nördlichen *Kensington* gehörigen Sackgäßchens, das früher *Rillington Place* hieß. Bis zur U-Bahn-Station *Ladbroke Grove* und zur Hauptstraße gleichen Namens sind es nur wenige Schritte. Die Häuserzeile aneinandergereihter, handtuchschmaler Wohnkästchen aus dem vorigen Jahrhundert maß nicht einmal hundert Meter die Länge und bot ein unattraktives Bild. Ebenso unattraktiv erschien John Reginald Halliday Christie. In seiner Durchschnittlichkeit aber lag dennoch etwas Unangenehmes, sogar Gefährliches: »Die Inkarnation des Bösen« – so hatte ihn eine Nachbarin, eine fromme Kirchgängerin, beschrieben. Die Leute gingen ihm aus dem Wege.

Seit dem Jahre 1938 bewohnte er mit seiner Frau Ethel das Haus Nummer 10, *Rillington Place*. Im Obergeschoß lebte ein Mr. Kitchener, und unter dem Dach hatte sich das junge Ehepaar Timothy und Beryl Evans mit seinem kleinen Mädchen heimisch eingerichtet.

Noch vor hundert Jahren hatte eine einzige Familie in einem solchen Haus gelebt. Damals bewohnten gute Bürgersleute eben ein Haus. Inzwischen genügte manchen eine Wohnung. Den Christies gehörte das Erdgeschoß. Von einem schmalen Flur aus ging es rechts in ein kleines Wohnzimmer mit vorgewölbtem Erkerfenster. An das Wohnzimmer schloß sich ein noch kleineres Schlafzimmer an, und am Ende des Korridors, auf der linken Seite, lag eine winzige Küche mit einer Außentür nach dem von einer hohen Mauer umfriedeten Hinterhof und dem sogenannten Garten. Eine Waschküche wie auch ein Abort waren nur vom Hofe aus zu erreichen. Übermäßig viel Raum stand den Christies nicht zur Verfügung. Und das Leben plätscherte anscheinend ereignislos dahin in dem unauffälligen Reihenhaus.

Dann kam der 30. November 1949, ein wolkenverhangener, vorwinterlicher Mittwoch. Timothy Evans – ein liebenswerter Mann, doch mit der Intelligenz eines Zehnjährigen – meldete der Polizei das Verschwinden seiner Frau und seiner Tochter. Eine sofortige polizeiliche Durchsuchung des Grundstückes Nummer 10, *Rillington Place* förderte einen

Christie vor dem Küchenverschlag als Wachsfigur bei Madame Tussaud.

grausigen Fund zutage: Die Leichen der beiden Vermißten lagen unter dem Fußboden der Waschküche verscharrt.

Evans galt als einziger Verdächtiger, und John Christie fungierte als Hauptbelastungszeuge. Vornehmlich seine Aussagen brachten den jungen Ehemann und Vater an den Galgen.

Im *Rillington Place* herrschte Aufruhr. Die Leute raunten und wisperten und hechelten. Sie besuchten sich von Tür zu Tür und beredeten das furchtbare Ereignis.

»Dieser nette Mr. Evans, und so ein Teufel! Vor niemandem und nirgendwo ist man mehr sicher.«

»Ja, er war so ein angenehmer Mensch. Doch hängen mußte er eben für seine Tat.«

»Obwohl, dem Mr. Christie hätte ich das eher zugetraut.«

»Ja, wie der einen schon so bohrend anblickt, wenn er einen anblickt ...«

Nur ganz allmählich beruhigten sich die Gemüter in der kleinen Straßengemeinschaft wieder.

Drei Jahre später, im Dezember 1952, fegte Mrs. Cliffe die Gehwegplatten vor ihrem Haus.

»Übrigens, Mrs. Claythorpe«, wandte sie sich an ihre Nachbarin, die im Erdgeschoß aus dem Fenster hing, »ich habe Mrs. Christie schon einige Zeit nicht mehr zu Gesicht bekommen. Gerade jetzt, kurz vor Weihnachten! Ist sie krank oder verreist? Ist Ihnen das nicht auch aufgefallen?«

»Richtig, ich hätte gar nicht daran gedacht, aber nun, da Sie es sagen ...«

»Er ist ja zu Hause – und nicht zu übersehen, der abstoßende, aufgeblasene Gockel ...«

Mrs. Ethel Christie war eine dickliche Person mit prallem Busen. Sie gab sich stets so, wie sie war – offen und gefällig. Die Nachbarschaft mochte sie durchaus und sorgte sich ehrlich. Mr. Fry, wohl der einzige Mensch in der Gasse, der mit Christie je ein Wort gewechselt hatte, erhielt von seiner Frau den Auftrag, nach Mrs. Christie zu fragen.

»Ist nach Birmingham hin, schon gut. Eine Operation, wissen Sie«, erhielt Fry als knappe Antwort. Und so ließ Mrs. Fry die Kurzauskunft im *Rillington Place* zirkulieren. Doch die damit erzeugte Beruhigung war trügerisch, und sie sollte nicht allzulange währen. Denn den Leuten im *Rillington Place* fiel nun, gegen Ende Februar auf, daß Mr. Christie selbst fehlte. Niemand sah John oder Ethel Christie je wieder. Die Erdgeschoßwohnung stand leer. Es war ein unheimliches Haus. Beryl Evans und ihre Tochter Geraldine waren darin ermordet und in der Waschküche verscharrt worden. Timothy Evans hatte dafür hängen müssen. Das Ehepaar Christie war und blieb verschwunden. Mr. Kitchener lebte allein im Obergeschoß. Doch auch daran gewöhnte sich die Umgebung. Einem John Christie trauerte keiner nach. Im *Rillington Place* kannten sich natürlich alle Anwohner. Aber immerhin war London eine Großstadt und kein Dorf. Umzüge fanden allenthalben statt. Darum empfanden es die Leute als durchaus normal, als ein Mr. Beresford Brown an einem Dienstagmorgen in die Erdgeschoßwohnung der Nummer 10 einzog. Dies geschah am 24. März 1953.

Die Wohnung war gründlich gesäubert, desinfiziert und neu eingerichtet worden. Mr. Brown freute sich über seine beiden Zimmer mit Küche, wenn auch die Waschküche und der Abort nur vom Hof aus zu erreichen waren. Dafür hatte er das neue Obdach billig ergattert.

Voller Besitzerstolz ging er im Wohnzimmer auf und ab, blieb am Erkerfenster stehen und schaute hinaus. Ein Mann kam vorbei. Brown nickte ihm freundlich zu. »Hallo, hier bin ich jetzt zu Hause!« schickte er dem Unbekannten wortlos mit auf den Weg. Mr. Brown trat in den Flur, wandte sich nach rechts und öffnete die unmittelbar anschließende Schlafzimmertür. Ja, alles roch frisch und neu und angenehm. Das breite Fenster in der Hinterwand blickte zum Hof und zum Garten hin. Gar nicht schlecht. Die Küche, gleich hinter dem Schlafzimmer und nach links versetzt, war auch ganz nett und praktisch eingerichtet. Nur der auffällig strenge Geruch! Desinfektionsmittel? Ja, aber nicht nur. Da roch es noch nach etwas anderem – unangenehm! Es stank regelrecht!

Brown kroch auf dem Fußboden umher und schnüffelte. Nein, von da ging nichts aus. Er glitt die Wände entlang, drückte seine Nase hierhin und dorthin. Er fühlte und klopfte mit den Händen. Da!

In der hinteren linken Ecke klang es hohl und hölzern, und dort stank es am widerlichsten. Er zupfte an der Tapete und löste ein Stückchen ab. Eine Tür verbarg sich darunter – eine einfache Holztür, überklebt mit Tapete! Brown riß die Tapete vollständig herunter. Der Gestank war übermächtig. Ein Glasfensterchen in der Tür, nur angelehnt, ließ sich öffnen. Er drückte es nach innen. Sehen konnte er nichts. Was immer sich hinter der Tür befand, lag in absoluter Dunkelheit.

Nur eine giftige Dunstwolke schlug ihm entgegen und ließ ihn zurückfahren.

Mr. Brown wollte Gewißheit haben. Er nahm eine elektrische Handlampe, preßte sich ein Taschentuch vor die Nase und leuchtete kurz in das Gelaß hinein. Und im Schein der Lampe erblickte er den nackten Rücken einer toten Frau. Es mußte eine Tote sein!

Er stürzte in den Flur.

»Mr. Kitchener, Mr. Kitchener!« rief er nach seinem Nachbarn, die Treppe hinauf. »Hallo, Mr. Kitchener!« Oben öffnete sich eine Tür.

»Ja, Mr. Brown?«

»Wo ist das nächstgelegene Polizeirevier?«

»*Notting Hill*. Das ist *Ladbroke Road*, Ecke *Ladbroke Grove*, glaube ich«, antwortete Kitchener verwirrt.

Brown hatte kein Telefon im Haus. Und er mochte seine Entdeckung auch keinem Telefon anvertrauen. Er lief los, zur Polizei, weniger als eine Meile entfernt – links durch die kurze *Lancaster Road* und rechts in den *Ladbroke Grove* hinein. Auf dem Hügel *Notting Hill* mit seinen Grünanlagen, den er überquerte, blühte und duftete es. Einen viel zu schwachen Duft versprühten die Blumen und Büsche, auf daß sie Mr. Brown den Leichengeruch aus der Nase zu treiben vermocht hätten.

Detective Chief Inspector Albert Griffin von *Scotland Yard* erschien, zusammen mit dem Pathologen Dr. Francis Camps und einigen weiteren Männern, noch vor der Mittagsstunde am Ort der scheußlichen Entdeckung.

Sie öffneten den Verschlag in der Küche, der mit Tapete überklebt gewesen war und wahrscheinlich einst als Vorratskammer gedient hatte. Und was die Polizisten fanden, ließ selbst sie, als abgehärtete Spezialisten, erschauern: Im Hause Nummer 10, *Rillington Place*, war mehrfacher Mord begangen worden.

Zunächst stießen sie auf eine weibliche Leiche.

Die tote und nahezu unbekleidete Frau hockte auf einem Stuhl, und ihr Rücken war der Küche zugekehrt. Sie hätte längst vornübergesunken sein müssen, wäre sie nicht von einer, an ihrem Büstenhalter befestigten und an einen Haken in der Wand eingehängten Schnur halb aufrecht gehalten worden. Die Handgelenke waren mit einem Tuch aneinandergefesselt.

Bei der offiziellen Leichenschau am 30. März wurde sie von ihrem Bruder Robert MacLennan als seine sechsundzwanzig Jahre alte Schwester Hectorina identifiziert.

Hinter ihr stand ein weiterer Leichnam gegen die Wand gelehnt. Die Tote war in ein Umschlagetuch gewickelt, und der Bezug eines Kopfkissens verhüllte ihren Kopf. Es handelte sich um Kathleen Maloney, ebenfalls sechsundzwanzig Jahre alt.

Unter einer Decke kam in der Vorratskammer eine dritte Leiche zum Vorschein. Mrs. May Langridge erkannte sie als ihre fünfundzwanzigjährige Schwester Rita Nelson.

»Wo ein perverser Mörder drei Leichen versteckt hat, können auch noch mehr zu finden sein«, folgerte Detective Chief Inspector Griffin mit entsetzlicher, doch einleuchtender Logik. Er ließ seine Männer weitersuchen. Sie rissen in der gesamten Wohnung den Fußboden auf und gruben im Hof und im Garten.

Mitten im Wohnzimmer, etwa einen Fuß tief unter den Dielen im Erdreich, fanden sie die tote Mrs. Ethel Christie.

Im Garten, dicht an der rechten Umfriedungsmauer, kam aus zwei grabartigen Löchern eine ziemliche Anzahl menschlicher Knochen zum Vorschein.

Dem Pathologen Dr. Camps gelang es, die geborgenen Knochen zu zwei fast vollständigen Skeletten zusammenzufügen – einer Muriel Eady und einer Ruth Fürst, wie sich später ergeben sollte.

Eine silbrige, etwas abgeschabte Tabaksdose mit den Initialen J.R.H.C., die unter den Dielenbrettern des Schlafzimmers verborgen gewesen war, enthielt vier Schamhaarkräusel. Eines davon entsprach dem Haar von Ethel Christie.

Was die Polizei in der Nummer 10 gefunden hatte, löste bei den Anwohnern des *Rillington Place* fassungsloses und lähmendes Entsetzen aus.

Wo war er jetzt, der Mörder? In London vielleicht? Oder hatte er sich irgendwo im Inselreich verkrochen? Hielt er sich bereits außer Landes auf?

Niemand wußte eine Antwort.

Die Treibjagd auf John Reginald Halliday Christie setzte ein.

Am späten Nachmittag des 31. März im Jahre 1953, einem Dienstag, stand John Christie auf der *Putney Bridge* und starrte in die *Themse*. Er hatte sich Tag und Nacht in London herumgetrieben, kaum gewaschen, kaum etwas gegessen. Er wußte, daß nach ihm gefahndet wurde. Die Zeitungen waren voll von Berichten über ihn. Die Presse verbreitete sein Porträt mit den stechenden Augen, das Fernsehen strahlte es in die Wohnzimmer. Ganz Großbritannien kannte John Reginald Halliday Christie, den Mörder.

Der stand auf der *Putney Bridge* und starrte in die *Themse*. Plötzlich sprach jemand zu ihm, und Christie fuhr zusammen.

»Guten Tag, Sir, man könnte Sie tatsächlich für John Christie halten«, sagte der Schutzmann Thomas Ledger und meinte, witzig zu sein.

»Ich bin Christie«, erwiderte dieser zum unfaßbaren Erstaunen des Polizisten, ohne jegliche Emotion in der Stimme. Widerstandslos, erleichtert gar, ließ er sich abführen. Die beiden Männer gingen über die Brücke und erreichten die andere Seite des Flusses, wo sie der *Putney High Street* folgten. Am Bahnhof *Putney* bogen sie nach rechts ab, in die *Upper Richmond Road*. Sie erreichten auf der linken Straßenseite ein von zwei Kirchen flankierten Gebäude mit einer blauen Laterne über der Eingangstür – das Polizeirevier des grünen und angenehmen Stadtteils *Putney* im Londoner Süden.

Dort lieferte der Bobby mit stolzgeschwellter Brust seinen kapitalen Fang ab.

Die Polizisten verständigten sofort Detective Chief Inspector Griffin von *Scotland Yard*. Griffin stand in dem Ruf, ein harter, doch gerechter Ermittler zu sein, der es an menschlicher Wärme nicht fehlen ließ. Keiner, der jemals von ihm festgenommen oder verhört worden war, hatte sich beklagt, daß Griffin seine Macht in unredlicher Weise ausgenutzt hätte.

Er und Sergeant Kelly ließen nicht lange auf sich warten. Sie überführten Christie nach *Scotland Yard* und konfrontierten ihn ohne weitere Vorrede mit der Feststellung, daß die Leiche seiner Frau unter den Fußbodendielen in Nummer 10, *Rillington Place*, gefunden worden sei.

Christie schwieg zunächst.

»Was haben Sie dazu zu sagen, Sir?« fragte Griffin.

»Ach ... nämlich ... Sie machte mich munter, weckte mich auf«, jammerte Christie, und Tränen flossen ihm über die Wangen. »Sie bekam keine Luft, war am Ersticken. Ich konnte es nicht mit ansehen, konnte es nicht ertragen ...«

Ein Constable stellte einen großen Teller mit Sandwiches sowie eine Kanne Tee vor den offensichtlich ausgehungerten Christie auf den Tisch. Chief Inspector Griffin ließ ihm Zeit zu essen. Dann begann das Verhör, und John Reginald Halliday Christie sagte umfassend aus.

»Ja, ich bin gewillt, Ihnen alles zu sagen, an das ich mich erinnern kann«, preßte er heraus und zerknautschte ein Taschentuch. »Ich will eine Beichte ablegen.«

»Ich bitte darum«, forderte Griffin ihn auf.

»Also, ich fühle mich schon längere Zeit nicht so recht wohl«, begann Christie und schien regelrecht erleichtert, sich aussprechen zu können. »Seit eineinhalb Jahren geht das schon. Das Bindegewebe, wissen Sie, und Darmkatarrh kommt noch hinzu. Ich mußte sogar ins Krankenhaus, und im September zweiundfünfzig wurde es besser, doch so richtig gut ist es noch längst nicht – «

»Zur Sache bitte, Sir«, unterbrach der Chief Inspector Christies Abschweifungen, »der Mord an Ihrer Frau!«

»Ja, ja«, fuhr Christie fort und hatte offensichtlich Mühe, seine Gedanken zu ordnen.

»Meine Frau fühlte sich ständig verfolgt, wissen Sie, und sie befürchtete, daß die Schwarzen aus der Umgebung – es wohnen ja jetzt so viele Neger hier – ihr etwas antun könnten, bei uns zu Hause in Nummer 10, *Rillington Place*. Und sie mußte in ärztliche Behandlung; der Nerven wegen war das. Im Dezember bekam sie solche Angst, daß sie das Haus nicht mehr verließ und in einen depressiven Zustand verfiel.«

»Bitte!« unterbrach Griffin erneut. Und diesmal schwang Un-

geduld in seiner Stimme. Christie schaute verstört auf, ließ
jedoch sogleich seinen Kopf wieder hängen.

»Am 14. Dezember, ja, am 14. Dezember war es, ein Sonntag, ich wurde von meiner Frau munter gemacht. Sie bewegte
sich, sie zerwühlte das Bett. Sie litt unter Krämpfen. Ihr Gesicht war blau, und sie drohte zu ersticken. Ich tat, was ich
konnte, sie sollte doch wieder atmen! Es nützte aber nichts.
Es war wohl schon zu spät, um Hilfe herbeizuholen.«
Christie preßte die Hände vor die Augen und unterdrückte
ein Schluchzen.

»Wollen wir unterbrechen, Sir? Oder möchten Sie ein Glas
Wasser?« fragte Griffin.

»Nein, nein, Sir, es geht schon. Ich will ja aussagen«, beteuerte Christie und nahm nach wenigen Augenblicken seine
Rede wieder auf.

»Also, ich konnte das nicht mehr ertragen. Und ich nahm ...
einen Strumpf und ... band ihn ihr um den Hals. Sie sollte
doch schlafen ...«
Sergeant Kelly führte das Protokoll. Für eine Sekunde hob er
die Augen von seinem Papier und betrachtete sich Christie
aufmerksam.

»Dann stand ich auf«, redete dieser weiter, »und bemerkte
auf ihrem Nachttisch ein Medizingläschen und eine Tasse
mit Wasser. Die Tasse war vielleicht halbvoll. In dem Gläs-
chen waren noch zwei Schlaftabletten, starke Schlaftabletten, doch ursprünglich waren fünfundzwanzig drin gewesen. Und das bedeutete für mich, daß sie dreiundzwanzig ge-
schluckt haben mußte. Ich kannte die Tabletten nämlich. Im
Krankenhaus haben sie mir die verabreicht gegen Schlaflo-
sigkeit. Zwei oder drei Tage lang ließ ich Ethel im Bett liegen.
Ich wußte doch nicht, was ich mit ihr machen sollte. Dann
kam mir der Einfall. Im Wohnzimmer waren zwei Dielenbretter lose. Immer hatte ich mich darüber geärgert ... Ich
nahm die Bretter auf und noch ein drittes und ein viertes –
oder auch fünf ... ich grub ein tiefes Loch und ... legte sie zur
Ruhe. Sie sollte nun ihre Ruhe haben.«
John Christie verstummte. Er stützte den Kopf auf die Hände und stierte die Tischplatte an. Detective Chief Inspector

Griffin schaute betroffen und vielsagend zu Sergeant Kelly hinüber und gewährte Christie eine Minute Erholung.

»Kommen wir nun zu Rita Nelson, Mord Nummer zwei«, setzte er fort. »Was haben Sie dazu zu sagen, Sir?«

»Ja, Rita hieß sie wohl, Rita Nelson.« Christie wirkte verwirrt.

»Also, einmal, auf meinem Weg nach Hause – das war, wie gesagt, nachdem Ethel – «

»Gewiß«, unterbrach Griffin, »da war Ihre Frau bereits tot und verscharrt.«

»Ja, da stellte sich mir im *Ladbroke Grove* eine Frau, diese Frau in den Weg. Sie war, glaube ich, betrunken und verlangte ein Pfund von mir. Wir könnten dann um die Ecke in den Park gehen, und ich könnte es ihr machen, oder sie würde es mir machen. Aber für ein Pfund. Ich sagte: ›Kein Interesse; ich hab' kein Geld zu verschleudern.‹ Daraufhin wollte sie dreißig Schilling und sagte, sie würde Krach machen und laut schreien, daß ich sie vergewaltigen wollte, wenn ich das Geld nicht herausrückte. Ich ging schnell weiter; denn in der Gegend kennen mich doch alle; und die hätte bestimmt einen Skandal gemacht. Bestimmt.«

»Ja, und?« drängte Griffin.

»Na, sie lief hinter mir her, ließ sich einfach nicht abschütteln. Bis zu meiner Haustür verfolgte sie mich und verlangte Geld. Als ich die Tür öffnete, drängte sie sich ins Haus. Ich ging in die Küche, und sie forderte noch immer dreißig Schilling. Ich versuchte, sie hinauszuwerfen, doch sie ergriff eine Bratpfanne, um damit auf mich einzuschlagen. Es kam zu einem Handgemenge, und sie sackte in einen Stuhl. Es war ein Liegestuhl, so mit Stoff bespannt, und aus Latten. Und da hing ein Ende Strick irgendwie an dem Stuhl herum ...«

»Da nahmen Sie den Strick ... und?« fragte Griffin.

»Ich weiß nicht mehr, was dann geschah. Ich muß wohl durchgedreht sein. Ich kann mich nur noch daran erinnern, daß sie mit dem Strick um den Hals im Stuhl lag ... Den Strick habe ich ihr, glaube ich, nicht abgenommen. Vielleicht war er auch nicht festgezogen. Sie blieb dort, und ich setzte mich ins Wohnzimmer. Dann, glaube ich, trank ich eine Tasse Tee und ging zu Bett.«

»Und Sie überließen die verletzte oder bewußtlose oder gar
tote Frau einfach ihrem Schicksal, genossen Ihren Tee – und
legten sich schlafen?« Griffin mochte nicht glauben, was er
von Christie hörte.

»Ja, nein – es war schon so. Am nächsten Morgen stand ich
auf, und in der Küche wusch und rasierte ich mich. Sie lag
noch immer in diesem Stuhl. Ich glaube, ich habe mir dann
Tee gebrüht. In der Küchenecke stand ein kleiner Schrank.
Ich rückte ihn zur Seite, um die Eingangstür zu dem Gelaß
richtig weit öffnen zu können. Ich muß sie da hineinge-
schoben haben ... ich kann mich nicht mehr so genau daran erinnern.«

»Unfaßbar«, stellte Griffin fest. »Nun denn, Sir, Nummer drei,
Kathleen Maloney, bitte!« forderte er.

»Ja ... das ... also«, stammelte Christie, als ob er sich Kathleen Maloney nur mit Mühe ins Gedächtnis zurückrufen
könnte, »das war so: Einige Zeit später – das muß in diesem
Februar gewesen sein – ging ich in ein Café in *Notting Hill
Gate*, und ich holte mir eine Tasse Tee und einen Sandwich.
Das Café war ganz schön voll, und ich fand kaum Platz. An
einem Tisch saßen zwei Mädchen, junge Frauen, und ich setzte mich denen gegenüber an denselben Tisch. Sie unterhiel-
ten sich über möblierte Zimmer und waren offensichtlich
auf der Suche nach einer Unterkunft. Dann sprach mich die
eine an. Sie bat mich um eine Zigarette und begann eine Un-
terhaltung. Im Verlaufe des Gesprächs erwähnte ich, daß ich
bald ausziehen wollte und meine Wohnung also frei würde.
Und die beiden Frauen fragten, ob sie am Abend vielleicht
kommen könnten, um sich die Wohnung anzusehen. Ich
war damit einverstanden. Es erschien aber nur die eine, Kathleen Maloney eben. Sie sah sich in meinen Räumlichkeiten
um und war damit zufrieden. Sie hoffe nur, meinte sie, der
Vermieter würde ihr die Wohnung auch wirklich geben. Und
da sagte sie, sie wollte mich hin und wieder besuchen und
sich hinlegen. Sie bot sich mir sexuell an, wissen Sie, und ich
brauchte dafür auch keinen Penny zu zahlen, ich sollte nur
meinen Einfluß beim Vermieter zu ihren Gunsten geltend
machen.«

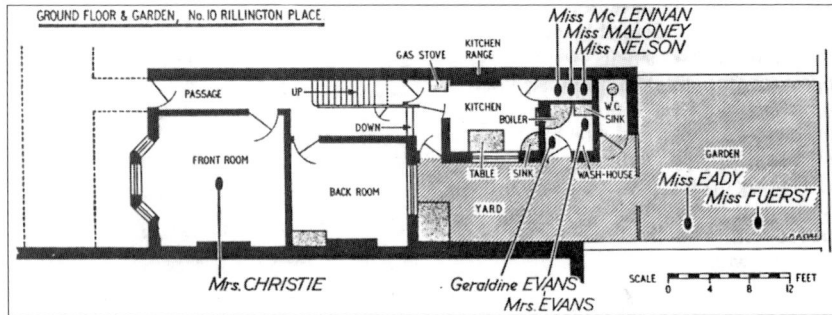

Grundriß der Wohnung Christies mit den acht Leichenfundorten.

»Und, kam sie, Sie zu besuchen?« warf der Chief Inspector fragend dazwischen.

»Ich war verärgert über das Angebot, wissen Sie, Sir, ich bin nämlich ... es ist schwierig ... und ich sagte ihr glatt, daß ich an ihrem Angebot nicht interessiert sei. Das machte sie wütend. Sie drohte mir, sie würde mit jemandem vorbeikommen, und dann sollte ich schon sehen ... Und sie machte eine Bemerkung, ›irisches Blut‹ oder so etwas. Sie war nämlich Irin.«

»Wie der Name Maloney schon sagt«, ergänzte Griffin ironisch.

»Sie war schrecklich wütend und erregt und begann auf mich einzuschlagen. Ich bin aber ein ruhiger Mann, lebe zurückgezogen und prügle mich nicht herum. Und da war etwas. Ich habe es im Hinterkopf ... Sie lag am Boden ... Wahrscheinlich habe ich sie in dem Gelaß untergebracht ...«

»Also, Sir, können Sie noch?« fragte Griffin.

»Bitte, ja ... bitte, ich will da durch!«

»Nun denn – Nummer vier!«

»Ja, ja ... gar nicht lange danach traf ich zufällig einen Mann und eine Frau. Sie verließen ein Café in *Hammersmith*. Wir kamen ins Gespräch. Sie hatten so komische Namen, das heißt er ... Er hieß ... wie hieß er doch? – Alexander ... Pomeroy Baker. Und sie hieß Hectorina MacLennan. Es war vormittags. Der Mann ließ mich mit der Frau stehen und überquerte die Straße, um mit jemandem zu reden. Und sie

erzählte mir, sie würden am Wochenende aus ihrer Bude fliegen. Er habe seine Arbeitsstelle verloren. Daraufhin bot ich
ihr an, sie könnten einige Tage bei mir unterkriechen, falls
sie nichts fänden. Beide kamen auch und blieben ein paar
Tage. Dann eröffnete ich ihnen, daß sie sich eine andere Unterkunft suchen müßten. Denn der Kerl war wirklich ziemlich unangenehm, wissen Sie. Als sie sich davonmachten,
fragte er, ob sie für eine Nacht wiederkommen dürften, wenn
sie doch nichts anderes fänden. Aber die Frau kam allein
zurück. Sie fragte, ob ihr Freund sich gemeldet hätte, und ich
verneinte das. Sie meinte, sie würde auf ihn warten. Ich riet
ihr, doch lieber zu gehen. Doch sie bestand darauf, zu bleiben, falls er auftauchen sollte. Ich versuchte ihr klarzuma-
chen, daß das nicht anginge – eine Frau und ein Mann allein! Vielleicht suchte ihr Freund nach ihr. Sie müsse eben
gehen und könne nicht mit mir in der Wohnung bleiben.«
»Alle Achtung!« bemerkte der Chief Inspector.
»Sie benahm sich irgendwie komisch, ja. Ich packte sie am
Arm und schob sie aus der Küche. Da wehrte sie sich wie ver-
rückt, und ihr Kleid zerriß. Dann erschlaffte sie auf einmal
und sank zu Boden. Und ich denke, was sie anhatte, das hat
sich wohl bei der Rangelei um ihren Hals verfangen. Sie lag
direkt vor der Küchentür im Flur. Ich wollte sie aufheben, doch
es ging nicht. Ich zerrte sie in die Küche und setzte sie mit
Mühe auf einen Stuhl. Ich fühlte ihr den Puls, doch da schlug
nichts mehr. Wieder habe ich den Schrank beiseite gerückt,
und ich muß sie wohl in das Gelaß geschoben haben ...«
»So schildern Sie also die letzten Stunden und Minuten der
drei unglücklichen Frauen, die Sie töteten und in der Vorratskammer versteckten, damit Sie sie aus den Augen hatten,
Sir«, faßte Detective Chief Inspector Griffin die bisherigen
Aussagen knapp zusammen.
»Ja. So war das ... muß das gewesen sein«, stammelte Christie.
»Nur, Sie vergessen eines, Sir«, hakte Griffin nach.
John Christie schaute fragend auf.
»Mit jedem Ihrer Opfer hatten Sie, während oder unmittel-
bar nachdem Sie es umbrachten, Geschlechtsverkehr – oder
das, was Sie dafür hielten, Sir.«

»Oh«, kam es von Christie, als ob er über die Feststellung des Chief Inspector staunte.

»Doch es geht weiter, Sir – das heißt, wenn Sie sich noch dazu in der Lage fühlen.«

Christie nickte, schwach zwar, doch er nickte zustimmend.

»So, das waren vier. Kommen wir also zu den Morden Nummer fünf und Nummer sechs, die bereits zehn Jahre zurückliegen, den Morden an Ruth Fürst und Muriel Eady. Was haben Sie dazu zu sagen?«

»Vor zehn Jahren!« Christie kratzte sich am Hinterkopf. »Nun ja ... ich war damals ...«, begann Christie stockend, »ja, vor zehn Jahren, während des Krieges, war ich Reservepolizist.« Er blickte zu seinem Vernehmer auf, als ob er kollegiale Anerkennung erheische für sein vergangenes Reservepolizistendasein.

Doch Griffin zeigte sich nicht beeindruckt und forderte Christie auf, weiterzureden.

»Ja, in der Imbißstube an der Kreuzung *Ladbroke Grove* und *Lancaster Road*«, gab dieser zu Protokoll, »wurde ich mit einem Mädchen, einer junge Frau bekannt. Österreicherin war sie. Ja, es war im Sommer dreiundvierzig. Ich wohnte damals auch schon im Erdgeschoß der Nummer 10, *Rillington Place*, und meine Frau war nicht zu Hause. In Sheffield war sie, glaube ich. Die junge Frau, die Österreicherin, erzählte mir ... sie gab damit an, daß sie mit amerikanischen Soldaten ausginge, und wie oft sie es mit denen triebe, und von einem habe sie ein Kind. Wir kamen uns näher. Und zweimal ... oder dreimal ... besuchte sie mich in meiner Wohnung im *Rillington Place*. Einmal, als sie bei mir zu Hause war, zog sie sich einfach aus, und ich sollte mit ihr schlafen. Und da traf eben ein Telegramm von meiner Frau ein, in dem sie mir ihre Ankunft mitteilte. Die Österreicherin wollte, daß wir uns zusammentun und uns gemeinsam fortmachen. Ich war damit nicht einverstanden. Letztendlich legte ich mich jedoch zu ihr ins Bett und hatte ... hatte ... Geschlechtsverkehr mit ihr. Und dabei erdrosselte ich sie mit einem Strick. Sie war ganz nackt. Ich versuchte sie notdürftig anzuziehen. Sie hatte einen Mantel aus Leopardenfell, und mit dem umhüllte ich sie. Ich trug sie aus dem Schlafzimmer in die Wohnstube und versteckte sie unter den Dielen. Ich mußte das doch, wissen Sie, weil meine Frau ja auf dem Weg nach Hause war. Die Kleidungsstücke der Toten versteckte ich ebenfalls unter dem Fußboden. Am nächsten Nachmittag ging meine Frau aus, einkaufen oder so. Ich nutzte die Zeit ihrer Abwesenheit, holte die Leiche unter den Dielenbrettern hervor und brachte sie in den Anbau, in die Waschküche. Später hob ich im Garten dann eine Grube aus, und abends, als es dunkel war, es muß so um zehn herum gewesen sein, da legte ich die Tote in das Loch, füllte es rasch und schaufelte Erde darauf. Es war rechts, an der Mauer, etwa auf halbem Wege zu dem kleinen Steingarten hin. Meine Frau hatte von all dem keine Ahnung. Ich sagte zu ihr, ich ginge auf den Abort. Der Abort ist im Hof, wissen Sie. Ich vergrub die Kleidung im Garten, und am darauffolgenden Tag ebnete ich den Garten ein und harkte sauber und ordentlich darüber.«

»So. Das war die Geschichte um die Ruth Fürst«, stellte der Chief Inspector fest und blickte Christie hart in die Augen. »Was taten Sie Muriel Eady an? Das war Ihr sechster Mord.« John Reginald Halliday Christie senkte seinen Blick, trank dann eine Tasse Tee in einem Zug aus und setzte seine Beichte fort.

»Im Dezember dreiundvierzig war es, ja. Ich wurde aus der Polizeireserve entlassen und erhielt eine Anstellung bei Ultra Radio in *Park Royal*. Dort freundete ich mich mit einer Frau an. Sie hieß Muriel Eady und war um die Dreißig. Sie wohnte in *Putney*. Ich lud diese Muriel Eady und ihren Freund nach Hause ein und stellte sie meiner Frau vor. Sie kamen noch mehrere Male zum Tee, und einmal gingen wir alle zusammen ins Kino. Eines Tages kam sie allein und sagte, sie fühlte sich überhaupt nicht wohl und hatte Katarrh. Und ich sagte, ich könnte ihr möglicherweise helfen. Meine Frau war an dem Tag nicht zu Hause. Sie war wohl verreist, glaube ich. Wie ich mich erinnere, mischte ich irgend etwas zum Inhalieren zusammen. *Friar's Balsam* war mit dabei. Die Frau inhalierte und hatte ein Tuch über dem Kopf. Sie saß im Schlafzimmer. Die Inhalationsflüssigkeit war in einem viereckigen

Glasgefäß, dessen Blechdeckel man zuschrauben kann, wissen Sie. Ich hatte zwei Löcher in den Deckel gebohrt, und durch das eine Loch einen Schlauch vom Gasherd in das Glas eingeführt. Durch das andere Loch hatte ich einen weiteren Schlauch geleitet. Dieser Schlauch tauchte nicht in die Flüssigkeit ein. Es ging mir darum, keinen Gasgeruch entstehen zu lassen, verstehen Sie.«

»Nein, ich verstehe Ihre Methode noch nicht ganz, Sir«, entgegnete der Chief Inspector, »doch darauf kommen wir später noch. Fahren Sie fort!«

»Also, sie inhalierte, und ich wollte sie benommen und schläfrig machen. Irgendwie aber verlor sie das Bewußtsein, und ich kann mich schwach daran erinnern, einen Strumpf genommen und diesen ihr um den Hals geschlungen zu haben. Ich bin mir aber nicht mehr ganz sicher ... Vielleicht verwechsele ich die beiden ... Vielleicht war die mit dem Gas die Österreicherin; beide jedenfalls nicht. Ich weiß nicht mehr genau ... Ich glaube, als ich sie erdrosselte, hatte ich ... Geschlechtsverkehr mit ihr. Ich muß sie wohl ins Waschhaus geschafft haben. Und in der Nacht begrub ich sie im Garten, rechts an der Mauer. Sie hatte noch alle ihre Sachen an.«

Der Zeiger der Wanduhr näherte sich mittlerweile der elften Nachtstunde. Detective Chief Inspector Albert Griffin legte eine halbstündige Pause ein. Er schickte einen Constable nach mehr Sandwiches und mehr Tee für Christie.

»Es geht mir jetzt um den Mord an Beryl Evans«, setzte er das Verhör fort, »und an dem kleinen Mädchen Geraldine. Sie wohnten ebenfalls in Nummer 10, *Rillington Place*. Der Ehemann und Vater, Mr. Timothy Evans, wurde der Morde beschuldigt, zum Tode verurteilt und hingerichtet, wie Sie sehr genau wissen, Sir. Unsere nunmehrigen Ermittlungen haben jedoch ergeben, daß es da, vor drei, vier Jahren, möglicherweise zu einem folgenschweren Justizirrtum gekommen ist. – Gehen Beryl Evans und die kleine Geraldine auch auf Ihr Konto, Sir? Sind das Ihre Morde Nummer sieben und Nummer acht?«

John Reginald Halliday Christie rutschte auf seinem Stuhl hin und her, und sein Blick begann zu flackern.

»Mrs. Evans, ja«, gab er in sachlichem Ton zu, »das kleine Mädchen, nein. Das war ich nicht.«

»Aha«, sagte Griffin. »Das wird zu klären sein. – Eine Frage noch, Sir. Es ekelt mich geradezu, sie Ihnen zu stellen: Was haben Sie zu dieser, von uns sichergestellten Tabaksdose zu sagen?« Griffin schob die Dose über den Tisch.

»Es befinden sich auf dem Deckel Ihre Initialen J.R.H.C., und die Dose enthielt Schamhaar. Wessen?«

»Die Haare stammen von den drei Frauen in dem Küchengelaß und von meiner eigenen Frau«, gestand Christie ohne Umschweife.

Big Ben, die Glocke im großen Turm des Parlaments zu *Westminster*, ließ zwölf wuchtige Schläge auf London eindröhnen. Das Verhör endete um diese mitternächtliche Stunde.

Der Prozeß gegen John Reginald Halliday Christie war eine reine Formalität. Der Angeklagte bekannte sich des siebenfachen Mordes schuldig. Er wurde zum Tode verurteilt.

Am Mittwoch, dem 15. Juli 1953 öffnete sich eine Tür im Galgenhof des Gefängnisses zu *Brixton* an der Straße *Brixton Hill*, die nach der Kanalküste, nach Brighton hinausführt. Christie schritt dem Henker entgegen.

Sie muß schon bessere Tage gesehen haben, die Gegend um den *Ladbroke Grove*. Manche der villenartigen, alten Häuser ähneln Burgen, die von unordentlichen Termitenstämmen übervölkert und zerwohnt sind, oder sie wurden zu billigen und entseelten Hotelunterkünften. Je weiter nördlich die Straße führt, in Richtung auf die *Harrow Road* zu, desto liederlicher wirkt sie. Das ist das Revier, in dem einst John Reginald Halliday Christie, der Würger, seine Kreise zog.

Doch gibt es zwei Attraktionen, die Menschenscharen in diesen Teil Londons locken – einmal der buntschillernde und vibrierende Karneval der karibischen Bevölkerungsgruppe am letzten Wochenende im August, und zum anderen, an jedem Sonnabend, der Markt längs der *Portobello Road*. Diese Straße verläuft annähernd parallel zum *Ladbroke Grove*. Sie ist über eine Meile – oder knapp zwei Kilometer – lang und in ihrer Mitte nur fünf Minuten entfernt vom ehemaligen *Rillington Place*, mit der Nummer 10, dem Haus des perversen und grausamen Mörders.

Buntes Treiben herrscht, wie immer, in der *Portobello Road* mit ihren Antiquitätenläden und Antiquariaten, mit ihren Buden und Ständen voll billigen Ramsches und gefälschter Altertümer. Straßenmusikanten und Gaukler hemmen den zügigen Marsch der Schaulustigen und Marktstöberer. Massen ausländischer Touristen, unter ihnen auch einige Londoner, schieben sich vom südlichen Endpunkt der *Portobello Road*, nahe der U-Bahn-Station *Notting Hill* Gate, bis zu jener Stelle, wo die Straße in den *Ladbroke Grove* einmündet und wo die Gegend verlottert ist. In der auf den Fußweg herauswuchernden Auslage einer Buchhandlung finden sich Bücher aller Wissensgebiete und Geschmacksrichtungen, nahezu alles – von Küchenkräutern und Kochrezepten des Victorianischen England über die Botanik Alaskas bis zu härchenfein gestichelter Pornographie alter französischer meister. Mehrere Paperbacks von Agatha Christie liegen da – *Sad Cypress, And then there were None, Murder in the Mews* … und noch weitere Titel. Fast eine Gesamtausgabe.

Doch weg von der *Portobello Road* und hin zur *Ruston Mews*, wo der Mörder gehaust hatte. Das London-Buch vermeldet ja, daß diese Gasse einstmals der *Rillington Place* war.

Also wendet sich der Neugierige nach links, in die *Lancaster Road*, überquert vor der U-Bahn-Station den *Ladbroke Grove*, biegt rechts ein in die *St. Mark's Road*, und nach wenigen Schritten wird seine ganze Aufmerksamkeit vom Charme einer BP-Tankstelle in Anspruch genommen. Rechts daneben findet er den etwas versteckt liegenden Eingang zur *Ruston Mews*, eine Säckchengasse mit gepflegten und freundlichen Wohnhäuschen.

Nun Nummer 10 suchen, und die Kamera bereithalten!

Nach einem Mörderhaus sieht die Nummer 10 nicht aus. Trotzdem: Klack – klack – klack … Für alle Fälle. Da kommt ein Mann mit hocherhobenem Arm auf den Knipser zugelaufen. Hat er etwas gegen das Fotografieren? Ob die grusel-

Die gepflegte *Bartle Road*, früher *Rillington Place*, wo John Reginald Halliday Christie wohnte und mordete.

willigen Fremdlinge die Leute in der Mews zur Verzweiflung treiben?

»Hier nicht, Sir!« ruft er, »hier nicht. In den verdammten Touristenschwarten steht doch alles falsch. Drüben war's nämlich. Drüben, im ehemaligen *Ruston Close* wohnte der Christie, der dreckige Würger, drüben, in der jetzigen *Bartle Road*. Gehen Sie zu denen hinüber!«

Kleinlaut zieht sich der Spurensucher zurück, überquert die *St. Mark's Road* und sieht das Schild mit der deutlichen Aufschrift *Bartle Road (früher Ruston Close) W 11.*

Das Schild weist in ein blitzsauberes Sträßchen, aufgeräumt wie ein Wohnzimmer bei ordentlichen Leuten. Sie haben ihn getilgt, die Londoner. Da gibt es nichts Altes mehr, nichts,

das an Christie gemahnt. Sie wollen mit seinem makabren
Ruhm nichts zu tun haben. Ruston Close hat die Gnade des
Totalabrisses erfahren, des Wiederaufbaus und der Umbe-
nennung in *Bartle Road*.

Gefällige, neugebaute Reihenhäuser stehen da – alle aus
warm-braunen Backsteinen, die metallenen Fensterrahmen
in Rot gehalten. Alles neu, rein und fleckenlos.

Einem Antiklimax kommt sie gleich, die *Bartle Road*.

Doch nicht aufgeben! Weitermachen! Hin, zur *Putney Bridge*,
wo sich der Unhold dem entgeisterten Bobby ergab. Man
kann in die Fluten der *Themse* schauen und hinunterspucken.
Das soll Glück bringen.

Und so kommen Sie hin:

Rillington Place (Bartle Road) – U-Bahn (Underground)
Hammersmith & City Line bis Station Ladbroke Grove.
Portobello Road (südliches Ende) – U-Bahn Central Line,
District Line oder Circle Line bis Station Notting Hill
Gate; (nördliches Ende) – U-Bahn Hammersmith & City
Line bis Station Ladbroke Grove oder Westbourne Park.
Putney Bridge – U-Bahn District Line bis Station Putney
Bridge.

---

* *Rillington Place* wurde umbenannt. Manche Quellen geben
Ruston Close als neuen Namen an. Eine abermalige Umbenen-
nung erfolgte vor einigen Jahren. Der *Rillington Place* heißt nunmehr *Bartle Road*.

Blutrausch in Ratcliffe

Tatorte: 29, Ratcliffe Highway (jetzt The Highway),
London E 1
Sonnabend, 7. Dezember 1811
und
Wirtshaus King's Arms, 81, Gravel Lane
(jetzt Garnet Street),
London E 1
Donnerstag, 19. Dezember 1811

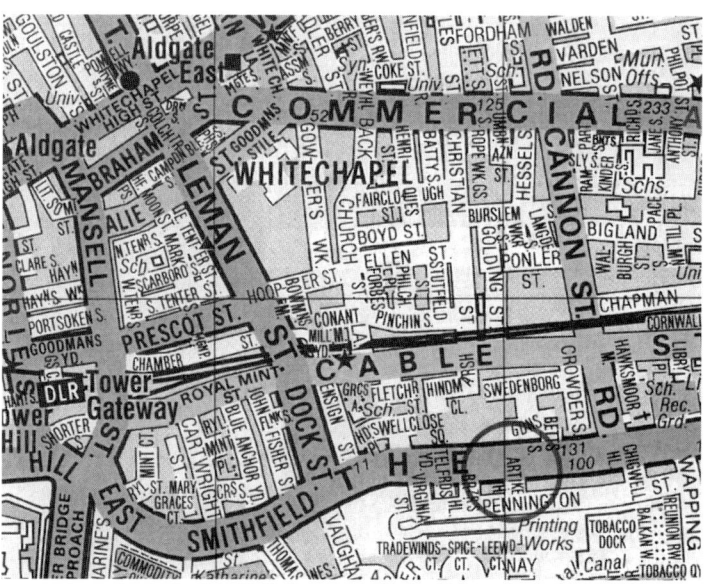

Solche Stadtviertel wie *Wapping, Stepney* oder *Ratcliff,* das früher *Ratcliff*e geschrieben wurde, waren wohl nie bevorzugte Wohngegenden. Sie liegen hinter dem *Tower of London,* dort, wo die *Docks* beginnen.

Wapping zieht sich unmittelbar am linken Ufer der *Themse* hin. Der Fluß steigt dort nordöstlich hoch, um sogleich wieder nach dem Süden abzustürzen und die *Isle of Dogs* zu umfangen. Die Hauptstraße von *Wapping,* mit Namen *Wapping High Street,* so schrieb ein Chronist des 16. Jahrhunderts, sei ein »dreckiger Weg, von dem Gassen mit Zeilen ärmlicher Wohnquartiere abgehen.«

Später siedelten sich dort Mastenmacher, Schiffsausrüster, Verfertiger von Navigationsinstrumenten an; schäbige Logierhäuser und Herbergen reihten sich zuhauf. Im Verlaufe des 19. Jahrhunderts verlor das Dorf dann seinen maritimen Charakter. Die *Docks* mit ihren riesigen Lagerhäusern wucherten aus. Hohe, kahle Mauern begannen die engen, düsteren Gassen zu überragen und zu ersticken, hüllten diese in noch schauerlichere Finsternis und prägten *Wapping* eine wahrhafte Gefängnisarchitektur auf.

Erst die Gegenwart hat *Wapping* und den *Docks* massenhaft neue und elegante Wohnhäuser gebracht. Ob sie auch schön, ob sie dem *Eastend* und den Bewohnern des Londoner Ostens gemäß sind, sei dahingestellt.

Der *Ratcliffe Highway* bildete die nördliche Begrenzungslinie des Dorfes *Wapping,* das Gesindel und Tölpel gleichermaßen unwiderstehlich anzog. Arglose Seeleute, die nach monatelanger Entsagung auf den Meeren im *Ratcliffe Highway* ein Quentchen Sünde schmecken wollten, tappten unweigerlich in die Falle und gingen oftmals des letzten Pennys ihrer Heuer verlustig.

In einem Lied hieß es warnend:

»Im *Ratcliffe Highway,* Fahrensmann,
Allwo dir wilde Weiber winken,
Laß deinen Anker niemals sinken,
Dieweil dir niemand beistehn kann.«

Dies war in Zeiten, da Admiral Nelson die französische See-
macht 1805 bei Trafalgar vernichtete. Und nach einem Über-
fall auf die Flotte des neutralen Dänemark im Jahre 1807 be-
gründete Großbritannien schließlich seine unangefochtene
Herrschaft auf den Meeren.

Der das britische Reich überstrahlende König George III.
(1738–1820) verfiel in eine schwere Dämmerung, entschwand in Zustände des Irrsinns, einhergehend mit Blind-
heit, und sein ältester Sohn herrschte seit dem Jahre 1811 als
Prinzregent, bis er nach dem Tode George III. als George IV.
(1762–1830) den Thron bestieg, dessen er sich jedoch nur
zehn Jahre lang erfreuen sollte.

Kreuzung *Cable Street/Cannon Street Road* (früher *Cannon Street*) mit
dem Pub *The Crown and Dolphin.* Hier wurde der Mörder John Williams in eine Grube gelegt »unter der hölzernen Leitung, durch die
das Röhrwasser floß.«

Der heutige Straßenzug *The Highway*, dem der verdeutli-
chende Zusatz *Ratcliff*e, »Rattenkliff«, genommen wurde, ist
ein dröhnender, nie zur Ruhe kommender Verkehrsweg,
durch den sich die Fahrzeugkolonnen vom Osten her müh-
sam nach London hineinquälen oder aus dem sie im Kriech-

gang herausquellen. Nichts erinnert mehr an dumpfe Laster
oder grelle Unzucht. Damals aber, im Dezember des Jahres
1811, fielen einem heimtückischen Mörder an zwei Tatorten
innerhalb weniger Tage sieben Menschen zum Opfer.

In jenen alten Zeiten, als – abgesehen von den geübten
Aufspürern von Mördern und anderen Frevlern in der *Bow
Street*, gegenüber der Königlichen Oper zu *Covent Garden* – in
London noch keine reguläre Polizeitruppe bestand und lediglich Nachtwächter ihre Runden zogen, ging es gefährlich
her um den *Ratcliffe Highway*. Fahrensmänner aus aller Welt
kamen von den Schiffen und drängten in das Getümmel der
Stadt. Gut und gerne jeder dritte, dem der Londoner in den
Straßen und Gassen von *Wapping* oder *Ratcliff*e begegnete,
war ein Fremder aus fernen Landen.
Es schien den biederen Bürgersleuten rätlich, einen Bogen
um jene exotischen Erscheinungen zu schlagen. Allein, nicht
nur Schiffsleute bedeuteten Unbill; es wimmelte auch von
andern dunklen Gestalten, die nichts Gutes im Schilde führten und auf Dieberei oder Raub, Brandschatzung, Weiber-
schändung oder gar Meuchelmord aus waren.

Die Nacht, welche auf den lichten Wintersonnabend, den 7.
Dezember folgte, war besonders finster. Die Gaslaternen rie-
selten nur mehr schmale Kegel diffusen Lichts auf das Pflaster herunter. Und wer darinnen stand, wurde von mildem
Weiß bestrahlt, als ob er sich auf einem Theaterpodest be-
fände. Denjenigen außerhalb der fahlen Helle hüllte die Finsternis gänzlich ein. Die dünnen Glasscheiben der Lampen
klirrten leise im frostigen Luftzug der Nacht. So mancher
Mann wußte die Sonnabendnacht nach seinem Gusto trefflich zu nutzen. Den einen zog es zum Hahnenkampfe, dem
andern stand der Sinn nach den Dirnen, ein dritter verlangte nach schwarzem Bier und machte sich auf, mit den Kumpanen zu zechen.
Doch einen gab es, den solcherart Kurzweil nicht in Versuchung führte.
MORD! stand in großen Lettern in seinem Hirn geschrieben.

Es war der Trieb des Jägers in ihm, nicht der des Räubers. Ihm ging es einzig darum, sein Opfer zu strecken. Er wollte einfach nur töten. Bei *Pelican Stairs* in *Wapping* lehnte er an der Steinmauer der Uferbefestigung. Die in die *Themse* führenden Stufen, neben der schwergewichtige Eisenringe im Gesteine ankerten, daran Kähne und kleinere Themsenschiffe festzumachen, hießen *Pelican Stairs*. Bei Ebbe endete die Treppe im Schlamme des Flusses; herrschte Flut, war ihr unteres Drittel von den Wassern überspült.

Der Mann stand und starrte vor sich hin. Er dachte nicht nach, er wartete schlicht seine Zeit ab.

Einen schwarzen, weiten und nahezu den Boden berührenden Überrock und einen schwarzen, breitkrempigen Schlapphut trug er und verschmolz ganz und gar mit dem dunklen, feuchten Mauerwerk. Er war von mittlerer Größe, schlank und muskulös. Hätte er unverhüllt im Lichte gestanden, wären sein langes, gelbblondes Strähnenhaar und sein leichenfahles Gesicht mit den kleinen, stechenden Augen als höchst unangenehm aufgefallen. Der Mann löste sich von der Mauer und stieg bedachtsam die Stufen empor. Seine rechte Hand fuhr in die geräumigen Innentaschen des Überrockes und fingerte nach dem Seemannsschlegel und dem langen Maurermeißel. In jener furchteinflößenden Gegend Londons nahm er seinen Weg die muffige und nach Fisch stinkende Straße *Wapping Wall* entlang. Er ging die *New Gravel Lane* hinauf, wo ihm eine irre Alte ihren mit einem Lumpenhaufen beladenen zweirädrigen Schiebekarren vor die Füße stieß und sich mit den in fingerlosen Handschuhen steckenden Krallenhänden an seinen Rock klammerte. Die Alte wollte nicht weichen. Sie zeterte und zerrte, ihm Almosen abnötigend.

»Laß ab, elende Vettel!« knirschte er. »Platz da!«

Doch die Alte blieb hartnäckig.

»Eejn Peenyj, meejn Lorrd, biddää, meejn Briedärrchen, giedige Härre!« jammerte sie in einer merkwürdig akzentuierten Sprache, die sie irgendwo vom europäischen Festlande her eingeschleppt haben mochte.

»Geh hin, von wo du gekommen bist, Miststück!« schnauz-

te er und versetzte ihr einen derben Fußtritt, so daß sie der
Länge nach in den Rinnstein schlug.

Der Mann ging achtlos weiter und drehte sich nicht um. Endlich strich er verstohlen durch die *Pennington Street* und am
London Dock vorbei.

Schiffe lagen da vertäut, ächzend ihre Leiber aneinanderrei-
bend – einen Portugiesen vermochte er durch den Spalt eines Einfahrtstores auszumachen und einen Griechen –, mit
dicken Tauen festgezurrt an klobigen Pollern und von Ketten gefesselt. Wie ein schwankender Wald stachen die Ma-
sten mit den gerefften Segeln in die Schwärze der Nacht. Kaffee oder Kakao, Gewürze oder Elfenbeinernes von weit her
brachten die Schiffe an Land im *London Dock*.

Tiefes Dunkel herrschte auf dem Grunde der Gassen. Die wenigen Straßenlampen spendeten nur spärliches Licht, und
dem ging er aus dem Wege. Einzig im berüchtigten *Ratcliffe
Highway*, in den er bald einbog, ward es ein bißchen heller.
Dort lenkte er seine Schritte im Zickzack, um dem Scheine
der Laternen auszuweichen.

Thomas de Quincey, ein zeitgenössischer Chronist, schrieb
über das dunkle Ungeheuer:

Zog er etwa unbedacht umher, nach einem Menschenwesen
Ausschau haltend, das er meucheln mochte? Mitnichten. O nein
! Erst kürzlich hatte es ihm gefallen, einem alten und bewähr-
ten Freund den Tod zu bringen. Denn er schien sich den Grund-
satz zu eigen gemacht zu haben, daß ein Freund wohl das vor-
züglichste Mordopfer abgäbe. In Ermangelung eines Freundes
aber – eines wertvollen Gutes, so nicht allzeit zu Gebote steht –
möcht ein Bekannter trefflich zupaß kommen. In beiden Fällen
nämlich würde er keinen Verdacht erwecken, träte er seinem
Opfer entgegen, während einem Fremden sein bloßer Anblick
zur Furcht gereichen und er Alarm schlagen und sich in Sicherheit bringen möcht ...

Die Minuten tröpfelten dahin. Bald würde die Glocke von
St. Georgen die Mitternachtsstunde anschlagen. Den Mann
überkam Unruhe, und er begann zu schwitzen unter seinem
Schlapphut.

Die Händler schlossen endlich, wie in jeder Sonnabendnacht, ihre Ladentüren. Manche blieben geöffnet bis ein Uhr in der Früh und länger noch. Auch Mr. Marr wollte zusperren. Der Tag war lang gewesen und ein gut Teil der Nacht schon verstrichen.

Der Mörder ging in westlicher Richtung verstohlen den *Ratcliffe Highway* hinunter. Er hielt sich auf der linken Wegseite. Gegenüber der Einmündung eines finsteren Gassenschlauchs blieb er stehen und drückte sich in den Schatten einer Toreinfahrt. Er beobachtete das Haus Nummer 29 auf der anderen Seite. Mr. Marr ging in seinem hellerleuchteten Laden umher. Gleich würde er zusperren.

Er war noch jung, erst siebenundzwanzig, und er besaß ein kleines Geschäft für Textilwaren und Gewirktes. Hin und wieder verkaufte er auch etwas Tuch; in *Ratcliff*e ging es ärmlich her, da wohnten keine Herren, und kaum ein Mann vermochte gutes Tuch zu erstehen. Doch Marr trachtete danach, allen Ansprüchen der Kunden gerecht zu werden, und wenn jemand erst in zwei oder drei Jahren um eine Länge Flanell einkehren würde ...

Timothy Marr führte ein glückliches und zufriedenes Familienleben. Er und Celia, ein junges, hübsches Weib von zweiundzwanzig Jahren, waren mit einem Kindchen, ebenfalls Timothy geheißen, von derzeit acht Monaten gesegnet, das in seiner Wiege ruhte.

Der Ladendiener, ein dreizehnjähriger Knabe namens James Biggs, half Mr. Marr bei der täglichen Arbeit. Er kam vom Lande her, aus der Grafschaft Devonshire und fühlte sich wohl und geborgen im Schoße der Familie seines Herrn.

Und die Jungfer Mary vervollständigte den aus fünf Personen bestehenden Haushalt. Sie verrichtete ihre Aufgaben als Dienstmagd, und Mrs. Marr hielt sie eher als ihre Schwester denn als Magd.

»He, Mary«, rief Mr. Marr die Kellerstiege hinunter in die Küche, »mach dich doch auf, und hole uns zum Nachtessen noch geschwind einen Napf Austern.«

Mary warf einen Blick auf die Wanduhr, von der zwei goldig schimmernde Gewichte herabhingen, und deren gemächlich, doch stetig schwingendes Pendel die Zeit unbarmherzig hinwegtickte. Drei Minuten vor Mitternacht.

»Sogleich, Master«, rief sie zurück. »Ich komme.«

Flink eilte sie die Stiege hinauf.

Marr gab ihr einen Korb und legte einige Penny-Münzen hinein. »Geh hin zu Mr. Cooper in die *Pell Street* um die Ecke. Er wird noch längst nicht zusperren. Hurtig, Mädchen!«

Mary verließ das Haus. Auf der anderen Straßenseite gewahrte sie, ohne das Bild in sich aufzunehmen, eine dunkelgewandete Gestalt, die bei ihrem Erscheinen rasch aus dem Laternenschein wich und einen Schritt in den Schatten der Häuserzeile trat. Sie dachte sich nichts dabei, wußte sie doch, daß ständig und in jeder Minute, auch nachts, die unterschiedlichsten Leute durch die Straßen und Gassen der Stadt zogen, und sie machte sich stracks auf, ihre Besorgung zu erledigen.

Der Mann spähte scharf zu Marr hinüber. Er sah, wie der Händler die inneren Fensterläden schloß und hörte die Stahlschienen klirrend in ihre Halterungen fallen.

Nun war sein Zeitpunkt gekommen.

Die Fensterläden des erleuchteten Verkaufsraumes mußten geschlossen sein; er konnte nicht eher eindringen. Die Tür jedoch durfte Marr noch nicht verschlossen haben; er wäre sonst ausgesperrt gewesen.

Der Mann setzte quer über die Straße. Er glitt geräuschlos wie ein Tier der Wildnis und war nur als schwarzer Schatten wahrzunehmen. Er öffnete die Tür und huschte in den schmalen Flur. Im selben Augenblick schlug er die Türe hinter sich zu und drehte in der Geschwindigkeit eines Lidschlages den im Schlosse steckenden Schlüssel herum.

Eine halbe Stunde später kehrte Mary von ihrem Einkaufsgang zurück. Aufgeräumt und im Bewußtsein, dem Gebote ihres Dienstherrn artigst Folge geleistet zu haben, summte sie leise vor sich hin. Behutsam zog sie an der Glockenkette und klopfte gleichzeitig sanft an die verschlossene Tür. Mr. und Mrs. Marr würden sich noch nicht zu Bette gelegt haben, das wußte sie, war sie doch um Austern geschickt worden zum Nachtmahle. Nein, ihre Besorgnis galt dem Kinde; denn wäre es erst einmal aus dem Schlafe gerissen, möcht' es unzweiflig dahin sein mit Mrs. Marrs Ruhe für den Rest der Nacht.

Die drei im Hause harrten ihrer also. Dennoch erschien niemand, sie einzulassen.

Mary wunderte sich. Und schleichende Angst befiel sie zugleich.

Sie klopfte erneut. Drinnen herrschte Schweigen, Stille, bedrückende Stille.

Furcht überkam die Magd. Sie zerrte mit ihrer ganzen Kraft an der Kette und klopfte und klopfte. Mochte das Kind nun erwachen oder auch nicht! Entsetzen schüttelte sie. Ihr Herz pochte schneller. Sie bebte vor Angst, und sie fühlte eine unerklärliche Kälte in sich.

Da! Ein Geräusch! Jemand schlich vom Obergeschosse, von den Schlafkammern her, die Stiege herunter.

Schritte kamen von innen den schmalen Flur entlang auf die Haustür zu – zwei, drei, vier, fünf Schritte. Wessen Schritte, um Himmels willen? An der Türe hielten sie inne.

Das Geraschel schweren Atmens drang durch die Ritzen der Tür in Marys Ohren. Wer atmete so schwer? Das konnte niemand aus der Familie sein. Wer stand Mary hinter der verschlossenen Tür gegenüber?

War ein Unglück geschehen im Hause ihrer Herrschaft? War ein Räuber eingedrungen? Oder ein Mörder gar?

Und würde der Mörder die Türe plötzlich von innen öffnen, um Mary zu packen und ins Haus zu zerren? Sie war auf dem Sprunge. In Windeseile wäre sie im Dunkel der Nacht verschwunden. Weshalb kam der Mörder an die Türe, vor der Mary bebte und harrte?

De Quincey schrieb:

Als Einzelgeschöpf gesehen, maß er Mary absolut keinen Wert bei. Betrachtete er sie aber als Mitglied eines Haushalts, mochte sich die Sach anders dargestellt haben. Würde er sie nämlich ergreifen und töten, möcht ihm das wohl gereichen zur Krönung und Abrundung des Austilgens einer gesamten Familie.

Mary vergaß nun, wer immer hinter der Türe stehen mochte. Sie mußte etwas tun! Sie zog mit aller Gewalt an der Kette und ließ den Klopfer dröhnen und hörte nicht auf damit. »Master!« schrie sie, so laut sie konnte. »Master! James! – Was ist das? Waaas? – Weh, oh Weh!«

Ein Nachbar aus dem angrenzenden Hause, der sich frühzeitig zu Bette gelegt und fest geschlafen hatte, schreckte hoch.

»Wie das nur, Jungfer?« rief er vergrimmt von oben aus dem Fenster herunter. »Aus welchem Grunde wohl der Lärm, auf ein Uhr in der Früh?«

Mary sprudelte hervor, wie sie eine Weile um Austern zum Nachtmahl unterwegs gewesen und nunmehr glauben müsse, daß ihrer Familie Schlimmes – wo nicht gar Mord! – widerfahren sei. Und sie fürchte, der Unhold möcht' noch im Hause weilen.

Der Nachbar betrieb ein Pfandhaus und war ein wackrer Mann. Geschwinde kleidete er sich an und zögerte nicht, dem Meuchler entgegenzutreten in der Nacht.

Eine zehn Fuß hohe Backsteinmauer trennte Mr. Marrs Hof hinter dem Hause von dem seinen. Er überkletterte die Mauer, und wie er im Hofe des Nachbargrundstückes stand, schalt er sich einen Hundsfott, keine Sturmlaterne oder ein Wachslicht mitgebracht zu haben.

Doch da glomm ja ein schwaches Lichtchen in Marrs Hause! Die hintere Tür stand weit offen. Das zeigte: Der Übeltäter konnte eben entwischt sein!

»Mit Gott, denn«, murmelte der Mann und schickte sich an, auf den Flackerschein zuzugehen.

Er nahm all seinen Mut zusammen und suchte sich den Weg in den Laden. Und wie er im Laden stand und nicht glauben mochte, was seine Augen schauten, fühlte er sich von Schwäche überkommen und mußte sich gegen ein Regal stemmen.

Mr. Marr und der Bursche James lagen tot in ihrem Blute.

Der Mann stöhnte auf. Er preßte die Hände an die Brust und floh den grausigen Ort. Vorsichtig tappte er auf Zehenspitzen den engen Gang entlang, auf die Haustüre zu. Blutlachen überall, kaum fand er eine Stelle für seine behutsamen Schritte, um nicht mit den Filzpantoffeln in das frische, klebrige Blut seiner gemeuchelten Nachbarsleute hineinzustapfen.

Marys Wehklagen draußen vor der Türe hatte indessen einen Menschenschwarm angelockt. Offenmäulig stand und starrte das Volk und lauschte, um auch nur ein einzig Wort der Jungfer aufzuschnappen. Immer mehr kamen hinzu, und auch zwei Nachtwächter waren dabei. Endlich stieß der Pfandleiher die Tür von innen auf, und es erhob sich ungezügeltes Gelärm. Mit vor Schreck noch immer weit aufgerissenen Augen und abweisend von sich gestreckten Armen, als ob er dem Übel wehren wollte, taumelte er aus dem Hause und war keiner Äußerung fähig.

Die beiden Nachtwächter drängelten und schlugen sich eine Bahn durch den Pöbel und betraten den schmalen Korridor. Sie öffneten die Tür zur Ladenstube und sahen drinnen mit Entsetzen, was der Pfandleiher gesehen.

Ein Mann aus der Nachbarschaft stürmte ihnen hinterher. »Wo pflegt Mrs. Marr sich aufzuhalten, wo das kleine Kind ?« schrie er und fragte doch nur sich selbst. Er hastete die Stiege hinauf. Die Wächter folgten ihm. Der Nachbar riß eine Kammertür auf. Da lag Mrs. Marr auf ihrem Bette, gemeuchelt, und das leblose Brustkind ruhte in ihren Armen. Und beide so entstellt!

Die drei Männer erschienen vor dem Haus. Fassungslosigkeit und Bestürzung spiegelte sich in ihren Mienen. Sie hielten die blutigen Mordwerkzeuge in ihren Händen : Einen langen Maurermeißel und den Schlegel eines Schiffszimmermannes, aufgelesen von den Dielen der Ladenstube.

»Alle tot«, verkündete der eine Nachtwächter mit kaum hörbarer Stimme.

»Hingemetzelt«, setzte der Nachbar hinzu, »Mr. Marr und der Bursche – und tot selbst Mrs. Marr mit ihrem Kindchen.« Er schluchzte laut auf.

»Weh! Weh! Weh!« jammerte Mary.

»Mordio!« schrie der Nachbar.

Und »Mordio!« widerhallten heulend die Leute.

Kaum brach der helle Morgen an, setzten die Oberen der Kirchgemeinde von *St. Georgen* den Text eines Flugblattes auf und ließen selbiges noch am Sonntag von einem Buchdrucker im *Ratcliffe Highway* verfertigen. Straßenjungen rannten sodann durch die Gassen des Sprengels. Sie liefen bis nach *Whitechapel* und *Shadwell* und *Wapping*. Kaum ein Laternenpfahl blieb ohne den Anschlag, fast jede Haustüre ward damit beklebt. Die Krämer eiferten darum, den Handzettel im Laden und in den Fenstern an gut sichtbaren Stellen anzubringen. Kam ein Droschkenkutscher vorübergezuckelt, so warfen ihm die Knaben einen Packen Plakate auf den Bock, auf daß er selbige weiterreichen möchte an seine Kundschaft wie an alle Leute von teilnahmsvollem Herzen.

»Mordio! Mordio!« riefen sie ihm zu. »Schreit es aus, guter Mann! Tut es allen kund und zu wissen!«

So groß waren Verzweiflung und Entsetzen, daß der Kirchenvorstand den gewaltigen Batzen von fünfzig Pfund Belohnung für die Entdeckung und Ergreifung des Mordbuben verhieß:

FÜNFZIG PFUND BELOHNUNG – GRAUENHAFTER MORD!
Unbekannte Personen drangen heute morgen zwischen der zwölften und der zweiten Stunde ein in das Wohnhaus des Mr. TIMOTHY MARR, Händler von Herrenbekleidung, 29, Ratcliffe Highway, allwo besagter Mr. MARR, sein Eheweib Mrs. CELIA MARR, ihr WIEGENKIND TIMOTHY und ein Ladenbursche, JAMES BIGGS, alle zusammen auf die unmenschlichste und grausamste Weise gemeuchelt wurden.

Ein an seiner Spitze beschädigter Schlegel, wie selbigen Schiffszimmerleute ihn gebrauchen, und ein ungefähr zwanzig Zoll langer Maurermeißel wurden im Hause gefunden, und gedachtermaßen sind die Morde vermittelst des ersteren verübt worden. Jedwede Person, der solcherart Gegenstände verlustig gingen, oder jedweder Alteisenhändler, so nämliche letzthin verkaufte oder dem sie abhanden gekommen sind, werden hiermit eindringlich aufgefordert, solches ohn Verzug anzuzeigen. Die Kirchenvorsteher, Armenpfleger und Kuratoren des Kirchspieles *St. George Middlesex* setzen hiermit für die Entdeckung und Ergreifung der Person oder der Personen, so die Morde begangen, eine Belohnung von FÜNFZIG PFUND, zahlbar an dem Zeitpunkte der Schuldigsprechung, aus.

Im Auftrage der Kirchenvorsteher, Armenpfleger und Kuratoren – JOHN CLEMENT, Kirchenbuchführer.

Sonntag, den 8. Dezember 1811.

FIFTY POUNDS
REWARD.

Horrid Murder !!

WHEREAS,

The Dwelling House of Mr. TIMOTHY MARR, 29, Ratcliff Highway, Man's Mercer, was entered this morning between the hours of Twelve and Two o'Clock, by some persons unknown, when the said Mr. MARR, Mrs. CELIA MARR, his wife, TIMOTHY their INFANT CHILD in the cradle, and JAMES BIGGS, a servant lad, were all of them most inhumanly and barbarously Murdered !!

A Ship Carpenter's Pæn Maul, broken at the point, and a Bricklayer's long Iron Ripping Chisel about Twenty Inches in length, have been found upon the Premises, with the former of which it is supposed the Murder was committed. Any person having lost such articles, or any Dealer in Old Iron, who has lately Sold or missed such, are earnestly requested to give immediate Information.

The Churchwardens, Overseers, and Trustees, of the Parish of St. George Middlesex, do hereby offer a Reward of FIFTY POUNDS, for the Discovery and Apprehension of the Person or Persons who committed such Murder, to be paid on Conviction.

By Order of the Churchwardens, Overseers, and Trustees,

JOHN CLEMENT,
VESTRY CLERK.

Ratcliff-highway,
SUNDAY, 8th, DECEMBER, 1811.

SKIRVEN, Printer, Ratcliff Highway, London.

Der Kirchenvorstand von *St. Georgen* setzte 50 Pfund Sterling für die Ergreifung des Mörders aus.

Den Sonntag die Woche darauf, dem 15. Dezember anno 1811, wurde die so plötzlich und unerwartet hingemetzelte

Familie zu Grabe getragen. Dreißigtausend Menschen – Nachbarn, Lohnarbeiter, Krämer und Handwerksleute, auch Trunkenbolde und Dirnen – folgten stumm und ergriffen dem Leichenzuge durch die Straßen und Gassen von *Ratcliffe*. Entsetzen und Trauer stand in ihren Gesichtern, und mancher Mann ballte in ohnmächtiger Wut die Fäuste.

Da erhob sich einige Tage nach dem Leichenbegängnis der Familie Marr erneutes Mordgeschrei!

Es war in der Nacht des Donnerstag, des 19. Dezember ebendieses Jahres 1811.

Der sechsundzwanzigjährige John Turner hatte den Abend lang hingebungsvoll dem kräftigen Schwarzbier zugesprochen, und er schlief den Schlaf des Gerechten in seinem Logis im Wirtshause *King's Arms*, Nummer 81, *Gravel Lane*, einer zum *Themseflusse* hinunterführenden düstren Seitenstraße des *Ratcliffe Highway*. Kalt war es im Kämmerchen im zweiten Obergeschoß, und das Bettzeug war klamm. Einzig der erhitzte Stein, den die fürsorgliche Magd ihm zugesteckt, strahlte wohlige Wärme aus, und Turner hatte sich die Decke bis unter die Nase gezogen. Er schnarchte röhrend.

Dennoch ließ ihn ein plötzliches Rumoren aus dem Schlafe fahren. Er schüttelte sich, so gut er es vermochte, den Rausch aus dem Kopfe und spannte. Das Rumoren kam von unten – aus dem Schankraume vielleicht? Doch, wie das? Er war ja als letzter vom Faß getaumelt. Der Wirt hatte ihn unwirsch und recht grob die Stiege hinaufgedrängt.

Irgendwo unter ihm fiel etwas laut krachend um. Ein Stuhl? Ein Schrank? Und wo? In der Wohnstube der Wirtsleute? Ein Stöhnen drang herauf zu ihm.

John Turner bebte vor Aufregung und Furcht. Vergebens bemühte er sich, Feuer zu schlagen, und es verging eine Weile, bis daß es ihm gelang, das Nachtlicht zu entzünden. Behutsam öffnete er seine Kammertüre, trat hinaus in den engen Gang und spähte und lauschte zitternd.

Eine dunkle Gestalt huschte fast lautlos durch den unteren Flur. Dann hörte er die Hinterpforte zuschlagen.

Die Tür zur Wohnstube seiner Wirtsleute stand weit offen.

Lichtschein drang heraus. Vorsichtig schlich er die Stiege hinab und lugte hinein.

Mrs. Catherine Williamson lag auf dem mit Leinenbahnen abgedeckten, weil arg niedergetretenen Teppich, und neben ihr, lang hingestreckt, die ältliche Dienstmagd. Williamson hatte letztere längst nicht mehr in den Schankraum gelassen – sie war zu unansehnlich.

Beider Köpfe waren zerschlagen, die Leinwand blutgetränkt. Turner schauderte zurück. Wo aber war Williamson? Aus dem Keller drang ein Geräusch herauf, ein schmerzvoll und schwach ächzendes Geräusch.

Er stieg hinunter. Am Fuße der Kellertreppe fand er im Kerzenscheine Mr. Williamson mit zertrümmertem Schädel und aufgeschnittener Kehle. Der Wirt stöhnte nicht mehr, als der Logiergast ihn fand.

Turner hastete wie von Furien gepeitscht die Stiege hinauf, rannte zur Haustüre und rüttelte daran. Sie war versperrt, und kein Schlüssel steckte im Schlosse.

Zurück in seine Kammer! Von Panik besessen, raffte er Decken und Laken vom Bette, knotete alles zu einem dicken Strang zusammen und riß das Fenster auf.

»Mordio! Mordiooo!« schrie er verzweifelt in die Nacht.

Er schlang den selbstgedrehten Strick um den Bettpfosten, warf ihn aus dem Fenster und ließ sich, nur mit dem Hemde bekleidet, daran hinab.

»Mordio!« schrie er beim Abgleiten erneut. »Hört ... ihr guten Leut' ... hört mich! ... Hier sind alle ... totgemacht worden! Zu Hilfe! ... Mordio! ... Alle, alle ... tot!«

Kaum hatte er den ersten Fuß auf das Pflaster der *Gravel Lane* gesetzt, umringten ihn die Menschen. Alle drangen auf ihn ein. Allen saß die Angst im Nacken.

»Die Wirtin ... Williamson ... die Magd«, stammelte John Turner. »Ich habe ... ihn gesehen ... den Mörder ... schwarz ... war er, schwarz – « Damit fiel er in barmherzige Ohnmacht.

Aufgeregt berieten die Leute. Was tun? Wie in das Haus eindringen?

»Baldwin, die Wachtmänner rufen! Alarm!« rief einer der Männer.

Ein anderer zerrte wild an der hölzernen Klappe, die, stand sie offen, eine Rutsche freigab für die Bierfässer, drauf in den Keller zu poltern.

Endlich hatte er die Falltür hochgestemmt. Einige Männer schlüpften hindurch und fuhren ein in das Kellergewölbe. Und sie sahen das Grauen.

Sieben Morde innerhalb von zwölf Tagen. Sehr wahrscheinlich war ein einziger Mensch dafür verantwortlich – der schwarze Schatten. London erstarrte, und die Kunde von den Meuchelmorden kroch über das ganze Land und machte die Menschen erbeben.

Längst hatten die Geheimdetektive von der *Bow Street* die Sache den lokalen Wachtmännern zu *Ratcliffe* entrissen und in ihre eignen Hände genommen – bisher erfolglos. Doch endlich führten der Maurermeißel und der Seemannsschlegel zur Schenke *Pear Tree* in der nahegelegenen *Cinnamon Street*.

Einer der ständigen Zecher, John Williams geheißen, machte sich bald verdächtig, und, geübt wie sie waren, gelang es den Detektiven ohne besondre Mühe, ihn zu überführen. Williams wurde ins Gefängnis *Coldbath Fields* gesperrt, und dort sah er seinem Strafprozeß entgegen. Er wußte sehr wohl, wie sein Urteil lauten würde.

Der 28. Dezember des Jahres 1811 fiel auf einen Donnerstag. Es war der letzte Donnerstag, den John Williams erlebte. Er kam seinem Henker zuvor und erhängte sich an einem Gebälkträger in der engen Gefangenenzelle.

Am Silvestertage ward der Leichnam des blutrünstigen Williams sodann auf einem unter dem Kopfteil abgestützten Schragen festgebunden und auf einem zweirädrigen Einspänner aller Welt zur Schau gestellt. Links und rechts neben dem Haupte waren die von ihm gebrauchten Werkzeuge befestigt, mit denen er die Bluttaten begangen hatte.

Der Weg zu Williams' Grube führte durch den *Ratcliffe Highway*. Vor dem Hause der Familie Marr hielt der von vielen Menschen begleitete Zug eine Viertelstunde lang an. Sodann ging es bis zum Zollhause an der Kreuzung *Cable Street* und *Cannon Street*.

Dort, mitten auf dem Kreuzwege, war für Williams' Leichnam eine sechs Fuß tiefe Grube ausgehoben worden, und sie reichte bis unter die hölzerne Leitung, durch die das Röhrwasser floß, den Durst der großen Stadt zu stillen.

Um die Mitternachtsstunde wurde der tote Körper in die Grube hinabgesenkt. Ein scharf angespitzter Holzpflock wurde durch sein Herz getrieben, um damit alles Böse endgültig abzutöten, damit die Saat der Verderbnis, die in seinem Herzen gewohnt hatte, nie mehr aufkeimen konnte.

John Williams beging seine scheußlichen Mordtaten in *Wapping*, in einem Gebiet, welches nördlich vom derzeitigen *Highway* und südlich von der *Themse* eingesäumt wird. Längs der *Themse* ziehen sich von West nach Ost – oder stromabwärts und an der *Tower Bridge* beginnend – die Straßen *St. Katherine's Way*, *Wapping High Street* und *Wapping Wall* hin.

Einen Weg zu verfolgen, der einen Flußlauf begleitet, ist von eigenem Reiz. Und viel länger als eine Meile mißt er nicht. Den Anfang bilden die *St. Katharine Docks*, 1825 bis 1828 angelegt, einst eine Kaianlage mit regsamem Schiffsverkehr. Längst dienen die *Docks* nicht mehr ihrem ursprünglichen Zweck. Alte, knorzige Segler im Ruhestand liegen heute mit jungen Yachten beieinander und schaukeln sanft im Wasserbette von *St. Katharinen*. Boutiquen stehen am Ufer neben Restaurants und Pubs.

Das *London Dock* schließt sich unmittelbar an, und die meilenlangen Weinkeller unter den hochaufragenden und stocknüchternen Lagerhäusern waren berühmt. An der Schiffseinfahrt des *London Dock* beginnt die *Wapping High Street*. Nichts ist hier mehr übriggeblieben von dem alten Dorf *Wapping*. Links von der *Wapping High Street* geht die *Wapping Lane* ab, und die erste Gasse rechts ist die *Cinnamon Street,* die »Zimtstraße«, wo Williams in der den Neubauten geopferten Schenke *Pear Tree* endlich gefaßt wurde.

Drei Straßen weiter mündet die *Garnet Street* ein. Früher hieß sie *Gravel Lane*, und im Wirtshause *King's Arms* brachte der Mörder die Wirtsleute und die alte Magd um.

In nördlicher Richtung führt die *Garnet Street* direkt auf den

Highway, wo die *Cannon Street* Road, die sich früher mit dem Namen *Cannon Street* begnügte, nach wenigen Schritten vom Norden her auf die Hauptstraße trifft. An der nächsten Ecke quert die *Cannon Street Road* die *Cable Street*. Dort liegen unter dem Asphalt noch heute die vermoderten Knochen des berüchtigten Mörders vom *Ratcliffe Highway*.

Einmündung der Straße *Artichoke Hill* in den *Highway* (früher *Ratcliffe Highway*). Wo jetzt die Tankstelle steht, war einst das Haus Nummer 29. Vor dem heutigen Wirtshaus *The Caxton* mag der Mörder John Williams gelauert haben.

Die *Cable Street* säumen neue, öde Kastenhäuser. An der Kreuzung *Cable Street* und *Cannon Street Road* steht wie zum Troste noch der alte und baulich kaum veränderte Pub *Crown and Dolphin*. Direkt um die Ecke, im Hause Nummer 29, *The Highway*, löschte der Mörder die Familie Marr aus. Kein Laden ist dort mehr zu finden, nur eine Texaco-Tankstelle, und gegenüber, auf der anderen Straßenseite, wo Williams gelauert haben mag, an der Ecke *Artichoke Hill*, lud früher der Pub *Artichoke*, jetzt *The Caxton*, zum Tranke ein. Fünfhundert Meter weiter östlich und ebenfalls auf der Südseite der Hauptstraße wird die Ecke *Highway* und *Chigwell Hill* vom tatsächlich alten Pub *Old Rose*, beherrscht. Der Gast glaubt der hübschen und liebenswürdigen Lizzy, dem Schank-

Die Kreuzung *Cable Street/Cannon Street Road* mit dem Pub *The Crown and Dolphin* im Jahre 1997.

mädchen, gern, daß es ihr ausgesprochenes Vergnügen bereitet, ein delikates Rührei mit feingehacktem Räucherlachs zum Bier zu servieren.

Eine weitere Schenke hat sich erhalten in der überwiegend neuen und synthetisch wirkenden Welt Ostlondon: *The Prospect of Whitby*, Nummer 57, *Wapping Wall*. Das Wirtshaus steht unvermittelt da, wo man es nicht erwartet, direkt an der *Themse*, und seine Terrasse ragt über die Wasser des Flusses hinaus.

Bis auf das Jahr 1520 geht die Geschichte des Gasthofes zurück. Einst hieß er *Devil's Tavern*, »Teufelsschenke«, und diente als Unterschlupf für Flußpiraten und Schmuggler, die in dieser Gegend ihr Unwesen trieben. 1777 erfolgte die Namensänderung in *Prospect of Whitby*, nach einem Schiff, welches auf den Namen *Prospect* getauft worden, im nordenglischen Whitby registriert war und gegenüber dem Hause in der Flußmitte auf Reede lag. Manche der alteingesessenen Zecher haben nichts im Sinn mit jenem neumodischen Namen und halten trotzig fest an ihrer *Devil's Tavern*.

Im Innern des Wirtshauses ist aber auch, vermeint man, alles so geblieben, wie es einst gewesen sein muß. Lose geschüttete Streu liegt dünn auf den groben, unbehauenen Steinplatten des Fußbodens, auf denen sich der Schmutz von

Jahrhunderten festgetreten hat, und der Besucher vermißt irgendwo eine meckernde Ziege oder scharrende Hühner.

An der Theke steht ein altes, dünnes Männchen mit unnatürlich dunkelbraungefärbtem Haar und zieht die Aufmerksamkeit auf sich. Es reckt den Hals hoch, formt die Lippen zu einem Trichter und gießt sich ein halbes Pint Bier in einem Durchlauf die Kehle hinunter, und da ist kein Schlucken zu bemerken und kein Glucksen.

»Früher«, so schwärmt der kleine Alte, als er für sein absonderliches Kunststückchen nunmehr ein ganzes Pint erschnorrt hat, »ja, früher, da kriegtest du hier ein gutes Essen für einen Schilling. Heute, ha!, heute zahlst du für'n Bier zwei Pfund. Und wo soll das enden? – Zeiten sind das!«

»Ja, früher«, ist der Fremde versucht einzuwenden, »da ging aber auch ein John Williams hier um und brachte sieben Menschen zu Tode.«

Denn es hielten Einkehr finstere Gestalten im *Prospect of Whitby*, und John Williams, der Mörder, war unter ihnen ...

Und so kommen Sie hin:

Ratcliffe Highway (The Highway) und Kreuzung Cable Street / Cannon Street (Cannon Street Road) – U-Bahn (Underground) Hammersmith & City Line bis Station Whitechapel und weiter mit U-Bahn East London Line bis Station Shadwell.
Prospect of Whitby, 57, Wapping Wall – U-Bahn Hammersmith & City Line bis Station Whitechapel und weiter mit U-Bahn East London Line bis Station Wapping.

... und im Dunkel Jack the Ripper

Tatort: 215, Whitechapel Road,
und sechs weitere Leichenfundorte,
London E 1
Juni 1874 und August bis November 1888

So mancher schlägt gern einen Bogen um den Teil Londons, der als *Eastend* bezeichnet wird. Es ist mitnichten banal, das *Eastend*, welches hinter der *City of London* beginnt und weit nach dem Osten hinauswuchert, als den Gegenpol des *Westend* zu bezeichnen.

Die Gegend um den nach Ostengland führenden, breiten und wichtigen Verkehrsweg, die *Whitechapel Road*, ist so gut wie baumlos, und im Bereich nahe der *City of London* fehlt ein nennenswerter Park gänzlich. Vom *London Hospital* und der *Whitechapel Art Gallery* abgesehen, sind bemerkenswerte Gebäude kaum zu finden. Die Hauptstraße ist staubig, die umliegenden Gassen sind großenteils schmutzig und düster. Die Menschen geben sich bescheidener als die im Westen, und die Autos sind es auf alle Fälle. Es mangelt an so manchem, was der im Londoner Westen sich heimisch fühlende Mensch als London kennt und schätzt.

Namhafte Chronisten schmähten diesen östlichen Vorort der *City* als ärmlich, schäbig und elend. Doch ging es in längst vergangenen Tagen in der Hauptstraße und den von ihr abzweigenden Gassen recht lebhaft zu.

Da rumpelten Ackerkarren in die Stadt, schnatternde Marktweiber mit ihren Körben voller Obst und Gemüse drängten nach, Schafherden, darunter ein paar Kühe, trotten zwischen allem, und hochbeladene Heuwagen schaukelten schwerfällig wie Segelschiffe auf dem Ozean dem Heumarkt entgegen, der erst im Jahre 1928 sein Ende fand. Herbergen mit Ausspann säumten überall den Weg und boten Fuhrleuten und Reisenden Speise und Trank sowie Obdach für die Nacht. Natürlich sammelte sich dort auch zwielichtiges Volk. Verwegene fremdländische Seeleute von den Schiffen suchten den schnellen Rausch und die käufliche Lust. Beutelschneider, denen das Messer oft locker im Gürtel saß, trieben ihr Unwesen. Und feile Dirnen, junge wie alte, umgarnten ihre Opfer, versprachen viel und hielten wenig und forderten dafür um so mehr.

Um die *Back Church Lane* herum, die nach dem Süden hin den *Docks* zustrebte, scharten sich später dann einige Zuckerraffinerien, in denen vorwiegend Deutsche arbeiteten. Die

Iren sammelten sich in der nordöstlich des *Tower* gelegenen *Rosemary Lane*, die später in *Royal Mint Street* umbenannt wurde. Der Altkleiderhandel nistete vor allem im westlichen Teil von *Whitechapel*. Russische Juden nahmen ihn fest in ihre Hände und machten die *Petticoat Lane* zum Zentrum für Getragenes.

Vermutlich war den Stadtoberen daran gelegen, der *Petticoat Lane*, »Unterrockgasse«, ihren lumpigen Ruch zu nehmen und ein wenig mehr Respektabilität zu verleihen; denn seit 1832 bereits heißt sie offiziell *Middlesex Street*. Doch kein Mensch spricht sie mit ihrem für Londoner Begriffe noch immer neumodischen Namen an. Sie war und bleibt die *Petticoat Lane*. Der Markt, den sie allsonntäglich bietet, lockt Scharen von Käufern und Schaulustigen herbei.

In diese vornehmlich von Einwanderern jüdischer Herkunft bevorzugte und bevölkerte Gegend strömten zwischen 1880 und 1914 in größerer Anzahl weitere jüdische Flüchtlinge aus Osteuropa. *Whitechapel*, mit seinem fremdartigen Sprachengewirr, mit all den exotisch gekleideten Menschen und den Synagogen, wurde zu einem Schmelztiegel von Angehörigen vieler Nationalitäten, die alle in Eintracht miteinander lebten.

Aus jener Gründerzeit blieb das berühmte Restaurant *Bloom's*, Nummer 90, *Whitechapel High Street*, leider nicht erhalten. Bei Bloom's wurden ausschließlich koschere, jüdische Speisen bereitet. Ein Mr. Morris Bloom gründete das Haus ursprünglich in der *Brick Lane*, und er, der ein Gourmet gewesen sein muß, ersann das Rezept für ein nach besonderer Art gepökeltes Rindfleisch, welches in rosa Scheiben von einem saftigen Klumpen heruntergesäbelt ward und Gäste aus dem gesamten Londoner Raum anlockte. Mittlerweile hat *Burger King* dem Traditionsrestaurant *Bloom's* den Garaus gemacht. Heutzutage aber gehört das wohlschmeckende *Salt beef* auch im Stehrestaurant *Brass Rail* des in aller Welt bekannten Warenhauses *Selfridges* in der *Oxford Street* zu den beliebtesten Standardgerichten.

Im Laufe der Zeit verbreitete sich die zweite Generation der jüdischen Bevölkerung rasch auch nach anderen, teureren

Geschäftsvierteln und Wohngegenden hin, und Einwanderer aus Bangladesch rückten, die so entstandenen Lücken füllend, ebenso rasch nach. Am Charakter der Gegend aber hat sich kaum etwas geändert.

Ein neugieriger und entdeckungsfreudiger Tourist vermag jedoch den widerborstigen und spröden Charme dieses Teils der Stadt ohne kundigen Führer schwerlich zu erfassen. Denn *Whitechapel* besitzt in der Tat Atmosphäre; eine eigentümliche und aufregende Faszination geht von ihm aus.

In den siebziger und achtziger Jahren des vorigen Jahrhunderts erlangte der innere Teil der von der *Commercial Street,* der *Bethnal Green Road*, der *Cambridge Heath Road* und der *Whitechapel Road* umrahmten Gegend, deren Fläche nicht viel größer ist als eineinhalb Quadratmeilen, schauerlichen Ruhm.

In aller Munde waren und blieben die grausigen und gruseligen Bluttaten von *Whitechapel*.

Und Scheusale der Londoner Mordgeschichte wie Henry Wainwright und Jack the Ripper ermeuchelten sich in jener Zeit ihren entsetzlichen Nimbus.

Henry Wainwright.

Henry Wainwright winkte eine Droschke heran und stieg ein. Vor wenigen Augenblicken hatte er das, äußere Tor seines Geschäftshauses in der Nummer 215, *Whitechapel Road* (jetzt

zwischen 112–116 und 118), geschlossen. Das Firmenge-
bäude grenzte mit seiner Rückfront an die einen Winkel be-
zeichnende und von der Südseite der Hauptstraße abzwei-
gende Sackgasse *Vine Court*.

Er betrieb dort einen von seinem Vater ererbten und florie-
renden Großhandel mit Bürsten und Besen. Zwei seiner Brüder, William und Thomas, besaßen Anteile an der Firma. Henry Wainwright war stets derjenige, der sich zuletzt auf den
Heimweg machte.

Die Uhr ging auf neun an einem milden und angenehmen
Abend im August des Jahres 1873. Wainwright winkte sich
eine Droschke heran. Das Pferdchen trappelte am Hospital,
das sich zur Rechten hinstreckte, vorbei, und bald mündete
die *Cambridge Heath Road* von links ein. Die Fuhre ging geradeaus, auf *Mile End* zu.

Henry Wainwright freute sich auf den Abend.

Er kleidete sich stets gut und modisch und besaß mit seiner
gelockten, dunklen Mähne, dem dichten Vollbart und einem
geraden, herrischen Blick eine gewisse Ausstrahlung. Er war
in seinem Freundeskreis, der durchweg aus wohlsituierten
und kultivierten Herren bestand, recht beliebt. Keiner verstand es so vortrefflich wie er, ein Publikum zu fesseln, wenn
er aus Werken von Dickens las oder Gedichte vortrug.

Er streckte die Beine von sich in der Droschke und pfiff verg-
nügt den Shanty vom *Drunken sailor* vor sich hin. Es war ein
erfolgreicher Tag gewesen, und er sah einer wohlverdienten
Nacht entgegen.

Henry Wainwright besaß ein Anwesen am *Tredegar Square*,
von seinem Geschäft aus nur eineinhalb Meilen die *Whitechapel Road* hinaus. Der Platz war 1830 angelegt und mit eleganten Häusern bebaut worden. Wohlhabende Kaufleute hatten sich alsbald angesiedelt. Henry Wainwright war einigermaßen glücklich am *Tredegar Square*. Er hatte saftiggrünen
Rasen und schattenspendende Bäume vor der Tür, und bis
zum Stadtrand war es nicht weit. Das Hausmädchen öffnete
ihm mit einem Knicks, noch bevor er den Eingang erreichte.

»Guten Abend, Master«, begrüßte sie ihn artig.

Wainwright überließ ihr wortlos Hut und Stock.

Von dem großzügigen Vestibül aus betrat er den Salon mit seinem weitausladenden Erker zum Garten hin. In diesem tiefen Fensterraum standen großblättrige Grünpflanzen auf schlanken Piedestalen. Mrs. Wainwright saß am Flügel. Ihre Finger glitten sacht über die Tasten und improvisierten eine elegische Melodie. Sie schaute kaum auf.

»Hallo, Madam«, sprach Henry Wainwright sie an, und seine Stimme war von einem ironischen Ton getragen.

»Mein Herr und Gebieter?« entgegnete Mrs. Wainwright spöttisch und unterbrach ihr Spiel nicht.

»Laß mir doch einen kleinen Imbiß richten«, sagte er, »Lachs, Toast, Stangensellerie – ich muß sogleich noch einmal das Haus verlassen.«

»Ach, willst du wieder zu deinem Flittchen eilen? Mußt dir wohl etwas Kraft anessen, wie?« fragte Mrs. Wainwright hämisch und teilnahmslos zugleich. Sie erwartete eigentlich keine Antwort, weil sie nie eine ehrliche Antwort erhielt und wußte, daß ihr Ehegemahl eine Geliebte aushielt.

»Still, Weib!« gebot Henry Wainwright scharf.

Im Speisezimmer nahm er genüßlich sein kleines Mahl ein. Danach wischte er sich die Toastkrümel aus dem Bart, stieg hinauf in sein Badezimmer und spülte sich den Mund gründlich mit einem wohlduftenden Wässerchen. Einige sparsam auf die Wangen hingetupfte Tropfen einer Sandelholzessenz vervollständigten seine Toilette.

Er verließ sein Haus am *Tredegar Square* und ging um ein paar Ecken. Weit war es nicht, und er liebte es, zu Fuß und gemächlich bei Harriet anzukommen. Das kleine Stückchen Spazierweg steigerte die Vorfreude.

Henry Wainwrights Ehe war im Jahre 1862 geschlossen worden und hatte sich ziemlich ereignislos dahingezogen. Neun Jahre nach seiner Verheiratung hatte er die junge, zwanzigjährige Hutmacherin Harriet Lane kennengelernt und war ihr verfallen.

Wainwright hatte sie zu seiner Mätresse erkoren und ihr ganz in der Nähe, in *Mile End*, ein kleines Haus eingerichtet. Es war ein stilles Stadtviertel. Achtbare Leute lebten da und kaum Arme – die rechte Atmosphäre für ein Liebesnest, das sie beide genossen. Er spendierte der Geliebten eine wöchentliche Zuwendung von fünf, manchmal sogar auch zehn Pfund, und außerdem überhäufte er sie ständig mit neuen und immer teureren Kleidern und kostbarem Schmuck.

An ihrem Hause angekommen, ließ er den schweren Bronzetürklopfer dreimal gegen die metallene Anschlagfläche schlagen – sein Ankunftssignal. Es währte nur wenige Sekunden, bis Harriet erschien.

Sie hatte ihn erwartet und trug nichts als ein transparentes und am Oberkörper halbgeöffnetes Negligé aus feinster indischer Benaresseide. Harriets Erscheinung allein betörte Wainwright. Er warf die Tür hinter sich ins Schloß, drängte sie ins Haus und drückte sie fest an sich. Sie küßten sich heiß und verzehrend.

»Ist aber spät geworden, mein süßer Schatz«, stieß Harriet atemlos hervor, als sie sich endlich gelöst hatten. »Konnte mein Schätzchen kaum noch erwarten.«

»Ach, Hattie-Darling«, sagte Wainwright, »das Geschäft, die Arbeit ...«

»Immer Arbeit, immer Geschäft«, klagte Harriet, und sie hatte sich dafür eine weinerliche Babystimme angewöhnt. »Brauche dich eigentlich vom Morgen bis zum Abend und wieder bis zum Morgen.«

»Unersättlich bist du, Darling, in der Tat, unersättlich. Wie soll ich denn – «

»Ach, komm!« begehrte sie.

Henry Wainwright verließ seine Geliebte am Morgen, sank erschöpft in eine Droschke und erwachte erst mit einem Schnaufer, als das Gefährt vor dem Grundstück Nummer 215, *Whitechapel Road*, anhielt. Es geschah dreimal, auch viermal in der Woche, daß Wainwright von Harriets Bett aus direkt in sein Kontor fuhr, und nach einer solchen Nacht kam es ihn hart an, den langen Tag am Schreibpult und im Warenlager durchzustehen. Tat er sich auch noch so viel auf seine Manneskraft zugute, er stieß nichtsdestoweniger an physische Grenzen.

Und Harriet erwies sich in jeglicher Hinsicht als unersättlich. Ständig forderte sie mehr und immer mehr von seinem Geld, seiner Gunst und seiner Gegenwart. Wainwright vermochte kaum noch, ihrem Verlangen zu genügen. Er hielt sich immer seltener zu Hause, am *Tredegar Square* auf. Seine Frau wurde ihm unerträglich. Ihre Nörgelei steigerte sich in unverhohlenes Aufbegehren und Feindseligkeit. Die Ehe drohte zu zerbrechen. Eine finanzielle Katastrophe begann damit heraufzuziehen. Henry Wainwright fand es in zunehmendem Maße schwieriger, einem Geschäft vorzustehen, zwei Haushalte zu finanzieren und mit zwei Frauen zusammenzuleben. Um Harriets Wünsche zu befriedigen, sah er sich gezwungen, sich aus der Firmenkasse zu bedienen und für den Unterhalt der Geliebten das Geschäftskapital anzuzapfen.

Seinem Bruder William blieb dies nicht verborgen. Er zog sich schließlich aus dem gemeinsamen Unternehmen zurück. Vor Henry häufte sich unversehens ein riesiger Schuldenberg auf. Er schlitterte dem Ruin entgegen.

Seine Frau versagte ihm jeglichen Beistand. Harriet, die inzwischen dem Gin verfallen war, vermochte ihn nicht zu verstehen, geschweige denn zu trösten.

Hemmungslose Lust verkehrte sich allmählich in unerträgliche Last. Im Juni des Jahres 1874 wußte Henry Wainwright: Er mußte sich dieser Last entledigen.

Mit seinem ihm ergebenen jüngeren Bruder Thomas sann er auf einen Plan, und fortan besuchte er Harriet nur noch in Thomas' Begleitung. Dieser gab sich allerdings als Henrys enger Freund Edward Frieake aus. Der wirkliche Edward Frieake existierte tatsächlich. Er war Henrys Freund und ein bekannter Auktionator in der *City*. Die beiden Brüder inszenierten ein teuflisches Spiel. Henry Wainwright heuchelte schwindendes Interesse an seiner Geliebten, und Bruder Thomas buhlte offen und heftig um ihre Gunst.

Harriet Lane, die nicht mehr von der Ginflasche loskam und in einem Zustand des Dauerrausches ihre Tage durchtaumelte, vermochte die Intrige nicht zu erfassen. Im Gegenteil, sie fühlte sich geradezu geschmeichelt ob des jüngeren Wainwrights Interesse und gab binnen kurzem seinen Zudringlichkeiten nach und sich in Henrys Gegenwart Bruder Thomas, alias Edward Frieake, hin.

»Sünde und Schande! Sodom und Gomorrha!« schrie Henry Wainwright. Er spielte den Gehahnreiten und stürmte scheinbar angewidert und wutschnaubend aus dem Hause.

Bald darauf ließ Harriet Lane verlauten, sie werde mit Edward Frieake, ihrem neuen Geliebten, London verlassen und im Auslande leben.

Niemand sah Harriet je wieder. Und kein Mensch hörte mehr von ihr.

Im Juni 1875, ein Jahr nachdem Harriet Lane angeblich ins Ausland gegangen war, brach der endgültige Bankrott über Henry Wainwright herein. Am 11. September wechselte das Großhandelsunternehmen für Bürsten und Besen seinen Besitzer. Wainwright mußte räumen und seine persönlichen Habseligkeiten fortbringen.

Er trat hinaus auf die *Whitechapel Road* und hielt Ausschau nach jemandem, der ihm helfen möchte. Ein Bursche kam daher, ein Knabe mit kecker Miene, der in den Himmel blinzelte und einen Strohhalm kaute, und dem anzusehen war, daß er wohl nichts sein eigen nannte denn unendliche Muße. Wainwright trat ihm in den Weg. »He, Kerlchen, möchtest du dir wohl einen Schilling verdienen?« sprach er den Jungen an.

»So's ein guter und ehrlicher Schilling ist, warum nicht, Sir«, meinte der Knabe.

»Und wie heißt du, Bürschchen?« fragte Wainwright.

»David Stokes bin ich, Sir, aus der *Underwood Road*«, antwortete er.

»Dann folge mir, Stokes.« Er ging voraus und zeigte ihm sein Lagerhaus, in dem sich Bürsten und Besen aller Art, auch Pinsel stapelten.

»Hier liegen einige Bündel und Pakete, wie du siehst.«

»Sehr wohl, Sir«, erwiderte Stokes.

»Und weißt du, was wir jetzt machen? Ich pfeife ganz schnell eine Droschke heran, und du lädst dann das Zeug auf. Es dauert nur einen Augenblick.«

»Sehr wohl, Sir.« Stokes nickte und war einverstanden. »Wenn's weiter nichts ist!« sagte er sich im stillen. »Das wird ein gar gemütlicher Schilling.«

»Und dann bringen wir die Fuhre zum Hause meines Bruders in der *Botolph Lane*, an der *London Bridge*«, meinte Wainwright.

»Kenn ich, die *Botolph Lane*. Ist schon in Ordnung«, sagte Stokes.

»Also, warte.«

Henry Wainwright ließ den Jungen zurück und ging hinaus, um eine Droschke heranzuwinken.

David Stokes schlich um die Pakete herum und betrachtete sie sich näher. Er beugte sich nieder und befühlte sie.

»Uhhh! Stinkt ja abscheulich«, stellte er fest und schüttelte sich.

Mit spitzen Fingern zupfte er an einem sackleinenen Bündel, und – eine Hand, eine stinkende, verweste menschliche Hand fiel heraus!

Stokes stieß ungewollt einen Schrei des Entsetzens aus und fuhr zurück. Was war das? Worauf ließ er sich hier ein? Was sollte er tun, wenn der reiche Sack zurückkäme?

Mit der Geistesgegenwart des Straßenjungen packte er einen herumliegenden Lappen, überwand seinen Abscheu, nahm die Totenhand und stopfte sie, so gut es ging und achtsam, damit sie nicht zerfiele, wieder in das Bündel. Den Lappen schob er in die Öffnung nach.

»So, da wären wir«, verkündete Wainwright, fegte sich einige Fasern vom Revers seines schwarzen Rockes und ließ die Lagertür offenstehen. Draußen wartete die Droschke.

»Also, aufladen, Stokes!«

Der Junge ließ sich seinen Ekel und seine Erregung nicht anmerken, und flink häufte er die schreckliche Fracht auf das Gefährt.

»Und nun steig auf!« befahl Wainwright.

Das wollte David Stokes um keinen Preis!

»Ach, wissen Sie, Sir«, wandte er ein, »ich geh doch lieber zu Fuß. Ich kenne da eine Abkürzung, da bin ich schneller. Sie werden sehen, Sir.«

»Mußt es ja wissen, Bursche«, meinte Henry Wainwright.

»Doch merke auf: Deinen Schilling bekommst du erst nach dem Abladen.«

»Sehr wohl, Sir«, sagte der Junge. Wainwright schwang sich auf die Droschke.

»Los, Kutscher, *Botolph Lane*!« kommandierte er.

Der Wagen klapperte aus der Einfahrt und reihte sich nach links schwenkend in den Verkehr der *Whitechapel Road* ein. David Stokes rannte los. Er blickte die Straße hinauf und hinunter und hielt nach einem Bobby Ausschau. Mist, keiner zu sehen! Er wußte: In der *Aylward Street* war ein Polizeirevier. Dahin hatten sie ihn einmal wegen zweier, von einem Marktstand stibitzter Äpfel geschleppt. Zu weit! Zu weit! Er hätte fast den gesamten, langen *Stepney Way* entlanglaufen müssen. Das kostete Zeit. Auf einmal war ihm, dem Müßiggänger, Zeit doch wertvoll.

Er hetzte die Hauptstraße hinunter und schlug denselben Weg wie der Kaufmann mit seiner Fuhre ein. Endlich, in *Aldgate*, am Anfang der *Whitechapel Road*, traf er auf zwei Polizisten.

»Constables! Heh, hallo, Constables!« rief er schon von weitem.

Die Polizisten mochten der Geschichte des Straßenjungen zunächst keinen Glauben schenken. Doch jenem, der wortreich zu erklären und ausdrucksvoll zu gestikulieren verstand, gelang es, sie zu überzeugen. Und endlich – in der Hoffnung auf einen fetten Fang – bestiegen sie mit David eine Mietdroschke, und der Knabe dirigierte den Kutscher auf kürzestem Wege in die *Botolph Lane*. Henry Wainwright hatte mit seiner Fracht noch nicht angehalten, da empfingen ihn die Bobbies bereits. Ein dritter Polizist, der in seinem dortigen Revier die Runde ging, kam hinzu.

Wainwright wurde befragt: Name? Adresse? Woher? Wohin? Und an Ort und Stelle untersuchten die Polizisten die Bündel und Pakete.

Zu ihrem Entsetzen und zum unermeßlichen Schrecken der umstehenden Leute kamen die zerlegten Überreste einer weiblichen Leiche zum Vorschein.

Eine Hand legte sich auf Wainwrights Schulter.

»Henry Wainwright, ich nehme Euch in Arrest ...«

Am Mittwoch, dem ersten Tage des Monats Dezember im Jahre 1875, endete der Mordprozeß gegen Henry Wainwright.

Der Fall hatte unerhörtes Aufsehen ausgelöst. Viele Neugierige waren erschienen.

Die Beweislage war eindeutig.

Wainwright hatte den Leichnam in seinem Lagerhaus verscharrt, wieder ausgegraben, zerlegt und schließlich abtransportiert. In Harriet Lanes vom Rumpfe getrennten Kopf waren zwei Kugeln gefunden worden. Dennoch war er bei seiner uneinsichtigen und reuelosen Haltung geblieben und hatte in seinem letzten Wort seine Unschuld beteuert.

Lord Oberrichter James Alexander Cockburn hüstelte. Es legte sich atemlose Stille über den Saal. Und er verkündete das Urteil:

»Angeklagter! Ihr wurdet für schuldig befunden, und Euch wird zur Last gelegt, Harriet Louisa Lane ermordet zu haben. Niemand, der diesem Prozeß beiwohnte, vermag Eure Schuld in Frage zu stellen, und wie Ihr nunmehr vor dem Tore der Ewigkeit steht, kann ich nur beklagen, daß Ihr Gott als Euren Zeugen anrieft, wie Eure letzten, unbesonnenen Worte über Eure Lippen kamen. Es kann nicht daran gezweifelt werden, daß Ihr der armen Frau das Leben nahmt, ihr, mit der Ihr die intimsten Beziehungen der Liebe und der Zuneigung unterhieltet. Ihr locktet sie in das Lagerhaus. Ihr führtet einen Revolver mit, und mit selbigem Revolver ward sie getötet. Eine Grube ward ausgehoben alldorten für ihre sterblichen Überreste, und diese Reste, welche Ihr in einer Droschke transportiertet, waren es, die Grund und Ursach abgaben, Euch in Gewahrsam zu nehmen. Und darüber legt sich nicht einmal ein schwacher Schatten des Zweifels. Nein. Ihr beginget eine grausame, unmenschliche und feige Tat. Mir bleibt nur noch, Gesetz und Recht Genüge zu tun und über Euch das schreckliche Urteil zu verhängen, welches also lautet, daß Ihr von hinnen gebracht werdet an jenen Ort, von wo Ihr gekommen und sodann an den Hinrichtungsort überstellt werdet, allwo Ihr am Halse aufzuhängen seid, bis daß der Tod über Euch komme. Und Euer Leichnam werde der Erde anheimgegeben innerhalb des von den Mauern umschlossenen Grundes des Gefängnisses, wo Ihr eingesperrt werdet nach Eurer Verurteilung bis zuletzt. Möge Gott der Allmächtige Eurer Seele gnädig sein.«

Der Galgen für Henry Wainwright stand vor dem Gefängnis *Newgate*. Eine Masse von Schaulustigen war schon frühzeitig herbeigeeilt. Der Henker wartete. Der Verurteilte wurde ihm zugeführt.

»Seid wohl gekommen, um zu sehen, wie ein Mann stirbt, ihr verdammtes Gesindel!« schrie der Mörder wütend in die Menge.

Dies waren seine letzten Worte. An einem kalten Dezembertag ging es zu Ende, das Leben des Henry Wainwright.

Londoner Straßenkinder pflegten sich in den Hinterhöfen und Gassen von *Whitechapel* mit dem gefährlichen Spiel »Aufhängen« zu vergnügen. Seit dem Winter des Jahres 1875 nannten sie es *Wainwright*.

Vielleicht war unter den Kindern, die *Wainwright* spielten, ein kleiner Niemand, der dreizehn Jahre später als Jack the Ripper die Menschen im *Eastend* erschauern lassen sollte.

Die von der *Whitechapel Road* abgehende Sackgasse *Vine Court*. Im Hintergebäude Wainwrights ehemaliges Geschäfts- und Lagerhaus.

Im Jahre 1888 kamen drei schreckliche Monate über *Whitechapel*. Eine Serie von Morden ereignete sich in der kurzen Zeit zwischen August und November. Der Täter wurde nie ermittelt, nie gefaßt und nie gerichtet. Die Leute lebten in Angst.

Jack the Ripper nannten sie den Unbekannten der Finsternis – den »Aufschlitzer«.

Sechs Frauen brachte er um. Weil sie Prostituierte waren? Weil sich das Scheusal als Hüter der Moral und der Züchtigkeit empfand? Niemand vermochte das schlüssig zu ergründen. Der Ripper ging stets nach ein und derselben Methode vor: Er brach aus dem Dunkel, umklammerte sein Opfer von hinten, schnitt ihm die Kehle durch und verstümmelte es danach.

Zeitgenössische Illustration zu den »Morden von *Whitechapel*«, als Jack the Ripper umging. Mitte: Das Opfer Annie Chapman »vor und nach dem Tode«.

Mordopfer Nummer 1 – Fundort: *George Yard Buildings, Whitechapel Road.*

Am 7. August des Jahres 1888 wurde die ermordete fünfunddreißigjährige Martha Turner im ersten Obergeschoß eines verwahrlosten und inzwischen abgerissenen Gebäudekomplexes hinter der *Whitechapel Road* aufgefunden. Ihre Leiche wies mehrere tödliche Messerstiche auf. Ihre Kehle war durchgeschnitten.

Mordopfer Nummer 2 – Fundort: *Buck's Row* (jetzt *Durward Street*).
Zwei Fuhrmänner fanden am Freitag, dem 31. August 1888, Mary Ann »Polly« Nichols tot auf dem schmutzigen Bürgersteig liegend in der *Buck's Row*, einer schmalen Straße, die parallel zur *Whitechapel Road* verläuft und sich jetzt als *Durward Street* hinter der U-Bahn-Station *Whitechapel* hinzieht. Auch die Leiche der Mary Ann Nichols wies tödliche Stichverletzungen auf. Mehrfach war ihr der Leib bis zum Brustbein aufgeschlitzt worden. Zwei tiefe Schnitte in den Hals hatten den Kopf vom Rumpf nahezu abgetrennt. Die zweiundvierzig Jahre alte, mittellose Frau hatte in einem Zimmer in der eine halbe Meile weiter westlich gelegenen *Flower and Dean Street* gehaust. Bevor sie auf ihren letzten Strich gegangen war, hatte sie zu Ihrer Zimmerwirtin gesagt: »Vermietet mein Lager nicht. Ich komme wieder – mit Geld. – Seht doch, welch hübsches Hütchen ich habe.«
Mordopfer Nummer 3 – Fundort: 29, *Hanbury Street*.
Die *Hanbury Street* stößt in westlicher Richtung auf die breite *Commercial Street*, und an dieser Ecke wurde am Sonnabend, dem 8. September 1888, in einem düsteren Hinterhof die verstümmelte Leiche der siebenundvierzigjährigen Annie Chapman, genannt »die dunkle Annie«, entdeckt. Sie war mit einem Veterinär verheiratet gewesen und Mutter dreier Kinder. Ihre Alkoholsucht hatte jedoch zum Scheitern der Ehe geführt, und Annie Chapman endete schließlich auf dem Strich. Der Ripper hatte Annie Chapman regelrecht geschlachtet und ihren Unterleib offengelegt.
Mordopfer Nummer 4 – Fundort: *Berner Street* (jetzt *Henriques Street*).
Die kurze *Henriques Street* zweigt südlich von der zu den *Docks* führenden *Commercial Road* ab. In der Nacht zum Sonntag, dem 30. September 1888, hatte der Ripper an zwei Orten, die nicht weiter denn fünfzehn Minuten Fußweg voneinander entfernt lagen, gleichzeitig zugeschlagen. Die Leiche der fünfundvierzig Jahre alten, *Long Liz* genannten Elizabeth Stride wurde im Hinterhof eines schäbigen Vereinslokals armer Leute gefunden. Auch ihr war die Kehle von einem Ohr bis zum

anderen durchgtrennt worden. Ein Fuhrmann wollte seinen Wagen im Hof abstellen und machte die grausige Entdeckung um ein Uhr morgens. Der Mörder mußte von ihm gestört worden sein; denn er hatte die üblichen Verstümmlungen nicht mehr anbringen können. Der Leichnam war noch warm.

Mordopfer Nummer 5 – Fundort: *Mitre Square.*

Der *Mitre Square,* ein verlorenes und verschwiegenes Plätzchen hinter *Aldgate,* war der Ort, an dem der Leichnam lag von Catherine Eddows, dreiundvierzig Jahre alt, am Sonntag, dem 30. September 1888. Die Prostituierte war wegen Trunkenheit in das Polizeirevier *Bishopsgate* gebracht worden. Kurz nach ihrer Freilassung mochte sie den Ripper getroffen haben. Vielleicht hatte sie ihm den Mitre Square für den Vollzug des Geschäfts vorgeschlagen. Ihr hatte der Mörder nicht nur die Kehle durchgeschnitten, sondern das Gesicht zerfetzt und den Unterleib aufgerissen.

Mordopfer Nummer 6 – Fundort: *13, Miller's Court.*

Miller's Court war ein Gebäude in der *Brushfield Street,* die den Bahnhof *Liverpool Street Station* mit der *Commercial Street* verbindet. Ein Mieteintreiber fand am Freitag, dem 9. November 1888, den zerstückelten Leichnam der vierundzwanzigjährigen Mary Jane Kelly in ihrem Wohnquartier. Es war des Rippers grausamster Mord. Er hatte seinem Opfer die Brüste abgeschnitten. Den linken Arm und den Kopf hielten nur noch Hautfetzen am Körper. Der Unterleib war aufgefetzt und ausgeweidet. Überall im Raume lagen Leichenteile verstreut, und im Kamin fanden sich verkohlte Überbleibsel eines Frauenkleides.

Hatte der Ripper seine Mordgelüste gestillt – angetan mit Weiberröcken?

Und so fand das greuliche Schlachten schließlich ein Ende. Der Spuk war plötzlich vorüber, so plötzlich, wie er angefangen hatte.

Die Polizei arbeitete fieberhaft, jedoch erfolglos. Mit Spürhunden zogen Bobbies durch die Straßen von *Whitechapel.* Sie ließen keine Gasse aus, keine Durchfahrt, keinen Hinterhof. Hunderte von Verdächtigen wurden verhört, und die Augen eines der Opfer wurden untersucht in der Hoffnung, auf den Netzhäuten das Abbild des Rippers zu entdecken.

Ein anonymer Schreiber schickte *Scotland Yard* Hohnbriefe zu. Er bekannte sich zu den Morden und brüstete sich damit. Und er ging noch weiter und ließ der Polizei eine halbe menschliche Niere zukommen.

Scotland Yard versagte. Ein Aufschrei der Wut und der Verzweiflung hallte durch das *Eastend*. Der Polizeichef wurde zum Rücktritt gezwungen.

Jack the Ripper trat nie aus dem Dunkel der Nacht, und schließlich ließ er sich von der Düsternis aufschlucken. Niemand sah ihn. Ob seine unglückseligen Opfer ihn zu Gesicht bekamen, bleibt zweifelhaft. Ihr Tod kam unversehens und hinterrücks.

Kein Mensch erfuhr je, wer Jack the Ripper war. Er mag eines natürlichen Todes gestorben sein; jedenfalls endete er nicht am Galgen.

Und ein reichliches Jahrhundert nach den Morden im Londoner *Eastend* versammelt sich jeden Dienstagabend zwischen sieben und acht Uhr an der U-Bahn-Station *Whitechapel* in der *Whitechapel Road*, gegenüber dem *London Hospital*, eine Schar von wohligem Grusel erfüllter Neugieriger und läßt sich durch die Straßen und Gassen führen, allwo Jack the Ripper seine Blutspur zog.

Und so kommen Sie hin:

215, Whitechapel Road / Vine Court – U-Bahn (Underground) District Line bis Station Whitechapel.
Fundorte der Opfer von Jack the Ripper – U-Bahn District Line bis Station Aldgate East oder Whitechapel.

Ausgewählte Literatur

Dew, Walter, *I Caught Crippen*, Blackie & Son, 1938
Fido, Martin, *Murder Guide to London*, Weidenfeld & Nicolson, 1989
Furneaux, Rupert, *Famous Criminal Cases*, Oldham Press, 1954–1962
Gribble, Leonard, *Triumphs of Scotland Yard*, John Long, 1955
Logan, Guy B. H., *Masters of Crime*, Stanley Paul, 1928
Morris, Terence and Bloom-Cooper, Louis A., *Calendar of Murder*, Michael Joseph, 1964
Piper, Leonard, *Murder by Gaslight*, Michael O'Mara Books, 1991
Spencer-Shaw, E., *A Companion to Murder*, Cassells, 1960
Walbrook, H. M., *Murder and Murder Trials*, Constable, 1932
Weinreb, Ben and Hibbert, Christopher, *The London Encyclopedia*, The Dictionary of London Ltd., 1983
Wilkinson, George Theodore, *The Newgate Calendar*, Sphere Books, 1991
Wilson, Colin and Pitmann, Pat, *Encyclopedia of Murder*, Arthur Barker, 1961

Die Fotos aus dem heutigen London stammen vom Autor.
Die Karten stützen sich auf *Ordnance Survey Maps*.
Nicht in jedem Fall konnten die Rechteinhaber der Bilder ermittelt werden.